O DOLOROSO PARTO DA
MÃE TERRA

Dados Internacionais de Catalogação na Publicação (CIP)
(Câmara Brasileira do Livro, SP, Brasil)

Boff, Leonardo
  O doloroso parto da Mãe Terra : uma sociedade de fraternidade sem fronteiras e de amizade social / Leonardo Boff. – 1. ed. – Petrópolis, RJ : Editora Vozes, 2021.

  ISBN 978-65-5713-013-1

  1. Ciências humanas 2. Ciências sociais 3. Covid-19 – Pandemia 4. Ecologia 5. Sustentabilidade ambiental I. Título.

20-53519   CDD-001.3

Índices para catálogo sistemático:
1. Ciências humanas   001.3

Aline Graziele Benitez – Bibliotecária – CRB-1/3129

LEONARDO BOFF

O DOLOROSO PARTO DA
MÃE TERRA

Uma sociedade de fraternidade sem fronteiras e de amizade social

EDITORA VOZES

Petrópolis

© by Animus/Anima Produções Ltda.
Caixa Postal 92.144 – Itaipava
25741-970 Petrópolis, RJ
www.leonardoboff.com

Direitos de publicação em língua portuguesa:
2021, Editora Vozes Ltda.
Rua Frei Luís, 100
25689-900 Petrópolis, RJ
www.vozes.com.br
Brasil

Todos os direitos reservados. Nenhuma parte desta obra poderá ser reproduzida ou transmitida por qualquer forma e/ou quaisquer meios (eletrônico ou mecânico, incluindo fotocópia e gravação) ou arquivada em qualquer sistema ou banco de dados sem permissão escrita da editora.

CONSELHO EDITORIAL
Diretor
Gilberto Gonçalves Garcia

Editores
Aline dos Santos Carneiro
Edrian Josué Pasini
Marilac Loraine Oleniki
Welder Lancieri Marchini

Conselheiros
Francisco Morás
Ludovico Garmus
Teobaldo Heidemann
Volney J. Berkenbrock

Secretário executivo
João Batista Kreuch

Editoração: Maria da Conceição B. de Sousa
Diagramação: Raquel Nascimento
Revisão gráfica: Alessandra Karl
Capa: Adriana Miranda
Ilustração de capa: Leonardo Boff

ISBN: 978-65-5713-013-1

Editado conforme o novo acordo ortográfico.

Este livro foi composto e impresso pela Editora Vozes Ltda.

Sumário

Introdução – O confronto do paradigma *dominus* com o paradigma *frater*, 9

Primeira parte – **As vastas sombras da história humana, 15**
1 Acenderam-se todos os sinais: a Terra entrou no cheque especial, 17
2 Abriram-se as janelas do inferno: a irrupção do ódio, 23
3 Brevíssima história da destruição das índias brasileiras, 26
4 A mão branca escreveu a história da escravidão, 31
5 Por que ontem e hoje humanos escravizam outros humanos?, 35
6 A persistente discriminação dos afrodescendentes, 39
7 A misteriosa e ilimitada crueldade humana, 43
8 A boçalidade e a cordialidade do povo brasileiro, 47
9 A tragédia brasileira: por que há tantos pobres num país tão rico?, 52
10 Por que Deus silenciou? Onde Ele estava quando foram soterrados os 272 em Brumadinho?, 57
11 O ultraneoliberalismo e suas perversidades sociais, 63
12 A humanidade e a desumanidade dentro de nós, 68
13 As razões da ascensão do neofascismo mundial, 75
14 O projeto do império: recolonizar a América Latina e o Brasil, 80
15 Qual o sentido da intrusão do Covid-19 na humanidade?, 85

Segunda parte – A nova era geológica: o ecoceno e o bioceno, 91
1 Quais as condições do universo para estarmos hoje aqui?, 93
2 A teoria do caos: fonte de uma nova ordem, 98
3 A nova fase da Terra e da humanidade: a emergência da Casa Comum, 102
4 É possível a unidade da família humana, diversa e complexa?, 107
5 A missão do século XXI: "minha pátria é a Terra", 111
6 A Casa Comum, o Planeta Terra, sob ataque, 116
7 Uma nova era geológica: o ecoceno e o bioceno, 121
8 A necessidade da cultura do cuidado contra a violência pessoal e coletiva, 125
9 Dar o pão: um humanismo em grau zero, 130
10 Alternativa: a reconciliação ou a refundação?, 135
11 Um novo software social e global, 139
12 As crises criam profetas e líderes carismáticos, 143
13 Uma insuperável utopia maximalista, 150

Terceira parte – Tratar humanamente cada ser humano, 157
1 A ética foi enviada ao exílio, 159
2 Ética e espiritualidade face aos desastres naturais e humanos, 167
3 O amor em tempos de cólera e de ódio, 173
4 O ilimitado respeito a todo o ser: um dos fundamentos da ética, 179
5 O medo: inimigo da vida e da alegria de viver, 186
6 A vida humana: subcapítulo do capítulo da vida, 192
7 A solidariedade nos faz humanos ontem e hoje, 198
8 O que somos nós enquanto humanos?, 203
9 Somos senhores ou parte da natureza?, 208
10 Os animais como portadores de direito, 212
11 O abraço da Pachamama com Gaia, 217
12 Uma cultura cujo centro é o amor, 221
13 Saúde e doença humana, saúde e doença da Terra, 226

14 O princípio de autodestruição e o Covid-19, 230
15 A agonia de uma cultura: desvirtuaram a verdade, 235
16 O antropoceno, o necroceno *versus* o ecoceno e o bioceno, 241
17 O "Cântico da Terra", de Cora Coralina, 247

Quarta parte – A anemia da vida do espírito, 249

1. A emergência ecológica: ou mudamos ou pereceremos como espécie, 251
2 Uma espiritualidade nascida do cuidado pela Terra, 262
3 Em que o cristianismo contribui para uma ecologia integral, 269
4 O Deus cristão, a Trindade: paradigma da ecologia integral, 279
5 O Cristo cósmico: "rache a lenha e estou dentro dela", 282
6 O Espírito Santo "dorme na pedra, sonha na flor, acorda no animal e sabe que está acordado no ser humano", 288
7 Francisco de Assis: ícone da espiritualidade ecológica, 292
8 Como colocar corretamente a questão de Deus, 296
9 Uma espiritualidade ecológica, 300
10 A grande e verdadeira escola do sofrimento, 305

Conclusão – Quando Deus dirá: "Estava muito bom", 309

Introdução

O confronto do paradigma *dominus* com o paradigma *frater*

A história nos tem mostrado que depois de uma grande crise seja natural seja cultural, irrompe um novo tipo de sociedade, com novos sonhos, novos valores, novas instituições, novas formas de organização, de produção, de consumo e de comunicação. Como faz parte da condição humana pessoal e coletiva, também suas negatividades.

Parto deste pressuposto de que a tragédia planetária trazida pelo Covid-19 nos tenha convencido de que como havíamos organizado nosso mundo e o conjunto de suas relações não poderia mais continuar por ser demasiadamente danoso para os seres humanos, para a natureza e para a Casa Comum. Este tipo de sociedade mundializada exauriu suas potencialidades intrínsecas e sua capacidade de resolver os problemas que ela mesma suscitou, obrigando-nos a buscar um novo rumo.

Vários nomes notáveis que sistematicamente acompanham o estado da Terra nos têm advertido de que, caso não mudarmos, podemos percorrer um caminho sem retorno.

Os três documentos ecológicos mais importantes do início deste século a *Carta da Terra* (2003) e a encíclica do Papa Francisco

Laudato Si' – Sobre o cuidado da Casa Comum (2015) e *Fratelli Tutti* (2020) nasceram da emergência ecológica e da crise da sociedade mundial que não possui "um projeto comum" (*Fratelli Tutti*, n. 31). São documentos de alarme e de um derradeiro apelo para fazermos "uma radical conversão ecológica" se quisermos ainda ter futuro neste pequeno e belo planeta. Essa encíclica é enfática: "Ninguém se salva sozinho, só é possível salvar-nos juntos" (n. 32). Numa outra formulação mais direta: "Ou nos salvamos todos ou ninguém se salva".

A *Carta da Terra* também é contundente ao afirmar: "a escolha é nossa: ou formamos uma aliança global para cuidar da Terra e uns dos outros, ou então arriscar a nossa destruição e a da diversidade da vida" (Preâmbulo c).

Foi nesse espírito que elaboramos o presente texto: *O doloroso parto da Mãe Terra – Uma sociedade de fraternidade sem fronteiras e de uma amizade social*.

Por mais dramático que se descortine o cenário mundial, detalhadamente descrito pela *Fratelli Tutti* sob o signo de "vastas sombras" (n. 9-55), a ponto de afirmar que "esmorecem os sentimentos de pertença à mesma humanidade; e o sonho de construirmos juntos a justiça e a paz parece uma utopia de outros tempos" (n. 30). Nutrimos a esperança de que as dores presentes não são de um moribundo, nas vascas da morte, mas de um parto doloroso, mas promissor, parto de uma nova vida. Vale dizer, de um modo novo de organizarmos a Casa Comum de modo que todos possam caber nela, com justiça, paz e amorização, a natureza incluída.

Todo o texto vem articulado dentro do novo paradigma que existe já há um século, embora não seja ainda hegemônico: entender toda a realidade dentro de um processo cosmogênico que se iniciou há 13,7 bilhões de anos, quando ocorreu o *Big Bang*. As energias, a matéria e as informações se estruturaram de tal forma que deram origem ao mundo que conhecemos. Se tudo não tivesse ocorrido de forma extremamente sutil (princípio andrópico), combinando todas as quatro forças fundamentais, a matéria, as energias e as informações cósmicas, nós não estaríamos aqui escrevendo sobre estas coisas.

A constante cosmológica básica que constitui também o fio condutor da *Carta da Terra* e dos dois documentos papais acima referidos é que "tudo tem a ver com tudo em todos os momentos e em todas as circunstâncias; tudo é relação e nada existe fora da imensa rede de relações" (*Laudato Si'*, n. 86, 117, 120). Nossos problemas econômicos, sociais, políticos, culturais, éticos e espirituais estão de tal forma entrelaçados que juntos poderemos encontrar soluções includentes (cf. *Carta da Terra*, Preâmbulo d) para a atual crise sistêmica que atravessamos. Ela representa mais que uma crise como houve tantas anteriormente. Ela demanda uma mudança radical de paradigma civilizatório que nos garanta um futuro esperançador para nós e para toda a comunidade de vida.

Sirva-nos de orientação a encíclica social *Fratelli Tutti* (2020), pois nela, corajosamente, o Papa Francisco se propõe a apresentar uma alternativa ao paradigma presente que nos está levando a um dramático desastre sistêmico.

Antes de mais nada, que fique bem claro que o Papa Francisco apresenta uma *alternativa paradigmática* à nossa forma de habitar a Casa Comum, submetida a muitas ameaças. Faz uma descrição das "sombras densas" (n. 9-54) que equivalem, como ele mesmo afirmou em vários pronunciamentos, "a uma terceira guerra mundial em pedaços".

Há uma grave advertência a ser tomada muito a sério: "a consciência de que ou nos salvamos todos ou ninguém se salva" (n. 32).

Assim é apresentado o novo projeto: "frente às diversas formas de eliminar ou de ignorar os outros, sejamos capazes de reagir com um *novo sonho de fraternidade e de amizade social*" (n. 6).

Importa entender o *sonho* como muitos psicanalistas o interpretam, como por exemplo C.G. Jung: "como a antecipação de realizações futuras" ou "como a antecipação prévia de possibilidades".

Devemos compreender bem esta alternativa. Viemos e estamos ainda dentro de um paradigma que está na base da modernidade. É antropocêntrico. É o reino do *dominus*: o ser humano como *senhor e dono* da natureza e da Terra que só possuem sentido na medida em que se ordenam a ele. Mudou a face da Terra, trouxe muitas vantagens mas também criou um princípio de autodestruição. É o impasse atual das "sombras densas".

Face a esta cosmovisão, a Encíclica *Fratelli Tutti* propõe um novo paradigma: o do *frater* o do irmão, a *fraternidade universal e da amizade social*. Desloca o centro: de uma civilização técnico-industrialista e individualista à uma civilização da fraternidade sem fronteiras, do amor social, da preservação e do cuidado de toda a vida e solidária com o destino comum da humanidade e da Terra.

Essa é a intenção originária do papa. Nessa viragem está nossa salvação. Para isso precisamos alimentar a esperança: "convido-os à esperança que nos fala de uma realidade enraizada no profundo do ser humano, independentemente das circunstâncias concretas e dos condicionamentos históricos em que vive" (n. 55). Aqui ressoa *o princípio esperança*, que é mais que a virtude da esperança, mas um *princípio*, um motor interior que projeta sonhos e visões novas, tão bem formulado por Ernst Bloch. Enfatiza: "a afirmação de que os seres humanos somos irmãos e irmãs, que não é uma abstração senão que se faz carne e se torna concreta, nos coloca uma série de desafios que nos *deslocam*, nos obrigam a assumir *novas perspectivas* a e desenvolver *novas reações*"

(n. 128). Como se depreende, se trata de um rumo novo, de uma viragem paradigmática.

O texto aborda os eixos principais que seguramente estarão na base do mundo novo que, processualmente, haverá de surgir: "É possível *começar de baixo*, de cada um, lutar pelo mais concreto e local, até o último rincão da pátria e do mundo" (*Fratelli Tutti*, n. 78), implementar uma nova sensibilidade espiritual que vai além do simples discurso religioso, por uma fraternidade sem fronteiras, por uma amizade social (*Fratelli Tutti*, n. 6), junto com uma ética de respeito e de cuidado da Terra, enfrentando os impasses trazidos pelo *antropoceno* e pelo *necroceno*.

Encontramo-nos em pleno caos. Mas o caos nunca é só caótico. Como sustenta a moderna teoria do caos, ele esconde dentro de si uma nova ordem que, no seu devido tempo de maturação, irá irromper e se imporá como um novo rumo para a humanidade e para a própria Terra, tida como a grande e generosa Mãe, a *Magna Mater* dos antigos, a Pachamama dos andinos e a Gaia dos modernos.

Este texto é um convite para a mudança, pois nos encontramos numa emergência planetária que demanda uma revolução molecular. Esta começa com as próprias pessoas, se irradia aos demais, às comunidades e às sociedades até formar aquela onda de energia poderosa e amorosa, de fraternidade sem fronteiras, de amizade social e de solidariedade que permitirá aos humanos darem um salto de qualidade rumo a uma nova forma de viver e de conviver humanamente todos na mesma Casa Comum, em sintonia com toda a criação, à semelhança do grande projeto dos andinos do *bien vivir*.

Por fim fazemos nossa a fé testemunhada pelas Escrituras judaico-cristãs nas quais Deus nos assegura: "Sim, oh Deus, Tu amas todos os seres e nada detestas do que fizeste, a todos poupas porque te pertencem; oh, *soberano amante da vida*" (Sb 11,24.26).

Um Deus que é um "soberano amante da vida" não permitirá que nossa tão apetecida vida na Terra, em razão de nossa irresponsabilidade e da falta de cuidado, termine tão miseravelmente. Não nos esqueçamos de que algo nosso já está salvo e entronizado no seio da Trindade, por Jesus ressuscitado e por Maria assunta de corpo e alma ao céu. Nós, seus irmãos e suas irmãs, ainda na peregrinação terrestre, iremos viver, viver para irradiar e para saborear a alegre celebração da vida.

Leonardo Boff
Petrópolis, Natal de 2020.

Primeira parte

As vastas sombras da história humana

I
Acenderam-se todos os sinais: a Terra entrou no cheque especial

A Encíclica *Fratelli Tutti* dedica muitos parágrafos para descrever "as vastas sombras" que cobrem a humanidade (os sonhos desfeitos, os nacionalismos fechados, a globalização que só nos faz vizinhos, mas não irmãos, a perda da consciência histórica, a colonização cultural, a ausência de um projeto coletivo, a redução dos direitos humanos, o risco de uma bifurcação da humanidade, de um lado os poucos ricos que tudo dispõem, e do outro, a maioria deixada à própria sorte, as pandemias que dizimam os pobres, a ilusão da comunicação e outras sombras). Por nossa conta abordaremos outras sombras que tornam dramática a existência humana sobre a Terra.

Assim, por exemplo, no dia 22 de setembro de 2020 ocorreu um fato preocupante para a humanidade e para cada um individualmente. Foi o chamado "Dia da Sobrecarga da Terra" (*Earth Overshoot Day*). Quer dizer: foi o dia em que gastamos todos os bens e serviços naturais básicos que sustentam a vida. Estávamos no verde e agora entramos no vermelho ou no cheque especial. O que gastaremos daqui para frente será violentamente arrancado da Terra para atendermos as indispensáveis demandas humanas e, o que é pior, para manter o nível de consumo suntuoso e perdulário dos países ricos.

A esse fato se costuma chamar de "Pegada Ecológica da Terra". Por ela, se mede a quantidade de terra fértil e de mar necessários para gerar os meios de vida indispensáveis como água, grãos, carnes, peixes, fibras, madeira, energia renovável e outros mais. Dispomos de 12 bilhões de hectares de terra fértil (florestas, pastagens, cultivos) mas, na verdade, precisaríamos de 20 bilhões.

Como cobrir este déficit de mais de 8 bilhões? Sugando mais e mais a Terra... mas até quando? Estamos lentamente descapitalizando a Mãe Terra. Não sabemos quando acontecerá seu colapso. Mas a continuar com o nível de consumo suntuoso e de desperdício dos países opulentos, ele virá com consequências nefastas para todos a começar pelos mais pobres.

Quando falamos de hectares de terra, não pensamos apenas no solo, mas tudo o que ele nos permite produzir, como por exemplo, madeiras para móveis, algodão para roupas, tinturas, princípios ativos naturais para a medicina, minerais e outros.

Na média, cada pessoa precisaria para a sua sobrevivência 1,7ha de terra. Quase metade da humanidade (43%) está abaixo disso como os países onde grassa a fome: a Eritreia com a pegada ecológica de 0,4ha, Bangladesh com 0,7, o Brasil, acima da média mundial com 2,9. 54% da população mundial estão muito além de suas necessidades como os Estados Unidos, com 8,6ha, o Canadá com 8,2ha, Luxemburgo com 15,8ha, Itália com 4,6ha e Índia com 1,2ha.

Essa Sobrecarga Ecológica é um empréstimo que estamos tomando das gerações futuras para o nosso uso e desfrute atual. E quando chegar a vez deles, em que condições vão satisfazer suas necessidades de alimento, água, fibras, grãos, carnes e madeira? Poderão herdar um planeta depauperado.

O Papa Francisco escreveu em sua encíclica de ecologia integral *Laudato Si'*: "As previsões catastróficas não se podem olhar com desprezo e ironia. Às próximas gerações poderíamos deixar demasiadas ruínas, desertos e lixo. O nível de consumo, desperdício e alterações do meio ambiente superou de tal maneira as possibilidades do planeta, que o nosso estilo de vida, insustentável, só pode desembocar em catástrofes" (n. 161). Na *Fratelli Tutti* pinta um quadro assombroso dos problemas atuais com referência à natureza, à Terra, aos problemas sociais que são chamadas "sombras densas" (cf. n. 31-54).

Temos que, nossos descendentes, olhando para trás, acabem nos amaldiçoando: "vocês não pensaram em nós, seus filhos, netos e bisnetos; não souberam poupar e desenvolver um consumo frugal e uma sobriedade compartida, para que da Terra restasse algo de bom para nós, mas não só para nós, mas também para todos os seres vivos que precisam daquilo que nós precisamos: as plantas, os animais, os pássaros e própria vitalidade dos solos. Não nos herdaram aquilo que o primeiro ministro chinês XI Jinping propôs para toda a China, com seus 1,3 bilhão de pessoas, alcançar "uma sociedade moderadamente abastecida".

Isso nos faz lembrar as palavras do indígena Seatle: "Se todos os animais se acabassem, o ser humano morreria de solidão de espírito, porque tudo o que acontece aos animais, logo acontecerá também com o ser humano, pois tudo está inter-relacionado".

Descobrimos dolorosamente com a irrupção do Coronavírus que não somos pequenos deuses, nem somos atendidos pelas nossas ciências e tecnologias, pois somos seres vulneráveis e expostos a situações imprevisíveis. O que nos está salvando é conferindo centralidade à vida e não ao lucro, a vivência concreta de que todos estamos interligados e não o individualismo, somos interdependentes e sobrevivemos da cooperação e não da pura e simples competição, da generosidade e do cuidado de uns para com os outros e não do afã de acumular bens materiais mais e mais.

Enfatizamos, a riqueza material do sistema do capital com seu ultraneoliberalismo, individualista e sem nenhuma compaixão se mostrou uma grande farsa, um engano e um desastre. Como já foi dito acertadamente pela jornalista e ecologista Naomi Klein: "o desastre perfeito para o capitalismo do desastre".

Constatamos, efetivamente, o que vigora no mundo é uma perversa injustiça social, cruel e desapiedada: 20% dos que vivem nas regiões opulentas do Norte do planeta dispõe de 80% dos bens e serviços naturais e 40% das terras férteis. Milhões e milhões de seres humanos, nossos irmãos e irmãs, quais cães famélicos, devem esperar as migalhas que caem de suas bem servidas mesas. Constatou, finamente, o Papa Francisco na *Fratelli Tutti*: "a sociedade cada vez mais globalizada torna-nos vizinhos, mas não nos faz irmãos" (n. 12).

Na verdade, a "Sobrecarga da Terra" resulta do tipo de economia delapidadora das "bondades da natureza" como costumam dizer os andinos, desflorestando, poluindo águas e os solos, empobrecendo ecossistemas e erodindo a biodiversidade. Esses efeitos são considerados "externalidades" que são desconsiderados no cálculo dos ganhos, e, por isso, não entram na contabilidade empresarial. Esses efeitos maléficos são colocados por conta do Estado e de toda a sociedade. Mas acabam afetando a vida presente e futura. "Hoje, um projeto com grandes objetivos para o desenvolvimento de toda a humanidade soa como um delírio", constata tristemente o Papa Francisco (*Fratelli Tutti*, n. 16).

O ecoeconomista Ladislau Dowbor da PUC-SP em seu livro *Democracia econômica* (Petrópolis: Vozes, 2008) em claras palavras resume o problema em tela: "Parece bastante absurdo, mas o essencial da teoria econômica com a qual trabalhamos não considera a descapitalização do planeta. Na prática, em economia doméstica, seria como se sobrevivêssemos vendendo os móveis, a prata da casa, e achássemos que com este dinheiro a vida estaria boa, e que, portanto, estaríamos administrando bem a nossa casa. Estamos destruindo o solo, a água, a vida nos mares, a cobertura vegetal, as reservas de petróleo, a cobertura de ozônio, o próprio clima, mas o que contabilizamos é apenas a taxa de crescimento" (p. 123).

Essa é a lógica vigente da atual economia de mercado neoliberal, irracional e suicidária. "O *mercado*, por si só, não resolve tudo, embora às vezes nos queiram fazer crer neste dogma de fé *neoliberal*. Trata-se dum pensamento *pobre, repetitivo*, que propõe sempre *as mesmas receitas* perante qualquer desafio que surja. O *neoliberalismo* reproduz-se sempre igual a si mesmo... como *única via* para resolver os problemas sociais" (*Fratelli Tutti*, n. 168). Radicalizando, eu diria: o ser humano está se revelando o *inimicus homo* da Terra e não o seu anjo da guarda.

Nesse ponto o Papa Francisco faz uma severa advertência, de uma provável bifurcação da humanidade, de "um cisma" (31), coisa que já foi aventada por notáveis sociólogos que analisam a condição atual do mundo. "Nunca se dirá que *não sejam humanos*, menos importantes e *menos humanos*" afirma de forma contundente (n. 39).

O Covid-19 nos está enviando uma lição: devemos alimentar uma relação benévola, cooperativa, cuidadosa com a natureza e a Mãe Terra. Caso contrário, nos virão vírus anda piores que poderão pôr em risco a sobrevivência da espécie humana.

Estamos, importa enfatizar, numa emergência ecológica. Temos que mudar ou arriscar a nossa própria autodestruição. Por isso, no final, a *Carta da Terra* nos adverte: "Como nunca antes na história, o destino comum nos conclama a um *novo começo*" (*O caminho adiante*). Não fala de reformas ou de simples melhorias. Seria tratar um câncer com uma aspirina. Somos obrigados a nos reinventar como seres humanos e cuidar zelosamente da Casa Comum e de tudo o que lhe pertence.

Confiamos que uma das lições do Covid-19 é assumirmos esta coragem de inaugurar um novo começo. Prolongar o velho nos levaria a uma catástrofe coletiva, sem termos uma arca de Noé que nos salvasse.

2
Abriram-se as janelas do inferno: a irrupção do ódio

Há um fenômeno que desafia a compreensão: em pouco tempo em várias partes do mundo, particularmente, no Brasil irrompeu uma onda de ódio, de ofensa, de palavrões de todo tipo, da distorção, do preconceito e de milhares e milhares de *fake news* que, em grande parte, deram a vitória ao atual Presidente Jair Messias Bolsonaro. Há ainda youtubers que falseiam a realidade, misturando palavrões com zombarias e reles moralismo, calúnias que demandaram processos judiciais até pelo Supremo Tribunal Federal.

"Comunista" e "socialista" perderam seu caráter analítico e viraram palavras de acusação. Sequer se define o seu real significado, como se estivéssemos ainda na Guerra Fria de há trinta anos. Quantos, inclusive um dos ministros de parcas luzes, enviam seus críticos para Cuba, Coreia do Norte ou Venezuela. A maioria sequer leu alguma página da Teologia da Libertação, tida por marxista. Ignora seu propósito básico: a opção pelos pobres e por sua libertação, isto é, em favor da maioria da humanidade que é pobre.

Enfim, respiramos ares tóxicos. Muitos mostram completa falta de educação e degradação das mentes. Assim, assevera a *Fratelli*

Tutti: "objeto de descarte não são apenas os alimentos ou os bens supérfluos, mas muitas vezes os *próprios seres humanos*" (n. 19). Na campanha eleitoral de 2018 esta raiva enrustida saiu do armário. Foi reforçada a violência preexistente, dando legitimação a uma verdadeira cultura da violência contra indígenas, quilombolas, negros e negras, especialmente os LGBTI e opositores.

Precisamos compreender o porquê deste despropósito tresloucado. Iluminam-nos dois intérpretes do Brasil, aqui pertinentes: Paulo Prado, *Retrato do Brasil: ensaio sobre a tristeza brasileira* (1928) e Sérgio Buarque de Holanda, *Raízes do Brasil* (1936) no seu capítulo V. "O homem cordial".

Ambos têm algo em comum, no dizer de Ronaldo Vainfas, pois "tentam decifrar o caráter brasileiro a partir de suas emoções" (*Intérpretes do Brasil*. Vol. II, 2002, p. 16). Mas em sentido contrário. Paulo Prado é profundamente pessimista caracterizando o brasileiro pela luxúria, a cobiça e a tristeza. Buarque de Holanda faz diferenciações quanto à cordialidade.

"A contribuição brasileira para a civilização será de cordialidade – daremos ao mundo o "homem cordial". A lhaneza no trato, a hospitalidade, a generosidade, virtudes tão gabadas por estrangeiros que nos visitam, representam, com efeito, um traço definido do caráter brasileiro" (p. 106). Mas logo observa: "Seria engano supor que estas virtudes possam significar "boas maneiras, civilidade" (p. 107). E continua: "A inimizade bem pode ser tão cordial como a amizade, visto que uma e outra nascem do coração" (p. 107, nota 157). Sabemos que do coração emergem tanto o amor quanto o ódio. A tradição psicanalítica nos confirma que aí impera o reino dos sentimentos. Estimo que definiríamos melhor o caráter do brasileiro se sustentássemos que o seu design básico não é a razão, mas o sentimento. Este é contraditório: pode se expressar como amor e também como ódio virulento.

Pois esse lado dual da "cordialidade", melhor dito "do sentimento" ambíguo do brasileiro, ganhou hoje asas e ocupou mentes e corações. Dominou a "falta de boas maneiras e de civilidade". Basta abrir os sites, o Twitter, o Facebook e o YouTube para constatar que janelas do inferno se abriram de par em par. Daí saíram demônios, separando pessoas, ofendendo figuras tão beneméritas como o médico Dráuzio Varela e como a mundialmente apreciada de Paulo Freire. A palavra de um incivilizado ocupa o mesmo espaço como aquela do Papa Francisco ou do Dalai Lama.

Mas este é apenas o lado de sombra do sentimento brasileiro. Há o lado de luz, enfatizado acima por Buarque de Holanda e também por Cassiano Ricardo. Temos que resgatá-lo para que não tenhamos que viver numa sociedade de bárbaros na qual ninguém mais consegue conviver humana e civilizadamente.

Não há por que se desesperar. A condição do próprio universo é feita de ordem e desordem (caos e cosmos), as culturas possuem seu lado *sim-bólico* e *dia-bólico* e cada pessoa humana é habitada pela pulsão de vida (*éros*) e pela pulsão de morte (*thánatos*). Tal fato não é um defeito da criação. É a condição natural das coisas. As religiões, as éticas e as civilizações nasceram para conferir hegemonia à luz sobre as sombras a fim de impedir que nos devorássemos uns aos outros. Terminava o pessimista Paulo Prado: "a confiança no futuro não pode ser pior do que o passado" (p. 98). Concordamos.

Inspira-nos um verso de Agostinho Neto, líder da libertação de Angola: "Não basta que seja pura e justa a nossa causa. É preciso que a pureza e a justiça existam dentro de nós" (*Poemas de Angola*, 1976, p. 50).

3
Brevíssima história da destruição das índias brasileiras

Nunca devemos esquecer o que foi a genocida destruição das índias brasileiras. O primeiro encontro a 21 de abril de 1500, narrado idilicamente pelo cronista Pero Vaz de Caminha, logo se transformou num profundo desencontro. Por culpa da voracidade dos colonizadores, não ocorreu uma reciprocidade entre o português e o índio, mas um confronto, desigual e violento, com desastrosas consequências para o futuro de todas as nações indígenas até nos dias de hoje.

Releva lembrar as palavras da *Fratelli Tutti*: "Hoje, como ontem, na raiz da escravatura está uma concepção da pessoa humana que admite a possibilidade de tratá-la como um objeto; com a força, o engano, a coação física ou psicológica, a pessoa humana é privada da liberdade, mercantilizada, reduzida a propriedade de alguém; é tratada como meio, e não como fim" (n. 24).

Essa degradação foi realizada literalmente na América Latina: foi-lhes negada a condição de seres humanos. Ainda em 1704 a Câmara de Aguiras, no Ceará, escrevia em carta ao rei de Portugal que "missões com esses bárbaros são escusadas, porque de humano só tem a forma, e quem disser outra coisa é engano conhecido".

Foi preciso que o Papa Paulo III, com uma bula *Sublimis Deus* de 9 de julho de 1537, interviesse e proclamasse a eminente dignidade dos indígenas como verdadeiros seres humanos, livres e donos de suas terras.

Pelas doenças dos brancos contra as quais eles não tinham imunidade – a gripe, a catapora, o sarampo, a malária, a sífilis e a partir de 2019 pelo Coronavírus – pela cruz, pela espada, pelo esbulho de suas terras, impossibilitando a caça e as plantações, pela escravização, por guerras declaradas oficialmente como por Dom João VI em 13 de maio de 1808 contra os Krenak no Vale do Rio Doce, centenas de nações indígenas foram dizimadas. Com elas se empobreceu a humanidade por termos perdido a chance de assistir outra forma de sermos humanos e de vivermos integrados na natureza.

Modernamente, ao se abrirem as grandes estradas e hidrelétricas, usaram-se contra eles desfolhantes químicos, ataques com helicópteros e voos rasantes de aviões até por bactérias intencionalmente introduzida. Pela sistemática humilhação e negação de sua identidade, os cinco ou mais milhões de indígenas, foram reduzidos ao número atual de 930 mil sobreviventes.

Vigorou, na relação com os indígenas, o propósito político de sua erradicação, seja pela aculturação forçada, seja pela miscigenação espontânea e planejada, seja pela pura e simples exterminação física, como fez o governador-geral do Brasil, Mendes Sá com os Caeté em Pernambuco e os Tamoyo no Rio de Janeiro. A política do governo ultraconservador e ignorante do Presidente Jair Bolsonaro para com os povos originários é considerá-los como humanos inferiores e que o Estado tem a missão de iguala-los a nós com nossa cultura. A intrusão do Covid-19 significou para eles uma mortandade generalizada em níveis de genocídio.

Citemos apenas um exemplo paradigmático que representa a lógica da "destruição das índias brasileiras". No começo do século, quando os padres dominicanos iniciaram uma missão às margens do Rio Araguaia, havia 6-8 mil Kaiapó em conflito com os seringueiros da região. Em 1918 foram reduzidos a 500. Em 1927 a 27. Em 1958 a um único sobrevivente. Em 1962 eram dados como extintos em toda aquela região.

Com a dizimação de mais de mil povos, em 500 anos de história brasileira, desapareceu para sempre uma herança humana construída em milhares de anos de trabalho cultural, de dialogação com a natureza, da sabedoria transmitida de geração a geração pelos pagés, de invenção de línguas, de construção de uma visão do mundo, amiga da vida e respeitosa da natureza. Sem eles todos nós perdemos em humanidade e para sempre fomos privados de virtualidades humanas realizadas por eles e não por nós.

Um pesadelo de um índio Terena, recolhido por um bom conhecedor da alma brasileira e indígena, mostra o impacto desta devastação demográfica sobre as pessoas e os povos: "Fui até o velho cemitério guarani na Reserva e lá vi uma grande cruz. Uns homens brancos chegaram e me pregaram na cruz de cabeça para baixo. Eles foram embora e eu fiquei lá pregado e desesperado. Acordei com muito medo" (GAMBINI, R. O *espelho índio*. Rio de Janeiro, 1980, p. 9). Este pesadelo foi realidade sofrida pelos povos originários até os dias de hoje.

Esse medo, pela continuada agressão do homem branco e bárbaro (arrogantemente se autodenomina de civilizado), se transformou, nos povos indígenas, em pavor de que sejam exterminados para sempre da face da Terra.

Graças às organizações indígenas, às novas legislações protecionistas do Estado, ao apoio da sociedade civil, especialmente das Igrejas, como o Cimi (Conselho Indigenista Missionário) da

Igreja Católica e da pressão internacional, os povos indígenas estão se fortalecendo e, mais, estão crescendo numericamente.

Suas organizações revelam o alto nível de consciência e de articulação que eles atingiram. Sentem-se cidadãos adultos que querem participar dos destinos da comunidade nacional, sem renunciar à sua identidade e colaborando junto com outros sujeitos históricos com sua riqueza cultural, ética e espiritual.

Por isso, é extremamente ofensiva à sua dignidade, a forma como o Estado brasileiro, especialmente um de seus ministros, encarregado do meio ambiente que diz ter "ódio à expressão povos indígenas; eles são brasileiros e isso é tudo". A estratégia é incorporá-los a nossa cultura que tem como consequência o seu desaparecimento por se sentirem desenraizados e perdidos num mundo urbano, longe da floresta, tida como prolongamento de seu próprio corpo.

Na verdade, eles guardam uma integralidade que nós ocidentais perdemos, reféns de um paradigma civilizacional que divide, atomiza e contrapõe para mais dominar. Eles são guardiães da unidade sagrada e complexa do ser humano, mergulhado na natureza da qual deveríamos nos sentir como eles se sentem, parte e parcela desta natureza e filhos e filhas das estrelas.

Eles conservam a consciência bem-aventurada de nossa pertença ao Todo e da aliança imorredoura entre o céu e a terra, origem de todas as coisas.

Quanto em outubro de 1999 estive encontrando alguns caciques noruegueses – os samis ou esquimós – em Umeo, perto do polo norte, eles me fizeram uma primeira pergunta, prévia à conversação:

– Os índios brasileiros conservam ou não o casamento entre o céu e a terra?

Eu, captei imediatamente a questão e respondi resolutamente:

– Lógico, eles mantêm este casamento. Pois do casamento entre o céu e a terra nascem todas as coisas.

Eles, felizes, responderam:

– Então, são ainda, verdadeiramente, índios como nós. Eles não são como os nossos irmãos de Estocolmo que esqueceram o céu e só ficaram com a terra. Por isso se sentem infelizes e muitos se suicidam. Se mantivermos unidos céu e terra, espírito e matéria, o Grande Espírito e o espírito humano então salvaremos a humanidade e a nossa Grande Mãe Terra.

Essa, seguramente, é a grande missão dos povos originários e o seu maior desafio: ajudar-nos a nos humanizar, a descobrir nossas raízes terrenais, dispostos a salvar a Terra, nossa Mãe, que a todos gera e sustenta e sem a qual nada neste mundo é possível.

Precisamos ouvir sua mensagem e incorporarmo-nos em seu compromisso, para fazermo-nos também nós, como eles, testemunhos da beleza, da riqueza e da vitalidade da Terra, nossa grande e generosa Mãe.

4
A mão branca escreveu a história da escravidão

Uma das realidades mais perversas da história humana foi o milenar estatuto da escravidão. Aí se mostra o que também podemos ser: não só *sapiens*, portadores de amor, empatia, respeito e devoção, mas também *demens*, odientos, agressivos, cruéis e sem piedade. Este nosso lado sombrio parece dominar a cena social de nosso tempo e também de nosso país no final da primeira quadra do século XXI.

A história da escravidão se perde na obscuridade dos tempos milenares. Há uma vasta literatura sobre a escravidão, no Brasil, popularizada pelo jornalista-historiador Laurentino Gomes em três volumes (só o primeiro já veio a lume: *Escravidão*, 2019).

Fontes de pessoas escravizadas são quase inexistentes, pois elas eram mantidas analfabetas. No Brasil, um dos países mais escravocratas da história, as fontes foram queimadas a mando do "gênio" Ruy Barbosa, no afã de borrar as marcas de nossa vergonha nacional. Daí, que nossa história foi escrita pela *mão branca*, com a tinta do sangue de pessoas escravizadas.

A palavra escravo deriva de *slavus* em latim, nome genérico para designar os habitantes da Eslávia, região dos Bálcãs, sul da Rússia e às margens do Mar Negro, grande fornecedora de pessoas feitas escravas para todo o Mediterrâneo. Eram brancos, louros com olhos azuis. Só os otomanos de Istambul importaram entre 1450-1700 cerca de 2,5 milhões dessas pessoas brancas feitas escravas.

No nosso tempo, as Américas foram as grandes importadoras de pessoas da África que foram aqui escravizadas. Entre 1500-1867 o número é espantoso: 12.521,337 fizeram a travessia transatlântica, das quais 1.818,680 morreram a caminho e foram jogadas ao mar.

O Brasil foi campeão do escravagismo. Só ele importou, a partir de 1538, cerca de 4,9 milhões de africanos que foram escravizados. Das 36 mil viagens transatlânticas, 14.910 destinavam-se aos portos brasileiros.

Estas pessoas escravizadas eram tratadas como mercadorias, chamadas "peças". A primeira coisa que o comprador fazia para "trazê-las bem domesticadas e disciplinadas" era castigá-las, "haja açoites, haja correntes e grilhões".

Os historiadores da classe dominante criaram a legenda de que aqui a escravidão foi branda, quando foi crudelíssima e continua hoje contra a população negra de nossas periferias.

Basta um exemplo: o holandês, Dierick Ruiters que em 1618 passou pelo Rio de Janeiro e relata: "Um negro faminto furtou dois pães de açúcar. O senhor, sabendo disso, mandou amarrá-lo de bruços a uma tábua e ordenou que um negro o surrasse com chicote de couro; seu corpo ficou da cabeça aos pés, uma chaga aberta e os lugares poupados pelo chicote foram lacerados à faca; terminado o castigo, um outro negro derramou sobre suas feridas um pote contendo vinagre e sal...tive que presenciar – relata o holandês – a transformação de um homem em carne de boi salgada; e como se isso não bastasse, derramaram sobre suas feridas piche derretido; deixaram-no toda uma noite, de joelhos, preso pelo pescoço a um bloco de madeira, como um mísero animal" (GOMES. *Escravidão*, p. 304).

Sob tais castigos, a expectativa de vida de uma pessoa escravizada em 1872 era de 18,3 anos.

O jesuíta André João Antonil dizia: "para o escravo são necessários três pês, a saber: *pau, pão e pano*". *Pau* para bater, *pão* para não deixá-lo morrer de fome e *pano* para esconder-lhe as vergonhas.

Seria longo enumerar as estações desta via-sacra de horrores pela qual passaram estas pessoas escravizadas; elas são mais numerosas do que aquelas do Filho do homem quando foi torturado e levado ao madeiro da cruz, não obstante ter passado entre nós "fazendo o bem e curando os oprimidos" (At 10,39).

É sempre atual o grito lancinante de Castro Alves em *Vozes d'África*: "Ó Deus, onde estás que não respondes? Em que mundo, em qu'estrela tu t'escondes / Embuçando nos céus? Há dois mil anos te mandei meu grito / Que embalde, desde então, corre o infinito... / Onde estás, Senhor Deus?"

Misteriosamente Deus se calou como se calou no campo de extermínio nazista de Auschwitz-Birkenau que fez o Papa Bento XVI, em sua visita ao local, se perguntar: *"Onde estava Deus naqueles dias? Por que Ele silenciou? Como pôde permitir tanto mal?"*

E a pensar que foram cristãos os principais escravocratas. A fé não os ajudou a ver nessas pessoas "imagens e semelhanças de Deus", mais ainda, "filhos e filhas de Deus", nossos irmãos e irmãs.

Como foi possível a crueldade nos porões de tortura dos vários ditadores militares da Argentina, do Chile, do Uruguai, de El Salvador e do Brasil que se diziam cristãos e católicos? O Presidente Jair Bolsonaro tem como ídolo um grande torturador, Brilhante Ustra, e nunca termina de exaltar os ditadores e torturadores históricos do Chile, da Argentina e entre nós. Tal atitude revela o quanto de crueldade e insanidade continua a existir no ser humano. Raramente fomos, na história conhecida, humanos que trataram humanamente outros humanos. Muito temos inda que crescer para fazer irromper em cada um de nós, a humanidade e o sentido da com-paixão e da solidariedade com os nossos coiguais, raramente tidos como coiguais.

Quando a contradição é grande demais que vai além de qualquer racionalidade, a indignação faz simplesmente morrer as palavras na garganta. É o *mysterium iniquitatis*, o mistério da iniquidade que até hoje nenhum filósofo, teólogo ou pensador encontrou-lhe uma resposta.

Cristo na cruz também sentiu "a morte" de Deus, gritando: "Meu Deus, meu Deus, por que me abandonaste" (Mc 15,34). O que não teve que sofrer de humilhações, cusparadas e violência física antes de ser condenado a carregar a cruz até o Calvário. Rejeitado pelos humanos, passou pela terrível tentação de sentir-se também abandonado por Deus.

Mas sua atitude foi: "Pai, perdoai-lhes porque não sabem o que fazem" (Lc 23,34). E antes de inclinar a cabeça e dar "um grande brado" (Mc 15,37) pode ainda dizer: "Pai, em tuas mãos entrego o meu espírito" (Lc 23,46). Aqui a verdadeira humanidade se revelou em sua plenitude: ao ódio respondeu com o perdão, à crucificação, com a total entrega.

Esta atitude do Nazareno nos convence de que todas as trevas juntas não conseguem triunfar sobre uma luzinha que brilha na noite: é o Divino em nós que nos torna radicalmente humanos. Mesmo escravizado, o africano aqui submetido a todos os tormentos e aferrolhado nos pés, foi e será sempre um livre, pois essa é a sua e a nossa natureza mais profunda.

Quem um dia conheceu a luz não precisa mais temer as trevas por mais densas que sejam. Elas podem continuar ser densas, mas se há uma pequena luz a nos mostrar o caminho, isso já nos basta.

5
Por que ontem e hoje humanos escravizam outros humanos?

A existência e a persistência da escravidão ou de condições análogas à escravidão constitui um desafio humanístico, filosófico, ético e teológico até os dias de hoje. Por que humanos escravizam outros humanos, seus coiguais?

A mais antiga codificação de leis, o Código de Hammurabi, escrito por volta de 1772 a.C. no Irã, já se refere à classe dos escravos. E assim ao longo de toda a história até os dias atuais.

A Walk Free Foundation que se ocupa com tema da escravidão, no nível mundial, calcula que haja hoje cerca de *40,3 milhões* de pessoas em regime de escravidão por tráfico de pessoas, por dívida, por trabalhos ou casamentos forçados etc. A Índia lidera o *ranking* com 7,99 milhões de escravizados. Os dados do Brasil de 2018 apontavam 369 mil em condições análogas à escravidão ou escravizados nas fazendas, em negócios clandestinos de roupas e até em bares onde trabalham muitas horas como serventes.

As cabeças mais brilhantes do Ocidente viram-na como natural ou até possuíam escravos. Assim Aristóteles, David Hume, Immanuel Kant, Friedrich Hegel. O próprio formulador da Declaração de Independência dos Estados Unidos, Thomas Jefferson, na qual se afirmava que todos os seres humanos nascem livres e com direitos iguais. Só que não valia para todos, pois ele mesmo possuía escravos, bem como o nosso Tiradentes que possuía pelos menos seis deles. Nem falemos da Igreja romano-católica que quase nunca, durante os 300 anos de escravidão, levantou a voz em defesa das pessoas submetidas à condição de escravos. Ela mesma, os grandes colégios jesuítas e outros tinham escravos e chegaram até a importar por conta própria africanos escravizados.

O famoso Padre Antônio Vieira, num engenho, pregava aos escravos numa Sexta-feira Santa: "Sois imitadores do Cristo crucificado porque padeceis em um modo muito semelhante ao que o mesmo Senhor padeceu na sua cruz e em toda a sua paixão", chegando a chamá-los por isso de "bem-aventurados". Uma piedosa e ao mesmo tempo cruel justificativa.

Resumindo: afirma o grande especialista em escravidão o jamaicano Orlando Petterson, professor em Harvard: "A escravidão existiu desde o início da história da humanidade, até o século XX [XXI], nas sociedades mais primitivas e também nas mais avançadas" (cf. GOMES, L. *Escravidão*, p. 65). Que razões que levaram à escravidão?

A meu ver nenhuma explicação até hoje se revelou convincente. Mas podemos tatear razões, embora todas precárias.

A *primeira* teria sido o patriarcado. O homem-macho, há 10-12 mil anos, se impôs a todos, à mulher, aos filhos, à natureza. Sobrepôs-se ao outro, fazendo-o seu servo e escravo. A escravidão seria filha do patriarcado ainda vigente nos dias atuais.

A *segunda* razão, de natureza filosófica, sustenta que o ser humano é um ser decadente. Não num sentido ético, mas ontológico. Quer dizer, sua natureza é assim que nunca consegue ser *o que deveria ou desejaria ser*. Nele há uma amarra interna que lhe impede de dar o salto necessário: controlar e integrar seus impulsos que se fazem presentes em sua natureza: a cólera, o uso da força, o poder como capacidade de submetimento. Ele decai no sentido de dar vazão a estes impulsos, perder a integração deles e, destarte, decair e tornar-se inumano.

Donde lhe vem essa incapacidade? A contradição entre o desejo infinito que é de sua natureza e a realidade finita que também pertence à sua natureza? Bem que poderia conviver jovialmente com esse paradoxo, acolhendo o infinito de seu desejo e o finito de sua realidade. Mas não o fez e não o faz.

Essa falta de autocontrole sobre seus impulsos, abre caminho para não se sensibilizar pelo outro, não se colocar no lugar do outro e aí escravizá-lo. A chaga continua a sangrar e a fazer sangrar até os dias de hoje.

Tenho para mim que a sabedoria judaico-cristã, de alta ancestralidade, traz alguma luz sem dar uma razão suficiente. Fala de *pecado original*. O termo não é bíblico, pois aí se usa "*pecado do mundo*" ou "o ser humano é inclinado ao mal desde a sua juventude". Pecado original é um termo criado por Santo Agostinho (354-430) no ano de 314 em sua intensa troca de cartas com São Jerônimo e em polêmica com o teólogo humanista Pelágio.

Pecado *original*, segundo ele, não possui uma conotação temporal, "desde as origens". Mas original concerne ao núcleo originário, primeiro e essencial do ser humano. No seu interior mais profundo, vigora uma ruptura: com a natureza, não respeitando seus ritmos, com o outro, rompendo o laço de igualdade e de fraternidade e com o Definitivamente Importante que chamamos de Deus. Ele se considera o mais importante, pelo fato de ser dotado de razão.

Mas as razões começam com a razão. A razão, em si mesma, não possui razão. É uma emergência evolucionária. Está simplesmente aí, como um dado de nossa natureza. Mas por ela o ser humano imagina que pode dar razão de si mesmo, como se ele mesmo se tivesse dado a existência, e não Alguém que o criou. Pecado original é essa *hybris* e arrogância. Significa magnificar seu *eu* a ponto de excluir os outros e o Grande Outro que o colocou neste mundo.

A consequência primeira é a instauração da *ditadura da razão*. Ela pretende explicar tudo e por ela dominar tudo. Vão propósito. O ser humano não é só razão. Abaixo da razão existe o mundo dos afetos. Acima da razão a inteligência, capaz de intuir a totalidade das coisas e se abre ao Infinito. A razão está no meio.

Acresce ainda o fato de o ser humano ter coração, sensibilidade e amor. Bem antes da razão, o *logos*, em termos da antropogênese, veio o sentimento, o *pathos*. Esta dimensão é mais ancestral, surgiu há 220 milhões de anos com a emergência dos mamíferos. Esses amam e cuidam de sua cria. Nós humanos também somos mamíferos, cuidamos e temos sentimentos e amor.

Mas esta dimensão foi, nos tempos modernos com seu racionalismo, recalcada e até negada. Com isso deixou de sentir o outro, de transportar-se para o lugar dele, alegrar-se e sofrer com ele. Objetivou-o, vale dizer, o fez um objeto de uso e abuso. Surgiu a dominação do outro. Começou a escravização de um humano sobre outro humano.

Não sentir os outros como nossos semelhantes e não ter empatia para com eles é o *"nosso pecado original"*, origem da escravidão de ontem e de hoje e do sistema de continuada exploração das pessoas em função da acumulação privada, do eu sem os outros. Ele ganhou corpo no sistema e na cultura capitalista.

Sem abraçar o outro como coigual e não sentir o grito da Terra que sofre, não haverá futuro para *o nosso tipo de mundo e de civilização*. Seremos condenados a viver na decadência essencial.

Mas virá, assim espero, outro tipo mundo de libertos, livres e de fraternos, convivendo alegremente na mesma Casa Comum, cuidada e amada.

6
A persistente discriminação dos afrodescendentes

Com a introdução da extrema direita, obscurantista, autoritária e antidemocrática, a partir de 2019 no Brasil, teve como consequência o fortalecimento do já existente racismo contra indígenas, quilombolas e particularmente contra negros e negras e os LGBTI.

Segundo o último censo, 55,4% se declaram pardos ou negros. Quer dizer, depois do Quênia, somos a maior nação negra do mundo. A maioria tem em seu sangue a herança africana. Aliás todos, brancos, negros e amarelos e outros somos africanos. Pois foi na África que irrompeu o processo da antropogênese há milhões de anos.

Como nossa história foi escrita pela mão branca, muitos historiadores tentaram suavizar a escravidão. O fato é que a escravidão desumanizou a todos, senhores e escravos. Ambos viveram a escravidão numa permanente síndrome de medo, de revoltas, de envenenamentos, de assassinatos de patrões, de filhos, de assaltos a suas mulheres.

Os senhores para contê-los e aplicar a violência contra os negros, tiveram de reprimir seu sentido de humanidade e de compaixão. Por isso, até hoje as classes dominantes, herdeiras da ordem escravagista, o instituto da Casa Grande & Senzala, são habitadas por preconceitos de que os negros, os mulatos devem ser tratados com violência e dureza. São considerados preguiçosos quando, na verdade, foram eles que construíram nossas igrejas e edifícios coloniais.

Os escravos eram quase sempre muito mais numerosos que os brancos. Em Salvador e na capitania de Sergipe, por volta de 1824, eram 666 mil escravos e 192 mil brancos livres (MOURA, C. *Sociologia do negro*, 1988, p. 232). Em 1818, em todo o Brasil, 50,6% da população eram de negros escravos (BEOZZO, O. *Igreja e escravidão*, 1980, p. 259). E atualmente, como referimos acima, eles totalizam 55,4% da população.

A escravidão desumanizou muito mais os negros. Darcy Ribeiro, em seu extraordinário *O povo brasileiro* (1995) resume bem a condição escrava: "Sem amor de ninguém, sem família, sem sexo que não fosse a masturbação, sem nenhuma identificação possível com ninguém – seu capataz podia ser um negro, seus companheiros de infortúnio, inimigos –, maltrapilho e sujo, feio e fedido, perebento e enfermo, sem qualquer gozo ou orgulho do corpo, vivia a sua rotina. Esta era sofrer todo dia o castigo diário das chicotadas soltas, para trabalhar atento e tenso. Semanalmente, vinha um castigo preventivo, pedagógico, para não pensar em fuga, e, quando chamava atenção, recaía sobre ele um castigo exemplar, na forma de mutilações de dedos, do furo dos seios, de queimaduras com tição, de ter todos os dentes quebrados criteriosamente, ou dos açoites no pelourinho, sob trezentas chicotadas de uma vez, para matar, ou cinquenta chicotadas diárias, para sobreviver. Se fugia e era apanhado, podia ser marcado com ferro, ser queimado vivo, em dias de agonia, na boca da fornalha, ou, de uma vez só, jogado nela para arder como um graveto oleoso" (p. 119-120).

Por causa desse tipo de violência, os escravos internalizaram dentro de si o opressor. Para sobreviver, tiveram de assumir a religião, os costumes e a língua de seus opressores. Desenvolveram a estratégia do "jeitinho" para nunca dizerem não e ao mesmo tempo poderem alcançar um objetivo que de outra forma jamais alcançariam.

Vale o desejo ansioso do Papa Francisco: "Oxalá não seja inútil tanto sofrimento, *mas tenhamos dado um salto para uma nova forma de viver* e descubramos, enfim, que precisamos e somos devedores uns dos outros, para que a humanidade renasça com todos os rostos, todas as mãos e todas as vozes, livre das fronteiras que criamos" (*Fratelli Tutti*, n. 35).

Mas já há muito tempo surgiu forte a consciência da negritude com a determinação de resgatar a sua identidade, suas religiões e sua forma de estar no mundo. Trata-se da constituição do sujeito da libertação dos negros e negras contra sua inserção forçada na iníqua história da barbárie branca.

A história contada pela mão negra não é apenas uma história contra o branco; é uma história própria, que não se confunde com a história de seus opressores e escravocratas, embora esteja ligada dialeticamente a ela. Ela está fazendo seu livre-curso.

A abolição dos escravos em 1888 não significou a abolição da mentalidade escravocrata, presente na cultura dominante que continua mantendo centenas de trabalhadores com uma relação análoga ao dos escravos. Em janeiro de 2019, havia 204 empreendedores cometendo esse crime. Basta ler a recente obra distribuída em 2019: *Estudos sobre as formas contemporâneas de trabalho escravo* (Maud), com a colaboração de quarenta e quatro pesquisadores, cobrindo grande parte da área nacional, organizada pelo conhecido especialista junto com outros, Ricardo Rezende Figueira.

A impressão final é estarrecedora. Como ainda hoje persiste a pérfida desumanidade de seres humanos escravizando outros seres humanos? Com sua fina ironia constatou o exímio escritor Luís Fernando Veríssimo: "O ódio ao PT nasceu antes do PT. Está no DNA da classe dominante brasileira, que historicamente derruba, pelas armas se for preciso, toda ameaça ao seu domínio, seja qual for sua sigla". É em razão de seus interesses privados que esta classe sustenta o perverso governo de extrema direita de Jair Messias Bolsonaro, pois seu estilo autoritário e de extremo neoliberalismo favorece e jamais limita a natureza de sua acumulação.

7
A misteriosa e ilimitada crueldade humana

Neste capítulo quisemos discorrer sobre o grau máximo ao qual chega a crueldade humana, retornando o texto do capítulo 5, que aborda a escravização praticada em nossa espécie.

A existência e a persistência da escravidão ou de condições análogas à escravidão constitui um desafio humanístico, filosófico, ético e teológico até os dias de hoje. Por que humanos escravizam outros humanos, seus coiguais?

A mais antiga codificação de leis, o Código de Hamurábi, escrito por volta de 1772 a.C. no Irã, já se refere à classe dos escravos. E assim ao longo de toda a história até os dias atuais. A Walk Free Foundation que se ocupa com a escravidão, no nível mundial, calcula que haja hoje cerca de 40,3 milhões de pessoas em regime de escravidão por tráfico de pessoas, por dívida, por trabalhos ou casamentos forçados etc. A Índia lidera o *ranking*, com 7,99 milhões de escravizados. Os dados do Brasil de 2018 apontavam 369 mil em condições análogas à escravidão ou escravizados.

As cabeças mais brilhantes do Ocidente viram-na como natural ou possuíam escravos ou justificavam a escravidão. Assim Aristóteles, David Hume, Immanuel Kant, Friedrich Hegel. O próprio formulador da Declaração de Independência dos Estados Unidos, Thomas Jefferson, na qual se afirmava que todos os seres humanos nascem livres e com direitos iguais, possuía escravos, bem como o nosso Tiradentes que possuía pelos menos seis deles.

O famoso Padre Antônio Vieira, num engenho, pregava aos escravos: "Sois imitadores do Cristo crucificado porque padeceis em um modo muito semelhante ao que o mesmo Senhor padeceu na sua cruz e em toda a sua paixão", chegando a chamá-los por isso de "bem-aventurados". Uma piedosa e ao mesmo tempo cruel justificativa.

Resumindo: afirma o grande especialista em escravidão o jamaicano Orlando Petterson, professor em Harvard já citado acima: "A escravidão existiu desde o início da história da humanidade, até o século XX [XXI], nas sociedades mais primitivas e também nas mais avançadas" (cf. GOMES, L. *Escravidão*, p. 65). Que razões que levaram à escravidão?

A meu ver nenhuma explicação até hoje se revelou convincente. Mas podemos tatear razões embora todas precárias.

A *primeira* teria sido o patriarcado. O homem-macho, há 10-12 mil anos, se impôs a todos, à mulher, aos filhos, à natureza. Sobrepôs-se ao outro, fazendo-o seu servo e escravo. A escravidão seria filha do patriarcado ainda vigente nos dias atuais.

A *segunda* razão, de natureza filosófica, sustenta que o ser humano é um ser decadente. Não num sentido ético, mas ontológico. Quer dizer, sua natureza é assim que nunca consegue ser o que deveria ou desejaria ser. Nele há uma amarra interna que lhe impede de dar o salto necessário: controlar e integrar seus impulsos que não são em si maus, mas naturais: a cólera, o uso da força, o poder como capacidade de submetimento. Ele decai no sentido de dar vazão a estes impulsos, perder a integração deles e destarte decair e tornar-se inumano. Donde lhe vem essa incapacidade? A contradição entre o desejo infinito e a realidade finita? Bem que poderia conviver jovialmente com o infinito, acolhendo seu ser finito. Mas não o fez e não o faz. Essa falta de autocontrole sobre seus impulsos, abre caminho para não se sensibilizar pelo outro e aí escravizá-lo. A chaga continua a sangrar e a fazer sangrar até os dias de hoje.

Tenho para mim que a sabedoria judaico-cristã, de alta ancestralidade, traz alguma luz. Fala de *pecado original*. O termo não é bíblico, pois aí se usa "pecado do mundo" ou "o ser humano é inclinado ao mal desde a sua juventude". Pecado original é um termo criado por Santo Agostinho (354-430) no ano de 314 em sua intensa troca de cartas com São Jerônimo e em polêmica com o teólogo humanista Pelágio.

Pecado *original*, segundo ele, não possui uma conotação temporal, "desde as origens". Mas original concerne ao núcleo originário, primeiro e essencial do ser humano. No seu interior mais profundo vigora uma ruptura: com a natureza, não respeitando seus ritmos, com o outro, odiando-o e com o Definitivamente Importante. Ele se considera o mais importante, pelo fato de ser dotado de razão. As razões começam pela razão. A razão, em si mesma, não possui razão. É uma emergência evolucionária. Está simplesmente aí. Mas por ela o ser humano imagina que pode dar razão de si mesmo, como se ele mesmo se tivesse dado a existência, e não Alguém que o fez vir a este mundo. Pecado original é essa *hybris* e arrogância. Significa magnificar seu *eu* a ponto de excluir os outros e o Grande Outro que o criou.

A consequência primeira é a instauração da *ditadura da razão*. Ela pretende explicar tudo e por ela dominar tudo. Vão propósito. O ser humano não é só razão. É principalmente coração, sensibilidade e amor. Bem antes da razão, o *logos*, em termos da antropogênese, veio o sentimento, o *pathos*. Esta dimensão mais ancestral foi recalcada e até negada. Com isso deixou de sentir o outro, de colocar-se no lugar dele, alegrar-se e sofrer com ele. Objetivou-o, vale dizer, o fez um objeto de uso e abuso. Surgiu a dominação do outro. Começou a escravização de um humano sobre outro humano.

Não sentir os outros como nossos semelhantes e não ter empatia para com eles é o "nosso pecado original", origem da escravidão de ontem e de hoje e do sistema de continuada exploração das pessoas em função da acumulação privada, do eu sem os outros. Sem abraçar o outro como coigual e não sentir o grito da Terra que sofre, não haverá futuro para *o nosso tipo de mundo e de civilização*. Seremos condenados a viver na decadência essencial. Mas virá, assim espero, outro tipo mundo de libertos, livres e de fraternos, convivendo alegremente na mesma Casa Comum, zelosamente cuidada e apaixonadamente amada.

8
A boçalidade e a cordialidade do povo brasileiro

Dizer que o brasileiro é um "homem cordial" vem do escritor Ribeiro Couto, expressão generalizada por Sérgio Buarque de Holanda em seu conhecido livro: *Raízes do Brasil*, de 1936, que lhe dedica o inteiro capítulo V. Cassiano Ricardo entendia a "cordialidade" como bondade e a polidez. Buarque de Hollanda o contradiz: "Nossa forma ordinária de convívio social é no fundo, justamente o contrário da polidez" (21. ed., 1989, p. 107).

Sergio Buarque assume a cordialidade no sentido estritamente *etimológico*: vem de *coração*. O brasileiro se orienta muito mais pelo coração do que pela razão. Do coração podem provir o amor e o ódio, a boçalidade e a gentileza.

Esclarece o autor: "a inimizade bem pode ser tão cordial como a amizade, visto que uma e outra nascem do coração" (p. 107). Eu diria que ele é um *sentimental* mais que cordial, o que me parece mais adequado, pois o sentimento é, por sua natureza, ambíguo.

Os sentimentos "cordiais" irromperam vulcanicamente na campanha presidencial de 2018 e em seguida na retórica do presidente eleito Jair Bolsonaro e da maioria de seus ministros, marcados por grande incapacidade intelectual e moral, faltos de qualquer bom-senso. Houve por uma parte declarações de entusiasmo até ao fanatismo e, por outra, de fascismo e de ódios profundos, expressões chulas por parte de certo eleitorado e do próprio candidato presidencial Jair Bolsonaro. Verificou-se o que Buarque de Holanda escreveu: a falta de polidez no nosso convívio social.

Quem seguiu as redes digitais, se deu conta dos níveis baixíssimos de polidez, de desrespeito mútuo e até falta de sentido democrático como convivência com as diferenças. Essa falta de respeito e de verdadeira boçalidade ganhou sua clara expressão nos pronunciamentos do presidente.

Para entender melhor esta nossa "cordialidade" cabe referir duas heranças que oneram nossa cidadania: a colonização e a escravidão.

A *colonização* produziu em nós o sentimento de submissão, tendo que assumir as formas políticas, a língua, a religião e os hábitos do colonizador português. Em consequência criou-se a Casa Grande e a Senzala. Como bem o mostrou Gilberto Freyre não se trata de instituições sociais exteriores. Elas foram internalizadas na forma de um dualismo perverso: de um lado, os senhores, que tudo possuem e mandam, e, do outro, o servo ou o servidor que pouco tem e se submete.

Gerou-se também a hierarquização social que se revela pela divisão entre ricos e pobres, letrados e iletrados. Essa estrutura subsiste na cabeça das pessoas e se tornou um código de interpretação da realidade e aparece claramente nas formas como as pessoas se tratam nas redes sociais.

Outra tradição muito perversa foi a *escravidão* tão bem descrita por Jessé Souza em seu livro *A elite do atraso: da escravidão à Lava Jato*" (Leya, 2017). Cabe recordar que houve uma época, entre 1817-1818, em que mais da metade do Brasil era composta de escravos (50,6%). Hoje, cerca de 54,4% possuem algo em seu sangue de escravos afrodescendentes. São discriminados e postos nas periferias; são humilhados a ponto de perderam a própria autoestima.

A escravidão foi internalizada na forma de discriminação e preconceito contra o negro que devia sempre servir, porque antes fazia tudo de graça e, imagina-se, que deve continuar assim. Pois desta forma se tratam, em muitos casos, os empregados e empregadas domésticas ou os peões de fazendas. Uma madame da alta classe disse certa vez: "os pobres já recebem a Bolsa Família e além disso creem que têm direitos". Eis a mentalidade da Casa Grande perpetuada na mente das classes oligárquicas.

As consequências destas duas tradições estão no inconsciente coletivo das oligarquias em termos, não tanto de conflito de classe (que também existe), mas, antes, de conflitos de *status* social. Diz-se que o negro é preguiçoso quando sabemos que foi ele quem construiu quase tudo que temos em nossas cidades históricas. O nordestino é ignorante, quando é um povo altamente criativo, desperto e trabalhador. Do nordeste nos vêm grandes escritores, poetas, atores e atrizes. Mas os preconceitos os castigam à inferioridade.

Todas essas contradições de nossa "cordialidade" apareceram no Twitter, no Facebook e em outras redes sociais. Somos seres demasiadamente contraditórios.

Curiosamente no novo paradigma de civilização que a encíclica do Papa Francisco *Fratelli Tutti*, fundada na fraternidade sem fronteiras e na amizade social, traz a seguinte frase inusitada, mas cheia de sentido quando pensada no novo horizonte que propõe: "Também na política há lugar para o *amor com ternura*: aos mais pequenos, aos mais débeis, aos mais pobres; eles devem nos enternecer e têm o 'direito' de nos encher a alma e o coração; sim, são nossos irmãos, e como tais temos que amá-los e assim tratá-los" (n. 194). E se pergunta que é a ternura, respondendo-nos: "é o amor que se faz próximo e concreto; é um movimento que procede do coração e chega aos olhos, aos ouvidos, às mãos" (n. 196).

Prolonga o pensamento ao propor a política como *amabilidade* que eu traduziria como *gentileza*. Assim a define: "um estado de ânimo que não é áspero, rude, duro senão afável, suave, que sustenta e fortalece; uma pessoa que possui esta qualidade ajuda aos demais para que sua existência seja mais suportável" (n. 223). Aqui a política não significa a busca do poder, mas a realização do serviço ao povo, tratado humanamente.

Acrescentaria ainda um outro argumento de ordem antropológico-filosófica para compreender a irrupção dos amores e ódios nesta campanha eleitoral. Trata-se da ambiguidade fontal da condição humana. Cada um possui a sua dimensão de luz e de sombra, de sim-bólica (que une) e de dia-bólica (que divide). Os modernos falam que somos simultaneamente dementes e sapientes (Morin), quer dizer, pessoas de racionalidade e bondade e ao mesmo tempo de irracionalidade e maldade.

Esta situação não é um defeito, mas uma característica da *condition humaine*. Cada um tem que saber equilibrar estas duas forças e dar primazia às dimensões de luz sobre as de sombras, as sapiente sobre as demente se quiser viver numa sociedade regrada e convivial.

Não devemos nem rir nem chorar, mas procurar entender como sentenciava Spinoza. Mas não é suficiente entender; urge buscar formas civilizadas da "cordialidade" na qual predomine a vontade de cooperação em vista do bem comum, se respeitem as minorias e se acolham as diferentes opções políticas.

O Brasil na atual situação, agravada pela intrusão do Covid-19 e pelo descuido irresponsável do governo, não apresenta as condições de coesão e união para todos juntos enfrentarmos os graves problemas da desigualdade e injustiça social clamorosa.

Mas não desistimos da esperança de que os tempos mudarão e amadurecerá um projeto que crie o que se chamou de o Brasil como a "Terra da boa esperança" (Ignacy Sachs) ou a Terra da alegre celebração da vida.

9
A tragédia brasileira: por que há tantos pobres num país tão rico?

A crise brasileira generalizada, afetando todos os setores, pode ser interpretada por diferentes chaves de leitura. Até agora prevaleceram as interpretações sociológicas, políticas, econômicas e históricas. Pretendo apresentar uma derivada das categorias de C.G. Jung com sua psicologia analítica, pois parece-nos esclarecedora.

Avanço já a hipótese de que o atual cenário não representa uma tragédia, por mais perversas que continuam sendo as consequências para as maiorias pobres e para o futuro do país com o estabelecimento do teto de gastos (PEC 55), que engessa a atual situação injusta e fecha o caminho para transformações substanciais. Este congelamento de gastos significa mais que um congelamento, mas a impossibilidade de se criar um Estado Social e assim abortar o bem comum que inclui a todos.

O cenário nosso e de outros países pobres ganhou traços de perversidade e de inumanidade. A inteira humanidade conheceu a intrusão do Covid-19, um vírus letal, invisível que está dizimando porções significativas da humanidade e que entre os pobres representa uma verdadeira dizimação; e entre as populações indígenas o risco de um verdadeiro genocídio. É o contra-ataque da natureza ao nosso antropoceno e necroceno, vale dizer, à nossa secular agressão sistemática contra o sistema-vida e o sistema-Terra. A Terra-Gaia nos está dando mais que um sinal; está nos colocando uma exigência de uma mudança radical de comportamento, amigo da vida e respeitoso dos limites de suportabilidade do planeta.

A tragédia, como mostram as peças de teatro dos gregos, termina sempre mal. Creio que não é o caso atual. Estimo que estamos no centro de uma incomensurável crise dos fundamentos de nossa sociedade.

A crise (no seu sentido original sânscrito) funciona como um crisol, que acrisola, purifica e permite um salto de qualidade rumo a um patamar mais alto de nosso devir histórico. Temos a chance de sairmos melhores da crise e com a nossa essência humana mais enriquecida por mais sofrida.

O isolamento social forçado por causa do Covid-19 funcionou, seguramente, como um momento de reflexão acerca de que Brasil queremos e como refundá-lo sobre outros valores que não sejam aqueles do capitalismo ultraneoliberal que nos trouxeram a maior desgraça nacional, nunca havida antes.

Cada pessoa e também os povos revelam em sua história, entre outras, duas dimensões: a de sombra e a de luz. Outros falam de *demens* (demente) e *sapiens* (sapiente) ou da força do positivo e da força do negativo, do sim-bólico e do dia-bólicos, da ordem do dia e da ordem da noite ou do *thánatos* (morte) e do *eros* (vida) ou do reprimido e do conscientizado. Todas estas dimensões sempre vêm juntas e coexistem em cada um, não são defeitos, pois, constituem a nossa *condition humaine*.

A atual crise fez aparecer as sombras e o reprimido por séculos em nossa sociedade. Como observava C.G. Jung, o "reconhecimento da sombra é indispensável para qualquer tipo de autorrealização e, por isso, em geral, se confronta com considerável resistência"

(*Aion*, § 14). A sombra é um arquétipo (imagem orientadora do insconsciente coletivo) de nossas nódoas, chagas e fatos repugnantes que procuramos ocultar porque nos causam vergonha e até despertam culpa. É o lado "sombrio da força vital" que atinge pessoas e inteiras nações, observa o psicólogo de Zurique (*Aion*, § 19).

Assim existem nódoas e chagas que constituem o nosso recalcado e a nossa sombra como o genocídio indígena em todo tempo de nossa história até hoje, especialmente durante o tempo do Covid-19 que dizimou caciques e velhos, os protetores da natureza e os guardiães da sabedoria ancestral; a colonização que fez do Brasil não uma nação, mas uma grande empresa internacionalizada de exportação e que, na verdade, continua até os dias atuais.

Nunca pudemos criar um projeto próprio e autônomo porque sempre nos induziram a ser dependentes ou fomos refreados. Quando começou a se formar, como nos últimos governos progressistas, logo foi atacado, caluniado e barrado por mais um golpe das classes endinheiradas, articuladas com a política corrupta, a justiça sem imparcialidade e a mídia empresarial privada, braço ideológico do tradicionalismo, desprezador do povo, dos negros, dos mulatos e dos quilombolas. Despertaram os descendentes da Casa Grande, dando um golpe até hoje negado, ocultado e reprimido como foi o de 1964 e agora o de 2016.

A escravidão é a nossa maior sombra, pois durante 300 anos trouxemos milhões de humanos, à força, da África; fizemo-los escravos e os tratamos como "peças", compradas e vendidas no mercado.

Uma vez "libertos", nunca receberam qualquer compensação, nem um pedaço de terra, nenhum instrumento de trabalho, nem casa; eles estão jogados nas favelas de nossas cidades. Negros e mestiços constituem mais da metade de nosso povo (54,4%). Depois da Nigéria, somos a maior nação negra do planeta. Como mostrou bem Jessé de Souza, o desprezo e o ódio dirigido contra o escravo foi transferido aos seus descendentes de hoje, incluindo também os pobres e miseráveis e os feitos invisíveis socialmente.

O povo em geral, segundo Darcy Ribeiro e José Honório Rodrigues, é o que nos deu o melhor de nossa cultura, de língua e artes, mas, como Capistrano de Abreu bem sublinhava, foi "capado e recapado, sangrado e ressangrado", considerado um jeca-tatu, um ignorante, e por isso colocado à margem de onde nunca deveria sair.

Paulo Prado em seu *Retrato do Brasil: ensaio sobre a tristeza brasileira* (1928) de forma exagerada, mas, em parte, verdadeira, anota esta situação obscura de nossa história e conclui: "Vivemos tristes numa terra radiosa" (em *Intérpretes do Brasil*, vol. 2, p. 85). Isso me faz lembrar a frase de Celso Furtado que levou ao túmulo sem resposta esta pergunta: "por que há tantos pobres num país tão rico?"

Hoje sabemos o porquê: fomos sempre dominados por elites que jamais tiveram um projeto Brasil para todos, apenas para si, para suas fortunas e privilégios. Como é possível que seis milhardários deste país possuam mais riqueza que 100 milhões de brasileiros?

A atual crise, sob um governo de extrema direita, sem qualquer lucidez, inimigo da ciência, da vida de seu povo e da natureza, fez irromper a nossa sombra. Descobrimos que somos racistas, preconceituosos, de uma injustiça social de clamar aos céus e que ainda não nos foi possível refundar um Brasil sobre outras bases, princípios e valores. Daí a irrupção da raiva e da violência.

Elas não vêm das maiorias pobres. Vêm difundidas pelas elites dominantes, das mais egoístas e excludentes do mundo, apoiadas por seus meios de comunicação privados que conformam o imaginário dos brasileiros com suas novelas, programas, propagandas e desinformação. Para Jung, "a totalidade que queremos não é uma perfeição, mas sim um ser completo" (*Ab-reação, análise dos sonhos e a transferência*, § 452) que integra e não recalca a sombra dentro de uma dimensão maior de luz. Cabe lembrar que toda sombra pressupõe um foco de luz.

É o que desejamos como saída da atual crise: não reprimir a sombra, mas incluí-la, conscientizá-la no nosso devir, jamais reproduzi-la, fazer as compensações sociais devidas expressas pelo respeito de nossa população pluriética, negra, indígena, europeia, pelo reconhecimento de suas diferenças e valores, criando as condições de integrar nossas sombras num patamar mais alto e iluminado por um humanismo generoso e includente.

Só desta forma é-nos concedido viver juntos e diversos no mesmo Brasil que Darcy Ribeiro, em seu entusiasmo, costumava considerar: "a Roma dos trópicos, a mais bela e ridente província da Terra".

10
Por que Deus silenciou? Onde Ele estava quando foram soterrados os 272 em Brumadinho?

Quem não observa a crescente violência no mundo, nas áreas de conflito no Oriente Médio, na África e também no Brasil, nas cidades e em suas imensas periferias, não deixa de se encher de interrogações. Os fatos assistidos em nossa geração são aterradores como os verdadeiros massacres de indígenas e de pobres nas áreas marginais das grandes cidades, em sua maioria jovens negros, e o assassinato de homoafetivos, de LGBTI, o feminicídio tão numeroso e outros rejeitados pela sociedade.

Com a intrusão do Covid-19, dezenas de etnias indígenas foram afetadas, mais de 800 foram contaminados e já se contam 28 mil falecidos. Como não possuem imunidade contra esse tipo de ataque corre-se o risco de toda uma tribo desaparecer. Há tribos pequenas com 40-50 membros. Se alguém for afetado e transmitir o vírus aos outros, todos poderão desaparecer. É uma irrecuperável tragédia, pois com a sua morte desaparece todo um povo, toda uma cultura, toda uma língua e toda uma sabedoria ancestral acumulada em centenas de gerações. O atual governo que publicamente os despreza e os considera nem plenamente humanos, passada a crise, seu presidente dificilmente escapará de ser denunciado no Tribunal Internacional Penal de Crimes contra a Humanidade.

Somos testemunhas auriculares de relatos de massacres em El Salvador, Guatemala, Nicarágua e em outros países da América Central, verdadeiros assassinatos coletivos no tempo das ditaduras militares, de vilas inteiras, de catequistas ou de camponeses pelo simples fato de terem uma Bíblia em casa.

O que houve entre nós, na Argentina, no Uruguai, no Chile e no Brasil durante o tempo feroz da repressão dos órgãos de segurança nacional (do capital) é também de estarrecer. Nem nos referiremos aos campos de extermínio nazistas em Auschwitz-Birkenau e outros que fizeram o Papa Bento XVI se perguntar quando de sua visita, seu espanto já referido acima: "Quantas perguntas surgem neste lugar. Onde estava Deus naqueles dias? Por que Ele silenciou? Como pôde tolerar esse excesso de destruição, este triunfo do mal?" Vem-nos à mente o Sl 44,20.23-27, que diz: "esmagaste-nos na região dos chacais e nos envolveste na mortalha de trevas. Por tua causa somos trucidados todos os dias, tratam-nos como ovelhas de matadouro. Desperta, Senhor! Por que dormes? Acorda!

Elie Wiesel, grande escritor judeu, sobrevivente de Auschwitz, escreveu: "Por que Ele permitiu que milhares de seus filhos fossem exterminados nas câmaras de gás? Por que permitiu que as câmaras de gás funcionassem dia e noite, no *Sabbat* e nos dias de festa? Jamais esquecerei as chamas que consumiram para sempre minha fé. Por que Deus contém sua onipotência diante das tragédias humanas e aquelas produzidas pela natureza rebelada?" Num de seus escritos (*A noite*) conta que assistiu no campo de concentração uma criança sendo enforcada. Custava morrer. Alguém atrás dele gritou: "E Deus, onde está?" Ouviu a resposta que jamais esquecerá: "Ele está lá naquela criança".

Atualmente, dada a crise econômico-financeira, acrescida pela terrível pandemia do Coronavírus que ceifou milhares de vidas em toda a humanidade a partir do final de 2019, entrando 2020, contam-se ainda aos milhões passando fome, crianças famélicas definhando e gente na rua pedindo centavos para comer qualquer coisa.

Mas o que mais dói é o sofrimento dos inocentes. Mas também dos milhões de pobres e miseráveis que sofrem as consequências de políticas econômicas e financeiras sobre as quais não têm nenhuma influência. Mas são vítimas inocentes, cujo grito de dor sobe ao céu.

Dizem as Escrituras do Primeiro e do Segundo Testamentos que Deus escuta seus gritos. Um dos profetas chega a dizer que as blasfêmias que proferem, por causa de sua dor, Deus as escuta como súplicas.

Nesse momento há um manto de sofrimento e de lamentos que cobre a maioria dos países do Grande Sul e do Oriente Médio. Nutrem, apesar de tudo, alguma esperança de que irrompam líderes carismáticos cujas políticas sociais os façam sofrer menos e, quem sabe, até voltem a sorrir.

Mas o problema do mal, especialmente o sofrimento dos inocentes, é um eterno problema para a filosofia, para a teologia e para qualquer humanismo.

Mas sejamos sinceros: até hoje não identificamos nenhuma resposta satisfatória por mais que grandes nomes, desde Agostinho, Tomás de Aquino, Leibniz, Hegel, até Gustavo Gutiérrez entre nós, tentassem elaborar uma teodiceia, quer dizer, um esforço de não ligar Deus ao sofrimento humano. A culpa estaria apenas do nosso lado. Mas em vão. Mesmo que tivesse descoberto uma razão, esta não supriria o sofrimento e ele continuaria como permanente desafio. Dizem alguns: não posso negar o mal, mas não aceito o sofrimento, de modo especial dos pequenos inocentes. Seria como a ilusão daquele que pensa matar a fome dos famélicos lendo-lhes fórmulas de culinária. O que mata a fome não são receitas, mas a comida real e concreta.

Talvez o primeiro a formular a questão, sempre repetida pelos grandes pensadores como Russel, Toynbee e outros, foi formulada por Epicuro (341-270 a.C.) e depois recolhida por Lactâncio, um cristão e conselheiro de Constantino (240-320 a.C.). Em seu tratado sobre *A ira de Deus* coloca a questão nestes termos: Ou Deus quer eliminar o mal, mas não pode e então deixa de ser onipotente e já não seria Deus. Ou Deus pode suprimir o mal e não o quer, então não é bom e deixa de ser também Deus para se transformar num demônio". Em ambos os casos, fica a pergunta: como explicar o mal?

O judeu-cristianismo responde que vem do pecado humano (original ou não), e somos os produtores de Auschwitz e de Ayachucho, dos grandes massacres dos colonizadores ibéricos no novo continente e das câmaras de tortura das modernas ditaduras militares, como na América Latina e alhures.

Mas a resposta pouco convence. Se Deus previu o pecado e não criou condições para evitá-lo é sinal que não é bom. Porém, se fez todo o possível para evitar o pecado e não o conseguiu, então é prova de que não é onipotente. Logo, não seria Deus.

E assim caímos na mesma questão de Epicuro. As teólogas ecofeministas criticam essa formulação entre impotência e falta de bondade como expressão patriarcal e machista, pois tais atributos de onipotência e bondade ilimitada seriam atributos masculinos. O feminino sente e pensa diferente, bem na linha dos profetas e de Jesus. Criticavam uma religião sacrificial em nome da misericórdia: "quero misericórdia e não sacrifícios" soa na boca deles.

A mulher está ligada à vida, à misericórdia para com quem sofre e sabe melhor identificar-se com as vítimas.

Argumenta-se então: Deus é tão bom e onipotente que pode renunciar a tais prerrogativas. São Paulo aos Filipenses diz claramente: "Ele era de condição divina, mas renunciou ser igual a Deus; aniquilou-se a si mesmo, assumindo a condição de servo em solidariedade com os homens" (Fl 2,6). E convida: "tende os mesmos sentimentos que Cristo Jesus teve" (Fl 2,5).

Portanto, Ele se faz um sofredor, vai para o exílio com o povo, é perseguido e, por fim, é crucificado em seu Filho Jesus, chegando a gritar no alto da cruz: "Meu Deus, meu Deus, por que me abandonaste? (Mc 15,34).

Comentava Dietrich Bonhöffer, o teólogo protestante que participou do atentado contra Hitler e foi enforcado. Escreveu de sua prisão: "Só um Deus sofredor nos pode ajudar".

Se não temos resposta para o mal apenas sabemos agora que nunca estamos sós no sofrimento. Deus sofre junto. O terrível do sofrimento não é tanto o sofrimento em si, mas a solidão nele; a mão que se nega a pôr no ombro, a palavra consoladora que falta. Aí o sofrimento é total.

Não há resposta para o sofrimento dos inocentes nem para o mal. Se houvesse, o sofrimento e o mal desapareciam. Eles continuam aí fazendo sua obra perversa.

Talvez a resposta mais simples seja essa: Deus pode ser aquilo que nós não podemos entender. Ele está para além daquilo que para nós é bem e mal.

Acolher o mistério e confiadamente confiar no Deus do mistério: esta é a aposta da fé. O portador desta fé se encontra numa situação melhor do que a do ateu. Ele possui esperança e espera que o mistério que nos aflige possa ser desvelado por Deus quando tivermos nosso grande encontro com Ele.

O ateu vive sem esperança, e à sua frente possa não se desenha nenhum futuro, a não ser o pó cósmico. O que é desolador. É possível uma real alegria de viver quando não se abre uma brecha para o Inesperado e Surpreendente do amanhã? Como diria Pascal: "é preciso apostar". A fé é uma aposta de que, no final de tudo, o sentido pesa mais na balança da história do que o absurdo. A luz tem mais direito do que a escuridão.

Quem sabe, o mal está aí não para ser compreendido, mas para ser combatido. E ao combatê-lo, chegamos à conclusão de que ele pode ser superado e, assim, encontraremos algum sentido.

Mas isso não muda a questão: por que o sofrimento inocente? Quem nos salvará? São Paulo, confiante, responde: "é só na esperança que seremos salvos" (Rm 8,24).

Mas como tarda a se realizar esta esperança!

11
O ultraneoliberalismo e suas perversidades sociais

Não se pode analisar nenhum país só a partir dele mesmo. Nenhum está fora das conexões internacionais, nem o Brasil nem a fechada Coreia do Norte, que a planetização inevitavelmente criou.

Ademais, nosso país é a nona economia do mundo, coisa que desperta a cobiça das grandes corporações que querem vir para cá, não para ajudar no nosso desenvolvimento com inclusão e justiça social, mas para poder acumular mais e mais, dada a extensão de nosso mercado interno e da superabundância de *commodities* e de bens e serviços naturais, cada vez mais necessários para sustentar o consumismo dos países opulentos.

Três nomes devem ser lembrados, pois desenharam o quadro atual da economia e da política mundial.

O primeiro é sem dúvida *Karl Polaniy* que já em 1944 percebeu *A grande transformação* (título do livro) que ocorria no mundo. De uma economia de mercado estávamos passando para uma sociedade de mercado. Vale dizer, tudo é comercializável, até as coisas mais sagradas.

Com tudo podemos lucrar, coisa que Karl Marx em sua *Miséria da Filosofia* (1847) chamou de "a grande corrupção e de a venalidade geral". Até órgãos humanos, a verdade, a consciência, o saber se transformaram em meios de ganho. Tudo é feito na lógica do capital, que é a acumulação privada, o livre-mercado e a concorrência desenfreada, sem qualquer laivo de cooperação, e não a solidariedade, a cooperação, o bem comum, o que faz as sociedades se esgarçarem em lutas ferrenhas entre as empresas.

Outros dois nomes cabem ser citados: *Margaret Thatcher* e *Ronald Reagan*. Como consequência da erosão do socialismo real, que geopoliticamente funcionava como uma espécie de contenção à dominação capitalista, este sentiu-se triunfante dominando o mundo, inclusive a China. Agora, pensavam eles, podemos viver uma era de tranquilidade e de prosperidade, sem opositores e com a nossa lógica individualista, acumuladora, de ilimitado consumo e de domínio sobre a natureza.

Thatscher era consequente ao afirmar que a sociedade não existe. Existem indivíduos que lutam por si contra todos.

Reagan sustentou a total liberdade do mercado, a diminuição do Estado e o processo de privatização dos bens nacionais. Era o triunfo do neoliberalismo.

Antes com o liberalismo, para usar uma metáfora, a mesa estava posta. Os endinheirados ocupavam os primeiros lugares e se serviam à tripa forra. Os demais encontravam seu lugar em algum canto da mesa. Mas estavam à mesa.

Com o neoliberalismo a mesa está posta. Mas somente podem participar quem tem condições de pagar. Os demais disputam os lugares ao pé da mesa com os cães comendo os restos que caem da mesa dos ricos epulões.

Esse neoliberalismo na sua forma mais extremada segue os ditames da economia política da escola de Viena (Von Mises) e de Chicago (com Hayeck).

Aí claramente se afirma: "O direito de propriedade é o único direito universal, fundamental e absoluto... que a única instituição eticamente aceitável na esfera da atividade econômica é o livre-mercado [...]. Este é compreendido como um mecanismo autorregulador e enquanto tal sua avaliação tem como critério a eficiência e não a valoração ética. Não há direitos fora das leis do mercado. Portanto, a desigualdade e a exclusão nada têm a ver com a injustiça social. Assim, a pobreza não é um problema ético, mas uma incompetência técnica [...]. Os pobres são indivíduos que por culpa própria perderam a competição com os outros".

O que se afirma parecem barbaridades de um anti-humanismo radical, pondo a economia e o mercado acima da vida, das pessoas, da sociedade e do Estado.

Após detalhadas reflexões sobre a economia e a política, a *Fratelli Tutti* conclui: "a política não deve submeter-se à economia e esta não deve submeter-se aos ditames e ao paradigma eficientista da tecnocracia" (n. 177). Ambas, a economia e a política, por sua missão, devem servir a vida e não primeiramente ao mercado e à acumulação privada dos opulentos deste mundo.

Ora, esta política ultraneoliberal tentou-se implantar no mundo inteiro, a começar pelo Chile, sob a ditadura de Augusto Pinochet, como lugar de um experimento que, a partir de 2019 entrou em total colapso com a revolta de toda a população.

Mas ela deu livre-curso às grandes corporações a acumularem o quanto puderem. O lema de Wall Street era e continua sendo: *greed is good* (a ganância é boa).

Tal vontade de acumulação fez com que um pequeno número de pessoas controlasse grande parte da riqueza mundial, gestando um oceano de pobres, miseráveis e famélicos.

Como a cultura do capital não conhece a compaixão nem a solidariedade e somente a competição e a supremacia do mais forte, criou-se um mundo com um nível de barbárie raramente alcançado na história. É um claro darwinismo social com vítimas sem conta, de humanos e de bens e serviços naturais.

Meu sentimento do mundo me sugere que o capitalismo como modo de produção e sua ideologia política e o neoliberalismo extremado atingiram o seu *fim*, num duplo sentido. Lograram seu fim, vale dizer, alcançaram o seu *fim-objetivo*: a suprema acumulação. E o seu fim como *término e desaparecimento*.

Não porque o queiramos, mas porque a Terra limitada em bens e serviços, grande parte não renováveis, não aguenta um projeto ilimitado rumo ao infinito do futuro. O Papa Francisco na *Laudato Si'* chama de "mentira" este pressuposto (n. 106). A Terra mesma tornará esse projeto impossível. Ou ele muda de modo de produção, de consumo e de relação não devastadora para com a natureza ou será condenado a desaparecer.

Como não possui um sentido de pertença e trata a natureza como mera coisa a ser explorada incontrolavelmente, seguirá um caminho sem retorno, pondo em risco o sistema-vida e a própria Casa Comum que poderá se tornar inabitável.

Ora, no transfundo teórico dos governos neoliberais, estes que fizeram reajustes fiscais e econômicos danosos para os trabalhadores e para os idosos são retrógrados, sem o mínimo de consciência e de crítica, das maldades perpetradas contra a sociedade e a natureza.

Querem um país só para eles, e os demais, uma província secundária, agregada e dependente do grande império do capital. Eis a nossa ruína e a nossa desgraça. Eles prolongam a dependência e a lógica colonial.

Um país, o Brasil (e outros) que mal e mal estava dando os primeiros passos rumo à sua refundação, sobre outras bases, valores e princípios, com os olhos abertos e as mãos operosas em políticas de desenvolvimento humano com inclusão social foi desavergonhadamente abortado. O presidente eleito Jair Messias Bolsonaro se propôs desmantelar tudo o que foi construído em dezenas de anos em direitos sociais, em avanço na educação, em ciência e na cultura, levando o país aos tempos do pré-iluminismo, quando grassava a ignorância, a falta de educação escolar e o sentido dos direitos humanos. Aqui reside a nossa verdadeira crise que perpassa todas as instâncias.

Mas o que deve ser tem força. Ainda assim cremos e esperamos que superaremos essa travessia dolorosíssima para as grandes maiorias; enfim, para todos. A má intenção, o ódio, a mentira (*fake news*) não poderão triunfar sobre a verdade dos fatos.

Iremos ainda brilhar. Cantou o poeta em tempos sombrios como o nosso: "faz escuro mas eu canto". Eu imitando-o digo: "em meio às incertezas, ainda sonhamos e esse sonho é bom e antecipa uma realidade benfazeja que nos permita a alegre celebração da vida".

12
A humanidade e a desumanidade dentro de nós

A intrusão do Covid-19 sobre toda humanidade, imprevisível, acrescida pela crise econômico-financeira, previsível, remete a uma crise mais profunda. Trata-se de uma crise de humanidade e de nossa relação para com a Mãe Terra e para com a natureza.

O vírus nos colocou a todos no mesmo chão e tornou ridículas as pretensões de hegemonia de qualquer potência. E acabou nos mostrando o quanto somos egocentrados, individualistas, insensíveis face à dor dos outros e da própria natureza, e, no fundo, faltos de humanidade.

A *Fratelli Tutti* anota que o Covid-19 "deixou a descoberto as nossas falsas seguranças [...]. Se alguém pensa que se tratava apenas de fazer funcionar melhor o que já fazíamos, ou que a *única lição* a tirar é que devemos *melhorar* os sistemas e regras já existentes, está negando a realidade" (n. 7). Detalha melhor: "as graves carências estruturais que não se resolvem com remendos ou soluções rápidas meramente ocasionais. Há coisas que devem ser mudadas com reajustamentos profundos e transformações importantes" (n. 179). Portanto, não se pode cobrir com um pequeno curativo o corpo chagado da Terra. Temos que reinventar uma forma que a regenere e a torne verdadeiramente a nossa Grande Mãe que tudo nos dá.

O que nos tem salvado é a solidariedade, a interdependência, a generosidade e o cuidado de um para com o outro. Pôs à luz o que importa: a vida e os meios da vida como a saúde, a alimentação saudável, o emprego e interajuda entre todos, a segurança, a educação. Nisso se revela nossa verdadeira humanidade.

Com referência ao mercado e à economia neoliberal: o que conta de verdade é a acumulação ilimitada dentro de um planeta limitado, mesmo impedindo-nos de viver e conviver com uma tranquilidade mínima. A economia não pode se autonomizar e ganhar por ganhar. Já a política deve estar a serviço da salvaguarda da vida humana, da convivência social solidária e pacífica, como também do cuidado da natureza, dos ecossistemas e de toda a comunidade de vida.

Além desta perspectiva mínima mas essencial, importa que economia suscite a confiança de que os impulsos eletrônicos que movem os papéis e os contratos tenham lastro e não sejam mera matéria virtual, portanto, fictícia. Pressupõe outrossim a verdade de que os procedimentos se façam segundo regras observadas por todos.

Ocorre que no neoliberalismo e nos mercados, especialmente a partir da era Thatcher e Reagan, predominou a financeirização dos capitais. Diz-nos o economista Ladislau Dowbor – que une economia, ecologia e democracia – que atualmente pode-se ganhar dinheiro sem trabalhar. Basta possuir algum dinheiro e colocá-lo na ciranda financeira para render, sem nada produzir senão papéis que são valorizados. O capital financeiro-especulativo é da ordem de mais de 167 trilhões de dólares, enquanto o capital real, empregado nos processos produtivos (carros, geladeiras, roupas, sapatos etc.), por volta de 58 trilhões de dólares anuais.

O capital especulativo delira na especulação das bolsas, dinheiro fazendo dinheiro, sem controle, apenas regido pela voracidade de ganhar e ganhar cada vez mais.

Por sua natureza, a especulação comporta sempre alto risco e vem submetida a desvios sistêmicos: à ganância de comprar outras empresas em dificuldade ou menos poderosas e fazê-lo por todos os meios possíveis (*bussnes as usual*). Em Wall Street o lema continua sendo: *greed is good* – a cobiça é boa.

Os gigantes de Wall-Street eram tão poderosos que impediam qualquer controle, seguindo apenas suas próprias regulações. Eles contavam com as informações antecipadas (*Insider Information*), manipulavam-nas, divulgavam boatos nos mercados, induziam a falsas apostas e tiravam daí grandes lucros.

Basta ler o livro do megaespeculador George Soros, *A crise do capitalismo*, para constatá-lo, pois nele conta em detalhes estas manobras que destroem a confiança e a verdade. Ambas eram sacrificadas sistematicamente em função da ganância dos especuladores. Tal sistema tinha que um dia ruir, por ser falso e perverso, o que de fato ocorreu na grande crise do *prime* de 2008 e agora com a intrusão do Covid-19.

A estratégia inicial norte-americana foi injetar tanto dinheiro nos "ganhadores" (*winner*) para que a lógica continuasse a funcionar sem pagar nada por seus erros. Seria prolongar a agonia. Os europeus, recordando-se dos resquícios do humanismo das Luzes que mal sobreviveram, tiveram mais sabedoria. Denunciaram a falsidade, puseram a campo o Estado como instância salvadora e reguladora e, em geral, como ator econômico direto na construção, na infraestrutura e nos campos sensíveis da economia.

Esperava-se refundar o neoliberalismo e de inaugurar outra arquitetura econômica sobre bases não fictícias. Isto quer dizer que a economia deveria ser capítulo da política (a tese clássica de Marx), não a serviço da especulação, mas da produção, da adequada acumulação e da diminuição das desigualdades sociais mundiais. E a política se regeria por critérios éticos de transparência, de equidade, de justa medida, de políticas sociais de inclusão dos mais pobres, de controle democrático e com especial cuidado para com as condições ecológicas que permitem a continuidade do projeto planetário humano. Nada disso ocorreu. O neoliberalismo se radicalizou com expressões políticas de direita, autoritárias e de viés fascista, como claramente se mostra no Brasil, bem como na Hungria, na Polônia e nas Filipinas.

Com o ataque do Coronavírus contra toda a humanidade, parece que um tsunami ocorreu com o capitalismo e o neoliberalismo radical. Todos os processos produtivos cessaram, cresceram exponencialmente os desempregados e todos tiveram que se submeter ao isolamento social e ao distanciamento de outras pessoas.

Logicamente, sabemos que a especulação financeira sempre ganha com as crises. Os milhardários acumularam fortunas com ela. Mas os lucros não os salvarão. Deverão atender às exigências impostas oficialmente para enfrentar o vírus letal, caso queiram sobreviver.

De nada vale priorizar primeiro a produção e depois a saúde. Mortos não trabalham e não produzem. Primeiro a vida, o dom mais precioso que temos, pois vivemos uma única vez e não pode ser trazida de volta. Enquanto a economia sempre pode ser refeita e colocada sobre bases que incorporam as lições enviadas pelo Covid-19, vale dizer, desenvolver uma relação amigável com a vida e a natureza, dar mais espaço à vida que ao lucro, valorizar mais a cooperação do que a concorrência. Enfim, dar centralidade àquilo que verdadeiramennte conta e às demais instâncias a serviço da vida e de sua qualidade, tanto no nível humano quanto no natural, na inteira comunidade de vida.

Releva reconhecer que a crise atual é crise de humanidade. Porque nela subjaz um conceito empobrecido de ser humano que só considera um lado dele, seu *lado de ego*. O ser humano é habitado por duas forças que também estão presentes no cosmos: uma *de autoafirmação* sem a qual ele desaparece. Aqui tem a sua vez e lugar o ego e a emulação. A outra é de *integração* num todo maior sem o qual também desapareceria, pois somos seres essencialmente sociais e interdependentes. Aqui prevalece o nós e a cooperação.

A vida só se desenvolve saudavelmente à medida que se equilibram o *ego com o nós*, a emulação com a cooperação.

Esta é a grande verdade escondida na categoria do *Ubuntu* de tantas culturas africanas. Ubuntu significa: "eu só posso ser eu através de você". Nesta visão, os seres humanos se entendem entrelaçados e interdependentes, se reconhecem como seres de relação, fora da qual não podem realizar sua própria identidade. Não são sócios, unidos por interesses comuns, mas próximos e irmãos e irmãs (cf. *Fratelli Tutti*, n. 102).

Dando rédeas só à competição do ego, anulando a cooperação irrompe a dominação do modo de produção capitalista com a cultura consumista e materialista que o acompanha. Com seu predomínio quase absoluto surgiram contradições e distorções, que não resolvidas com os recursos do próprio sistema, acabaram levando à crise de 2008 e à atual com o Covid-19 de 2019/2020. Na *Fratelli Tutti* o Papa Francisco exclama: "Oxalá, no final não haja 'os outros', mas apenas um 'nós'" (n. 35).

Contrariamente, dando espaço apenas ao *nós* sem o ego, gerou-se o socialismo estatizante e despersonalizante e a ruína pessoal e social que provocou. Erros dessa gravidade, nas condições atuais de interdependência de todos com todos, nos podem liquidar.

Como nunca antes temos que nos orientar por um conceito adequado e integrador do ser humano, por um lado individual-

-pessoal com direitos e por outro social-comunitário com participação social, com a consciência dos limites e deveres implicados em toda convivência. Caso contrário, nos atolaremos sempre em crises que serão menos econômico-financeiras e mais crises de ética e de humanidade.

A solução mais adequada de equilibrar o eu e o nós foi encontrada na democracia em suas várias formas: como valor universal (Bobbio), na família, como forma de inclusão e participação nas comunidades, nos sindicatos e também na montagem do Estado. Não é suficiente uma democracia somente delegatícia/representativa, mas uma democracia participativa, uma democracia comunitária vivida pelos andinos com seu bem-viver e bem-conviver, até culminar numa democracia sem fim (Boaventura de Souza Santos. Portanto, uma democracia sempre em construção e possíveis melhorias.

Cada geração deve incorporá-la e enriquecê-la até chegarmos a uma democracia planetária que organiza politicamente todo o planeta, a partir de um centro pluralista de direção que pensa e tenta implementar soluções globais para os problemas globais.

Seria a idade de ouro da democracia, sonho que pode ser concretizado processualmente na medida que cresce a consciência coletiva de um destino comum da Terra e da humanidade.

Para se lograr este propósito não bastam ideias, mas uma verdadeira mística, no sentido de se tomar de paixão, como o diz belamente a encíclica papal *Laudato Si'*, "pelo cuidado do mundo [...] uma mística que nos anima, impele motiva e encoraja e dá sentido à ação pessoal e comunitária" (n. 216). Mística aqui é mais fundamental que a simples religiosidade; são ideias-forças que nascem da razão sensível e cordial e nos lançam a assumir causas que valem a pena e que hoje são urgentes, como a salvaguarda de todo o criado e do sentido minimamente humanitário de todas as nossas relações. Raramente nos mostramos tão desumanos para com outros humanos. Se não nos reinventarmos em nossa humanidade, nada teriam valido as crises e os padecimentos que trazem. Precisamos reaprender a tratar humanamente a cada ser humano, independentemente de sua extração de classe, de etnia, de religião e de cultura.

Houve alguém entre nós que viveu tão humanamente, especialmente com os mais esquecidos e invisíveis que seus seguidores chegaram a afirmar: humano assim só podia ser Deus mesmo entre nós: Jesus de Nazaré.

13
As razões da ascensão do neofascismo mundial

O fascismo é uma derivação extremada do fundamentalismo que tem larga tradição em quase todas as culturas atuais. Samuel P. Huntington em sua discutida obra *Choque de civilizações* denunciava que o Ocidente com sua prepotência e arrogância, "constitui provavelmente a mais perigosa fonte de instabilidade e de um possível conflito global num mundo multicivilizacional" (Objetiva, 1997, p. 397).

O Ocidente imagina que sua cultura é a melhor do mundo, possui a melhor religião, a única verdadeira, a melhor forma de governo, a democracia, a melhor tecnociência que mudou a face do planeta e que lhe conferiu a capacidade de ir e voltar da lua e até capaz de destruir com suas armas letais todos os seres humanos e grande parte da biosfera. É essa a sua glória? Poder de matar a todos, inclusive a si mesmos (cf. p. 394-395).

Conhecemos o fundamentalismo originário dos Estados Unidos, das Igrejas protestantes conservadoras no início do século XX, seja na doutrina ou nos costumes. Mais comentado é o islâmico e outros, também de grupos da Igreja Católica que ainda creem ser ela a única e exclusiva Igreja de Cristo, fora da qual não há salvação.

Tal visão excludente e medieval, abre espaço para a negação do uso da palavra "igreja" para as demais denominações que também se apresentam como Igrejas cristãs. Elas, segundo este fundamentalismo católico, fortemente representado pelo Cardeal Joseph Ratzinger quando ainda era o presidente da Congregação da Doutrina da Fé. Em 2000 emanou um documento, *Dominus Jesus*, que provocou escândalo entre os católicos e protestos de várias Igrejas. Ele rebaixou as demais Igrejas, negando-lhes o direito de se apresentarem como igrejas. Elas teriam apenas "elementos eclesiais" ou seriam apenas meras comunidades cristãs ou seitas.

Graças a Deus que assumiu a cátedra de Pedro, o Papa Francisco, apresentando-se como bispo de Roma e somente a partir daí como papa que anima a fé de toda a Igreja. Imbuído de razoabilidade e do bom-senso invalidou tal exclusivismo, conclamando ao reconhecimento mútuo de todas as Igrejas, portadoras, em comunhão, da herança de Jesus, a serviço da humanidade e da proteção de todo o criado, particularmente da Mãe Terra.

Todo aquele que pretende ser portador exclusivo da verdade está condenado a ser fundamentalista e fechar-se sobre si mesmo, sem diálogo com os outros e menosprezando-os arrogantemente. O fundamentalismo gera dilacerações sociais, suscita conflitos e ódios e até guerras religiosas.

O fascismo nasceu e nasce dentro de um determinado contexto de anomia, desordem social e crise generalizada. Desaparecem as certezas e as ordens estabelecidas se debilitam. A sociedade e os indivíduos têm dificuldades em viver em tal situação. Cientistas sociais e historiadores como Eric Vögelin (*Order and History*, 1975), L. Götz (*Entstehung der Ordnung*, 1954) e Peter Berger (*Rumor de Anjos*: a sociedade moderna e redescoberta do sobrenatural, 1973) deixaram claro que os seres humanos possuem uma tendência natural para a ordem. Lá onde chegam, criam logo uma ordem na convivência e no seu habitat comum. Quando esta desaparece, usa-se comumente a coerção e até a força para impor certa ordem.

O nicho do fascismo encontra nesta desordem seu nascedouro. Assim, com o final da Primeira Guerra Mundial, gerou-se um caos social, especialmente na Alemanha e na Itália. A saída foi a instauração de um sistema autoritário, de dominação que monopolizou a representação política, mediante um único partido de massa, hierarquicamente organizado, enquadrando todas as instâncias, a política, a economia e a cultura numa única direção. Isso só foi possível mediante um chefe (o *Füher* na Alemanha e o *Ducce* na Itália) que montaram um Estado corporativista autoritário e de terror.

Como legitimação simbólica cultuavam-se os mitos nacionais, os heróis do passado e antigas tradições, geralmente num quadro de grandes liturgias políticas com a inculcação da ideia de uma regeneração nacional. Especialmente na Alemanha os seguidores de Hitler se investiram da convicção de que a raça alemã branca é "superior" às demais com o direito de submeter e até de eliminar as inferiores como os judeus, a *Shoah,* os eslavos e, se triunfassem, todos os negros.

A palavra *fascismo* foi usada pela primeira vez por Benito Mussolini em 1915 ao criar o grupo Fasci d'Azione Revolucionaria. Fascismo se deriva do feixe (fasci) de varas, fortemente amarradas, com um machado preso ao lado. Uma vara pode ser quebrada, um feixe delas, no entanto, é quase impossível nem sequer vergá-lo.

Em 1922/1923 fundou o Partido Nacional Fascista que perdurou até sua derrocada em 1945. Na Alemanha se estabeleceu a partir de 1933 com Adolf Hitler que, ao ser feito chanceler, criou o nacional-socialismo, o partido nazista que impôs ao país dura disciplina e vigilância.

O fascismo se apresentou como anticomunista, anticapitalista, como uma corporação que supera as classes e cria uma totalidade social cerrada. A vigilância, a violência direta, o terror e o extermínio dos opositores são características do fascismo histórico de Mussolini e de Hitler e em menor escala, mas também com torturas e terror na América Latina sob as pesadas ditaduras militares no Brasil, no Uruguai, na Argentina, no Chile e em vários países da América Central.

O fascismo nunca desapareceu totalmente, pois sempre há grupos que, movidos por um arquétipo fundamental de ordem, buscam-na de qualquer forma. É o neofascismo atual.

Hoje no Brasil há uma figura mais hilária que ideológica que propõe o fascismo em nome do qual justifica a violência, a defesa da tortura e de torturadores, da homofobia, do desprezo dos negros, indígenas, quilombolas, pobres em geral, LGBT e outros. Sempre em nome de uma ordem a ser forjada contra a atual desordem vigente usando de violência. Os adversários políticos são vistos como inimigos e como tais devem ser tratados. Não erramos se pensarmos no governo do Presidente Jair Bolsonaro e de seus seguidores fascistoides.

O fascismo sempre foi criminal. Criou a *shoah* (eliminação de milhões de judeus). Usou a violência como forma de se relacionar com a sociedade, por isso nunca pode nem poderá se consolidar por longo tempo. Configura a perversão maior da sociabilidade humana. Lá onde se impõe, reina o medo, a ofensa sistemática dos direitos dos cidadãos, as perseguições e, no termo, a prisão, a tortura e o assassinato político.

A esses espíritos fascistas não se erguem estátuas, mas contam com o desprezo histórico e a ignomínia dos povos. A ordem é fundamental nas sociedades humanas, mas não pode ser estabelecida como o único valor de coesão. Ela sempre se situa dentro de um Estado de Direito, no qual valem os direitos fundamentais dos cidadãos e o respeito incondicional da dignidade humana e também os direitos da natureza e da Mãe Terra.

14
O projeto do império: recolonizar a América Latina e o Brasil

No processo de globalização econômica e financeira, as potências centrais, antigas colonizadoras ou as que disputam a hegemonia mundial, procuram repristinar processos passados, como o atual de recolonizar os países que foram um dia colônias, como toda a América Latina e o Brasil. Estes países são importantes como fornecedores e bens naturais, *commodities*, já que estes países centrais praticamente exauriram suas reservas pela superexploração e pelo alto processo de industrialização.

Desta forma a colonização, especialmente a escravidão, não constituem apenas etapas passadas da história. Suas consequências (*Wirkunsgeschichte*) perduram até os dias de hoje. A prova clara é a dominação e a marginalização das populações que foram colonizadas e escravizadas, baseadas na dialética da superioridade-inferioridade, da supremacia branca sobre os demais representantes de outras etnias (especialmente os negros e latinos nos Estados Unidos), nas discriminações por causa da cor da pele, no desprezo e até no ódio do pobre, considerado preguiçoso e um zero econômico. Mais e mais os trabalhadores se tornam dispensáveis, substituídos por robôs inteligentes. Estes são convincentes, pois não se pagam a eles os encargos sociais, os salários, as férias e outros eventuais benefícios.

Não basta a descolonização política. A recolonização ressurge na forma do capitalismo econômico, liderado por capitalistas ultraneoliberais nacionais, articulados com os transnacionais. A lógica que rege as práticas da recolonização é tirar o máximo proveito do extrativismo dos bens e serviços naturais – petróleo, minerais, madeiras, terras raras, ouro e outros metais estratégicos – explorar a força de trabalho mal paga e, quando possível, como está ocorrendo escandalosamente no Brasil, fazer reajustes na economia, que implicam a redução dos direitos individuais e sociais.

Os primeiros a verem claro a recolonização foram Franz Fanon da Argélia e Aimé Césaire do Haiti, ambos comprometidos com a libertação de seus povos. Propuseram um corajoso processo de descolonização para liberar a "história que foi roubada" pelos dominadores e que agora pode ser recontada e reconstruída pelo próprio povo.

No entanto, trava-se um duro embate por parte daqueles que querem prolongar a nova forma de colonização e de escravidão, criando obstáculos de toda ordem para aqueles que buscam fazer uma história soberana na base de seus valores ecológicos, culturais e de suas identidades étnicas, não cerradas sobre si mesmas, mas abertas às relações totais que a planetização introduziu.

Césaire cunhou a palavra "negritude" para expressar duas dimensões: uma, da continuada opressão contra os negros, e outra, de uma resistência persistente e de uma luta obstinada contra todo tipo de discriminação.

A "negritude" é a palavra-força que inspira a luta pelo resgate da própria identidade e pelo direito das diferenças. Césaire critica duramente a civilização europeia por sua vil cobiça de invadir, ocupar e roubar riquezas dos outros. Ela é ética e politicamente indefensável por ter difundido a discriminação e o ódio racial, embrutecendo e degradando os povos colonizados e escravizados inculcando-lhes a impressão de que são gente inferior e não possuem dignidade.

Paralelamente ao conceito de "negritude" criou-se o de "colonialidade" pelo cientista social peruano Anibal Quintano (1992). Por ela quer-se expressar os padrões que os países centrais e o próprio capitalismo globalizado impõem aos países periféricos: a cultura do capital, o mesmo tipo de relação predatória da natureza, as formas de acumulação e de consumo, os estilos de vida e os mesmos imaginários produzidos pela máquina mediática e pelo cinema.

Através destas estratégias, continua a lógica do encobrimento do outro, do roubo de sua história e a destruição das bases para a criação de um processo nacional soberano. O Norte global está impondo a colonialidade em todos os países, obrigando-os a alinhar-se às lógicas do império.

O neoliberalismo radical que está imperando na América Latina e agora de forma cruel no Brasil, mas profundamente atingido em seu coração pelo Coronavírus que lhe destruiu todo o seu ideário e projeto de dominação, comparece como a concretização da colonialidade.

O poder mundial, seja dos Estados hegemônicos seja das grandes corporações globalizadas querem reconduzir toda a América Latina, no caso o Brasil, à situação de colônia. É a recolonização como projeto da nova geopolítica mundial.

O golpe, sem base real, mas forjada, dado no Brasil em 2016 contra a Presidenta Dilma Rousseff se situa exatamente neste contexto: trata-se de solapar um caminho autônomo, entregar a riqueza social e natural, acumulada em gerações, às grandes corporações globalizadas e articuladas com as nacionais.

Realizam seu propósito perverso pelas privatizações de nossos bens maiores: o pré-sal, as hidrelétricas, eventualmente os Correios, o BNDS e o Banco do Brasil. Freia-se o processo de industrialização para dependermos das tecnologias vindas de fora. A função que nos é imposta é a de sermos grandes exportadores de *commodities*, já que os países centrais necessitam deles para manter seu consumo perdulário.

Nomes notáveis da ecologia, articulada com a ecologia como Ladislau Dowbor e Jeffrey Sachs, entre outros, nos alertam que o sistema-Terra chegou ao seu limite (a Sobrecarga da Terra) e não suporta um projeto com tal nível de agressão social e ecológica.

Ora, esse modelo, para nossa desgraça, é assumido pelo governo de Jair Bolsonaro explicitamente submisso aos Estados Unidos e totalmente descolado do povo, de um neoliberalismo radical que implica o desmonte de tudo o que foi construído durante dezenas de anos.

Daí o dever cívico e patriótico de derrotarmos estas elites do atraso, antipovo e antinacionais que se propuseram esta aventura de pura perversidade.

Eis que surgiu para elas um inimigo inesperado que derrubou todos os seus propósitos de dominação: o Coronavírus. Todas as políticas radicais do ultraliberalismo foram minadas em seus fundamentos.

Se pregava um radical individualismo, tem que aceitar agora que é só a interdependência de todos com todos que os poderão salvar. Se o motor principal era a competição desenfreada, deram-se conta de que é a solidariedade o valor fundamental, capaz de salvar vidas. Se queriam privatizar quase tudo, até o Sistema Único de Saúde (SUS) que se destinava a atender a toda a população, sentem na pele que é o grande instrumento de proteção da vida das maiorias pobres e deles mesmos. Se pregavam o Estado mínimo, dão-se conta de que agora é fundamental um Estado bem estruturado que pode socorrer e sustentar políticas sanitárias bilionárias para todos e ser o grande indutor do desenvolvimento.

Numa palavra, praticamente todas as teses básicas do ultraneoliberalismo foram irremediavelmente refutadas. Passada a pandemia, seguramente, quererão voltar ao que era antes, para recuperar o tempo e os lucros perdidos. Mas não serão as mesmas. Ou aprenderam alguma lição da crise e se verão obrigados a incorporar o ecológico como uma relação mais amigável para com a natureza ou contarão com a crítica severa da sociedade e poderão ser rejeitadas pela consciência coletiva. Pior ainda, como advertem grandes epidemiólogos, como David Quammen, poderão vir outros vírus ainda mais letais que poderão dizimar grande parte da humanidade e danificar fortemente a biosfera.

Então, irrompe a consciência de que tudo tem limites. Que todos os projetos de poder que produzem a exclusão são vulneráveis e irrealizáveis face a um inimigo invisível e letal.

Há de surgir uma consciência coletiva que colocará a Terra e a vida no centro de tudo. Não se poderão ultrapassar certos limites para não sermos empurrados a caminhar numa direção irreversível, rumo à nossa própria ruína.

15
Qual o sentido da intrusão do Covid-19 na humanidade?

Não obstante "as vastas sombras" da história descritas neste capítulo, assim chamadas pela *Fratelli Tutti*, apostamos ainda num sentido da história e da vida. Ele escreverá a última página da saga, penosa e realizadora, da aventura humana neste planeta.

Isso, porém, não nos deve desviar o olhar sobre o que se está passando no cenário mundial e especificamente no brasileiro sob a ótica da ética (toda ótica produz sua ética) e do mundo dos valores civilizatórios. Como não se sentir desolado e profundamente abatido diante de semelhante panorama?

Um chefe de Estado não é apenas portador do poder supremo de um país. O cargo possui uma carga ética. Ele deve testemunhar, por sua vida e atos, os valores que quer que seu povo viva.

Em vários países, mas aqui no Brasil temos o contrário: um presidente, surgido após um verdadeiro golpe de classe contra a Presidenta Dilma Rousseff, articulado pela oligarquia, por setores do judiciário e pela grande mídia empresarial, que nunca aceitou que alguém que, não sendo negro, mas vindo na situação de senzala, chegasse ao poder central do país; sempre negou ou frustrou um projeto social que incluísse os milhões de pobres. Foram políticos corruptos, descendentes da Casa Grande numa articulação com o mundo jurídico e quase sempre elitista e a serviço dos muito ricos, associada a outras forças como da Secretaria de Estado dos Estados Unidos e particularmente com apoio das televisões e dos grandes jornais, braço ideológico do neoliberalismo e de um capitalismo selvagem, nunca educado e civilizado que arquitetaram o golpe. Não era tanto contra os governos Lula-Dilma, mas contra a ascensão dos pobres e dos condenados da terra.

A desmesurada vaidade do cargo e a total falta de respeito face ao seu próprio país, fez com que o Presidente Bolsonaro se corrompesse mental e politicamente de forma desavergonhada, comprando votos de deputados e oferecendo outras benesses. E os deputados, gaiamente, se deixam corromper, porque muitos deles são corruptos mesmo e aproveitam a ocasião para conquistar funções oficiais e outros benefícios. A república apodreceu de vez.

Temos que refundar o Brasil sobre outras bases, pois aquelas que até agora mancamente o sustentaram, comprovaram que nunca deram certo, apenas aprofundaram as desigualdades, o ódio e o desprezo, antes tributados aos escravos e agora foram transferidos aos pobres, negros, mulatos, quilombolas e indígenas.

A despeito disso tudo, não deixamos a esperança morrer, embora nesse momento, no dizer de Rubem Alves, se trata de uma "esperança agonizante". Como afirma a *Fratelli Tutti*, do Papa Francisco: "A esperança nos fala de uma realidade enraizada no profundo do ser humano, independentemente das circunstâncias concretas e dos condicionamentos históricos em que vive" (n. 55). Aqui ressoa *o princípio esperança*, que é mais que a virtude da esperança, mas um princípio, motor interior para projetar sonhos e visões novas, tão bem formulado pelo filósofo alemão Ernst Bloch em seus três volumes sobre *O princípio esperança*. Essa esperança ressuscitará desta agonia e nos resgatará um sentido de viver mais dignificante.

Se perdermos o sentido da vida, o próximo passo poderá ser o completo cinismo e, no termo, o desmantelamento social. Isso de fato ocorreu com a eleição de um ex-capitão, afastado compulsoriamente do exército, por ameaça de terrorismo, de extrema-direita política e de um ultraneoliberalismo econômico que castiga pesadamente a classe trabalhadora em geral e as classes populares.

Não obstante, esta volta regressiva, quero retomar a questão do sentido da vida.

Não obstante a desesperança e a existência do absurdo face ao qual a própria razão se rende, acreditamos ainda na bondade fundamental da vida.

O homem comum que compõe a grande maioria, se levanta, perde precioso tempo de vida nos ônibus superlotados, vai ao trabalho, não raro penoso e mal remunerado, luta pela família, se preocupa com a educação de seus filhos, sonha com um país melhor. Surpreendentemente, é capaz de gestos generosos, auxiliando um vizinho mais pobre que ele e, em casos extremos, arrisca a vida, para salvar uma inocente menina ameaçada de estupro.

Nesse contexto não me furto de citar os sentimentos de um de nossos maiores escritores modernos Erico Verissimo. Em seu famoso *Olhai os lírios do campo* escreve: "Se naquele instante caísse na terra um habitante de Marte, havia de ficar embasbacado ao verificar que num dia tão maravilhosamente belo e macio, de sol tão dourado, os homens em sua maioria estavam metidos em escritórios, oficinas, fábricas [...]. E se perguntasse a qualquer um deles: 'Homem, por que trabalhas com tanta fúria durante todas as horas de sol?' – ouviria esta resposta singular: 'Para ganhar a vida'. E, no entanto, a vida ali estava a se oferecer toda, numa gratuidade milagrosa. Os homens viviam tão ofuscados por desejos ambiciosos que nem sequer davam por ela. Nem com todas as conquistas da inteligência tinham descoberto um meio de trabalhar menos e viver mais. Agitavam-se na terra e não se conheciam uns aos outros, não se amavam como deviam. A competição os transformava em inimigos. E havia muitos séculos, tinham crucificado um profeta que se esforçara por lhes mostrar que eles eram irmãos, apenas e sempre irmãos (VERISSIMO, E. *Olhai os lírios do campo*. Rio de Janeiro: Civilização Brasileira, 1973, p. 292).

A intrusão do Codiv-19 revelou estas virtudes, presentes nos pobres e nas periferias, pois lá é que se refugiaram, pois nas cidades impera a cultura do capital, com seu individualismo e falta de sensibilidade face à dor e ao sofrimento das grandes maiorias da população.

O que se esconde atrás destes gestos cotidianos e banais de solidariedade e bem-querença? Esconde-se a confiança de que, apesar de tudo, vale a pena viver porque a vida, na sua profundidade, é boa e foi feita para ser levada com coragem que produz autoestima e sentido de valor.

Há aqui uma sacralidade que não vem sob o signo religioso, mas sob a perspectiva do ético, do viver corretamente e do fazer o que deve ser feito.

O renomado sociólogo austríaco-norte-americano Peter Berger, já falecido, escreveu um brilhante livro, relativizando a tese de Max Weber sobre a secularização completa da vida moderna com o título: *Um rumor de anjos – A sociedade moderna e a redescoberta do sobrenatural* (Petrópolis: Vozes, 1973). Aí descreve inúmeros sinais (chama de "rumor de anjos") que mostram o sagrado da vida e o sentido secreto que ela sempre guarda, a despeito de todo caos e dos contrassensos históricos ainda floresce.

Aduzo, na esteira de Peter Berger, apenas um exemplo que me vem à mente, banal e entendido por todas as mães que acalentam seus filhos e filhas.

Alguém deles acorda sobressaltado dentro da noite. Teve um pesadelo, percebe a escuridão, sente-se só e é tomado pelo medo. Grita pela mãe. Esta se levanta, toma o filhinho no colo e no gesto primordial da *magna mater* cerca-o de carinho e de beijos, fala-lhe coisas doces e lhe sussurra: "Meu filhinho, não tenhas medo; sua mãe está aqui. Está tudo bem e está tudo em ordem, meu querido". O menino deixa de soluçar. Reconquista a confiança e um pouco mais e mais um pouco, adormece, serenado e reconciliado com as coisas.

Esta cena tão comum, esconde algo radical que se manifesta na pergunta: será que a mãe não está enganando a criança? O mundo não está em ordem, nem tudo está bem. E, contudo, estamos certos: a mãe não está enganando seu filhinho. Seu gesto e palavras revelam que, não obstante a desordem que a razão prática aponta, impera uma ordem mais fundamental e secreta.

O conhecido pensador Eric Voegelin (*Order and History*, 1956) mostrou magistralmente que todo ser humano possui uma tendência essencial para a ordem. Onde quer que surja o ser humano, aí aparece uma ordem das coisas, valores, certos comportamentos e um contrato inconsciente de uma convivência pacífica. A mesma coisa se observa no universo, nos ecossistemas e na lógica da natureza. As complexidades se ordenam a criar ordens cada vez mais altas e harmoniosas.

A tendência para a ordem implica a convicção de que a vida possui sentido. Que no fundo da realidade, não vigora a mentira, mas a confiança, os laços, a solidariedade, o consolo no sofrimento e o derradeiro aconchego quando ocorrer a culminância da história que virá, mas que nunca sabemos quando e nem como.

Assim, cremos que os tempos de grande tribulação passarão, porque, por debaixo e dentro deles vai se fortalecendo uma ordem abscôndita que, dadas as circunstâncias, irá irromper.

Assim a sociedade e a inteira humanidade poderão caminhar rumo a um sentido maior, cujo desenho final nos escapa. Mas intuímos desde sempre que ele existe e será bom. A ele caberá escrever a última página com um *happy end*. Como escreveu o filósofo do princípio esperança, Ernst Bloch, verificaremos que o verdadeiro gênesis não estava no começo das coisas, mas no seu fim.

Segunda parte

A nova era geológica: o ecoceno e o bioceno

1
Quais as condições do universo para estarmos hoje aqui?

Ao lermos os grandes cosmólogos e astrofísicos como Stephan Hawking, S. Weinberg, M. Rees e B. Swimme entre outros, constatamos que estão sempre às voltas com três grandes questões: Quais eram as condições iniciais do universo que permitiram surgirmos aqui na Terra? Há vida em outros planetas? Por fim, é possível uma "Teoria do Tudo" que explique, numa fórmula simples, tudo o que existe e assim captar a mente de Deus? Ocupemo-nos apenas da primeira questão.

Neste campo, das condições iniciais do universo, até agora pouco se tem avançado. Há o assim chamado muro de Max Plank que impede ver o que havia antes do *Big Bang*. Num ponto, porém, chegou-se a conclusões de que para uma visão global das coisas, possui grande relevância: identificamos algumas das condições iniciais que deram origem ao universo, senão não estaríamos aqui fazendo esse tipo de pergunta.

Todos ficam embaraçados, a começar pelos próprios cientistas, com a seguinte pergunta: quem colocou na existência aquele pontozinho infinitamente pequeno e quem o fez explodir? Damo-nos conta dos limites do racional e do científico. Nem tudo se resolve pela razão científica. Há outras formas de racionalidade, a da filosofia, da teologia, do mundo simbólico, das artes, da poesia, entre outras. Elas também são fenômenos do universo. Elas têm alguma palavra a dizer sobre o todo.

Alguns relutam tomar posição face a esta questão por razões culturais, pois se entendem dentro de um mundo pós-religioso e totalmente secularizado ou colocam a questão de uma Última Realidade ou de um Abismo Originador que faz ser todos os seres entre parêntesis. Consideram-se agnósticos, num sentido até humilde: quem somos nós para conhecermos o Mistério que se oculta em todas as coisas? Na verdade, não se trata de conhecer o Mistério. Ele é sempre conhecido, mas permanece sempre Mistério em todo o conhecimento. Ele não é o limite do conhecimento, mas o ilimitado em todo o conhecimento. De todas as formas, a pergunta permanece e, honestamente, demanda alguma resposta. Outros o fizeram como Albert Einstein, Max Plank e Brian Swimme entre outros.

A famosa sonda WMAP (Wilkinson Microwave Anisotropy Probe), lançada em 2001 e que escaneou todo o universo visível, permitiu a seguinte constatação: apenas 4% do universo são visíveis e por isso cognoscíveis. 96% são de uma escuridão de breu e invisível. Destes 96%, 23% são matéria escura cuja gravidade teria a função de impedir que as galáxias escapem uma das outras, e 73% são de energia escura que aceleraria a expansão do universo. Trata-se de teorias que mais ocultam do que explicam a realidade.

Sabe-se, no entanto, que nos primeiríssimos momentos após a grande explosão (*Big Bang*) ocorreu um choque formidável de matéria e antimatéria. Elas quase se aniquilaram mutuamente restando apenas uma pequeníssima sobra de quarks na ordem de 000.000.001 dos quais se originou o atual universo.

Originalmente havia 75% de hidrogênio e 25% de hélio; o resto se formou dentro das grandes estrelas vermelhas, 2-3 bilhões de anos depois. O astrofísico Steven Weinberg calculou o que teria ocorrido nos três primeiros minutos (seu livro *Os três primeiros minutos, a origem do universo*) e suas consequências até os dias atuais. Aí afirma ele: "Se fosse rala demais, a massa ter-se-ia expandido excessivamente e não haveria condensação suficiente para formar as estrelas e assim permitir a vida. Se fosse densa demais, o universo se retrairia em sucessivas explosões e os corpos não poderiam surgir".

Se as energias nucleares fossem fracas demais, não teriam ocasionado a formação dos elementos pesados como o carbono, o oxigênio e outros, necessários para a formação da vida. O universo seria composto apenas de hidrogênio.

Se estas energias fossem fortes demais haveria apenas átomos pesados e nenhum hidrogênio a alimentar as estrelas.

Se a força gravitacional fosse um pouco mais forte, as estrelas teriam consumido rapidamente sua energia nuclear interna, teriam tido uma vida mais curta, não teriam formado dentro delas os elementos pesados e, assim, a vida seria impossível.

O que concluímos destas constatações? Que o universo combinou refinadissimamente todos estes fatores para que pudesse surgir vida e seres inteligentes. As quatro energias fundamentais, a gravidade, a eletromagnética, a nuclear fraca e forte, agem sempre em articulação e sinergia. São elas que sustentam o universo. Alguns cosmólogos aventam até a ideia de que elas são a inteligência do universo.

Se tudo não tivesse ocorrido como ocorreu, não estaríamos aqui para escrever sobre isso tudo. Por mais que muitos cientistas se considerem agnósticos e queiram evitar alguma teleologia (algum fim, algum propósito) não podem escapar desta lógica das coisas.

Também a existência deles, com suas perplexidades e agnosticismo, dependem destas energias que lhes permitiram chegar até aqui e dar-se a liberdade de ser gnóstico.

O universo, com suas energias todas, instintivamente pareceria intuir que iríamos surgir lá na frente e nos preparou as condições e nos brindou com este esplendoroso berço que é a Terra agora ameaçada.

Que é o universo? Não sabemos. Valham-nos esta simples declaração do físico e cosmólogo italiano Carlo Rovelli: "É um lugar imenso e misterioso, cheio de maravilhas insólitas e de uma rara beleza. Nele há explosões gigantescas, arabescos primorosos e arco-íris com bilhões e bilhões de galáxias e bilhões e bilhões de estrelas. Perto de uma dessas estrelas são emitidas algumas vibrações fugazes entre tantas: nós. Somos nós com nossas ideias, sonhos, alegrias e aflições e nossa contemplação atônita da imensidão. Somos apenas um lampejo" (cf. IHU 24/07/2020).

Mas é através desse lampejo, de nossos olhos e de nossos sentidos que o universo se vê e se sente a si mesmo. Somos em termos de quantidade quase um nada, mas em termos de qualidade, somos uma emergência única do próprio universo que quer se ver, se sentir e se dar conta de sua majestática grandeza e beleza. Por isso e para isso é que estamos aqui.

Como não se maravilhar e se encher de gratidão por esse sutil caminho percorrido até aqui? E se incluirmos Deus como momento de nossa interrogação, pois a ideia de Deus também é uma emergência do universo através de nós, nos surge o sentimento de reverência, de encantamento e, por fim, de um nobre silêncio face à *grandeur* da profundidade do universo acima de nossas cabeças.

Belamente diz a *Laudato Si'*: "o mundo é algo mais do que um problema a ser resolvido, é um mistério gozoso que contemplamos na alegria e no louvor" (n. 12). E completa: "Tudo está relacionado e todos nós, seres humanos, caminhamos juntos como irmãos e irmãs, numa peregrinação maravilhosa, unidos também, com terna afeição ao Irmão Sol, à Irmã Lua, ao Irmão Rio e à Mãe Terra" (n. 92).

2
A teoria do caos: fonte de uma nova ordem

Já há muitos anos, cientistas vindos das ciências da vida e do universo começaram a trabalhar com a categoria do caos destrutivo e generativo; portanto, uma qualidade dinâmica da realidade.

Inicialmente pensava-se que o universo era estático e regulado por leis determinísticas. Até o próprio Einstein comungava inicialmente desta visão.

Mas sempre escapavam alguns elementos que não se enquadravam dentro deste esquema. Para harmonizar esta teoria *standart*, Einstein formulou o "princípio cosmológico" do qual mais tarde se arrependeria muito porque não explicava nada, mas mantinha inalterada a teoria do universo linear e estático.

O cosmólogo amador Hubble, em 1924, comprovou que o universo não é estático, mas se encontra em expansão e em rota de fuga, para uma direção que escapa ao nosso conhecimento, pois ao expandir-se cria o espaço e o tempo. Albert Einstein deu uma imensa contribuição para entender melhor a dinâmica do universo. Ela deu origem ao advento da nova cosmologia (nova visão das origens e da evolução do universo), considerando-o como um imenso processo de expansão, complexidade, auto-organização e autoconstrução. Tal leitura mudou completamente a compreensão do cosmos, da Terra e de nosso lugar no conjunto dos seres.

Neste contexto da evolução e da não lineariedade do processo cósmico, ganhou centralidade o conceito de caos. Na verdade, viemos de um incomensurável caos produzido pelo *Big Bang*. A evolução parece que surgiu para pôr ordem a esse caos originário.

O fenômeno do caos surgiu com a observação de fenômenos aleatórios como a formação das nuvens e particularmente o que se veio chamar de *efeito borboleta*. Quer dizer: pequenas modificações iniciais, como farfalhar das asas de uma borboleta no Brasil, podem provocar, no final, um efeito totalmente diferente como uma tempestade sobre Nova York.

Isso porque todos os elementos estão interligados, tudo está relacionado com tudo e podem complexificar-se de forma surpreendente. Fez-se a constatação da crescente complexidade de todos os fatores que está na raiz da emergência da vida e em ordens de vida cada vez mais altas (cf. GLEICK, J. *Caos* – Criação de uma nova ciência,1989).

O sentido é este: dentro do caos se escondem virtualidades de um outro tipo de ordem. E vice-versa, por detrás da ordem, se escondem dimensões de caos. Ilya Progrine (1917-1993), Prêmio Nobel de Química em 1977, estudou particularmente as condições que permitem a emergência da vida.

Segundo este grande cientista, sempre que existir um sistema aberto, sempre que houver uma situação de caos, (portanto, fora do equilíbrio), sempre que vigorar uma não linearidade e se constatar a conectividade entre as partes, gera-se uma nova ordem (cf. *Order out of Chaos*, 1984). No caso, a nova ordem emergente é a vida.

Já o afirmava também outro grande biólogo, Prêmio Nobel de medicina, o belga Christian de Duve (cf. *Poeira vital*: a vida como imperativo cósmico, 1987): sempre que surgem ordens altamente complexas em qualquer parte do universo, afirmava ele, aí irrompe a vida, como imperativo cósmico. Quer dizer, o universo está cheio de vida e não apenas um "pálido ponto azul", chamado Terra.

O fenômeno do caos conhece bifurcações e flutuações. Por isso a ordem que dele se deriva nunca é dada *a priori*. Ela depende de vários fatores que a levam a uma direção ou à outra.

Segundo Ilya Prigogine existem ainda, no seio da vida, estruturas dissipativas, num duplo sentido: elas demandam muita energia e assim a dissipam em forma de rejeitos; por outro lado estas estruturas são dissipativas também pelo fato de dissiparem a entropia e fazerem dos rejeitos reciclagens ou outras formas de vida. Nada se perde. Tudo se recompõe e gera a possibilidade de novas formas de vida.

Fizemos toda esta reflexão sumaríssima (exigiria muitas páginas) para nos ajudar a entender melhor a crise brasileira.

Inegavelmente vivemos numa situação de grande caos. Ninguém pode dizer para onde vamos. Há várias bifurcações. Caberá aos atores sociais determinar uma bifurcação que não represente a continuidade do passado que criou o caos. Sabemos que há oculto dentro dele uma ordem mais alta e melhor. Quem vai desentranhá-la e fazer superar o caos?

Aqui se trata, no meu modo de ler a crise, de liquidar o perverso legado da Casa Grande traduzida pelo rentismo e pelos poucos miliardários que controlam grande parte de nossas finanças. Esses são o maior obstáculo para a superação da crise. Ao contrário, eles ganham com ela. Não oferecem nenhum subsídio para superá-la. E possuem aliados fortes a começar pelo atual ocupante da Presidência e parte do Judiciário, pouco sensível à cruel injustiça social e à superação histórica dela, embora esteja com frequência em suas bocas, o que é mais retórica do que a vontade de facilitar transformações estruturais.

Precisamos constituir uma frente ampla de forças progressistas e inimigas da recolonização do país para desentranhar a nova ordem, abscôndita no caos atual, mas que quer nascer.

Temos que fazer esse parto mesmo que doloroso. Caso contrário, continuaremos reféns e vítimas daqueles que sempre pensaram corporativamente só em si, de costas e, quando não, contra o povo. Organizaram um estado de coisas que sempre preserva seus privilégios e os mantém no poder com o qual determinam o Estado e suas políticas.

O caos nunca é só caótico. É gerador de nova ordem. A origem do universo a partir do *Big Bang* é a melhor prova disso.

A evolução desempenha esta função de ordem a partir da desordem e do caos. Criam-se as galáxias, os conglomerados de galáxias, as estrelas e os planetas, todos envolvidos num incomensurável processo de expansão de complexificação e de autocriação rumo a um destino por nós desconhecido que, supomos, será grandioso.

Devemos imitar o universo e a dinâmica da vida, fazer com que o caos destrutivo atual, seja construtivo e origine uma nova ordem generativa que seja includente de todos, da Mãe Terra, da natureza, da comunidade de vida e dos seres humanos a partir dos últimos.

3
A nova fase da Terra e da humanidade: a emergência da Casa Comum

Em nossos tempos, há uma forte confrontação com o processo de globalização, exacerbado pelo ex-presidente dos Estados Unidos, Donald Trump, que reforçou fortemente "o América em primeiro lugar", melhor dito, "só a América". Moveu uma guerra contra as corporações globalizadas em favor das corporações dentro de seu próprio país.

Importa entender que se trata de uma luta contra os imensos conglomerados econômico-financeiros que controlam grande parte da riqueza mundial na mão de um número pequeníssimo de pessoas. Segundo J. Stiglitz, prêmio Nobel de economia, temos a ver com 1% de bilhardários contra 99% de dependentes, desde os muito ricos e até as grandes maiorias de empobrecidos.

Este tipo de globalização é de natureza econômico-financeira dinossáurica, a fase de ferro da globalização no dizer de Edgar Morin. Nela se estabeleceu todo tipo de relações, menos a solidariedade de uns para com os outros.

Mas a globalização é mais que a economia. Trata-se de um processo irreversível, uma nova etapa da evolução da Terra: a emergência da Casa Comum. Quando a vemos a partir das naves espaciais, inauguramos uma nova visão dela, como nô-lo testemunharam os astronautas. Nisso fica claro que Terra e humanidade formam uma única entidade complexa: o nosso lar.

Impactante é o testemunho do astronauta norte-americano John W. Young, por ocasião da quinta viagem à Lua no dia 16 de abril de 1972: "Lá embaixo, está a Terra, este planeta azul-branco, belíssimo, resplandecente, mossa *pátria humana*. Daqui da Lua eu o seguro na palma de minha mão. E desta perspectiva não há nele brancos ou negros, divisões entre leste e oeste, comunistas e capitalistas, norte e sul. Todos formamos uma única Terra. Temos que aprender a amar este planeta do qual somos parte" (WHITE, J. *The Overview Effect*. Boston, 1987).

A partir desta experiência, soam proféticas e provocativas as palavras de Pierre Teilhard de Chardin ainda em 1933: "A idade das nações passou. Se não quisermos morrer, é hora de sacudirmos os velhos preconceitos e *construir a Terra*. A Terra não se tornará consciente de si mesma por nenhum outro meio senão pela crise de conversão e de transformação".

Esta crise se instalou nas nossas mentes: somos agora responsáveis pela única Casa Comum que temos. Ao inventarmos os meios de nossa própria autodestruição, aumentou ainda mais nossa responsabilidade pelo todo do planeta, mesmo conscientes de que há chefes de Estado militaristas insanos que cogitam em guerras nucleares. Se ocorrerem não haverá ninguém para narrar esta tragédia derradeira.

Se bem repararmos esta consciência da Terra como um globo terrestre, irrompeu já nos albores do século XVI, precisamente em 1521, quando Fernão de Magalhães fez pela primeira vez o périplo ao redor da Terra, comprovando empiricamente que ela é de fato redonda e podemos alcançá-la a partir de qualquer ponto de onde estivermos.

Inicialmente a globalização realizou-se na forma de ocidentalização do mundo. A Europa deu início à aventura colonialista e imperialista de conquista e dominação de todas as terras descobertas e a descobrir, com o apoio de bulas dos papas, postas serviço dos interesses europeus políticos e eclesiásticos, corporificados na vontade de poder que bem podemos traduzir como vontade de enriquecimento ilimitado, de imposição da cultura branca, de suas formas políticas e de sua religião cristã. Essa colonização do mundo está na base da modernidade e do enriquecimento dos países colonialistas, situados ao Norte do Continente. Não devemos esquecer este fato, inconsciente na mente dos europeus, de que seu mundo de bem-estar foi construído com a rapinagem do ouro, da prata do Peru e do México e das madeiras, do café e do açúcar do Brasil. Foram eles que criaram companhias inteiras de navegação para trazer negros da África para aqui escravizá-los e fazê-los trabalhar como animais para o enriquecimento dos países como Portugal, Espanha, Holanda e Inglaterra.

A partir das vítimas desse processo, essa aventura se fez sob grande violência, de genocídios, etnocídios e de ecocídios. Ela significou para a maioria dos povos atuais, um trauma e uma tragédia, cujas consequências se fazem sentir até os dias de hoje. Ela está presente em nossa sociedade, feita pela colonização depredadora, pelo etnocídio indígena, pela perversa escravidão negra e pela nossa duradoura dependência dos países centrais e imperialistas.

Hoje temos que resgatar o sentido positivo e irrenunciável da planetização, palavra melhor que globalização, devido à conotação meramente econômica desta última. A planetização sugere outras dimensões como a política, a cultura e os valores humanísticos.

A ONU, no dia 22 de abril de 2009, oficializou a nomenclatura de *Mãe Terra* para dar-lhe um sentido de algo vivo que deve ser respeitado e venerado como o fazemos com nossas mães. O Papa

Francisco assumiu a mesma nomenclatura e divulgou a expressão "o cuidado da Casa Comum" para mostrar a profunda unidade da espécie humana habitando num mesmo espaço comum.

Esse processo é um salto para frente no processo da geogênese e da antropogênese. Não podemos retroceder e fecharmo-nos, como pretendem os novos nacionalismos excludentes, nos nossos limites de suas soberanias que ainda não se deram conta da superação desta ideia que supõe com uma consciência diminuída. Ela não descobriu ainda a Casa Comum. E se a descobriu, tentam desvalorizá-la em benefício de seus limites soberanos. Temos que adequarmo-nos a esse novo passo que a Terra deu, irrompendo como Casa Comum da humanidade e de todos os seres da natureza vivos e inertes.

Nós somos o momento de consciência e de inteligência da Terra. Por isso somos a Terra que sente, pensa, ama, cuida e venera. Somos os únicos entre os seres da natureza cuja missão ética é a de cuidar desta herança bem-aventurada, fazê-la uma Casa Comum habitável para nós e para toda a comunidade de vida.

Infelizmente não estamos correspondendo a este chamado da própria Terra. Por isso temos que despertar e assumir essa nobre missão de construir a Casa Comum.

A exigência de uma planetização nunca foi sentida como urgência quando ocorreu a pandemia do Covid-19. Ela, pela primeira vez, atingiu em cheio todo o planeta. Todos deveriam ser solidários e cooperativos par debelarem um inimigo comum.

Não foi o que ocorreu. Se tivéssemos nos orientado pelos mantras da cultura do capital: do individualismo, do cada um para si, da competição, do uso utilitarista e devastador da natureza e da ausência de um sentido de interdependência geral e de um bem comum para todos, teríamos levado a humanidade a uma nefasta tragédia.

Valeram-nos os valores da cooperação, da solidariedade, do cuidado de uns para com os outros, a adesão a medidas coletivas como o isolamento social e o distanciamento entre as pessoas.

Depois da pandemia, seguramente, aprenderemos as lições que deveríamos tê-las aprendido antes, pois somos seres societários, todos interconectados e participantes de um mesmo destino comum. Devemos respeitar e cuidar da natureza e da Mãe Terra, já exaurida e cansada de tantas agressões. Ela nos mandou um aviso: ou mudamos de relação para com ela, de reverência e respeito, ou poderemos contar com novas e mais duras represálias por parte dela. De Casa Comum poderá se transformar numa tapera, uma casa abandonada, devastada e sem nós.

4
É possível a unidade da família humana, diversa e complexa?

Como temos assinalado anteriormente, citando textos da *Fratelli Tutti*, há o risco real de que a família humana seja bifurcada, entre aqueles que se beneficiam dos avanços tecnológicos, da biotecnologia e nanotecnologia e dispõem de todos os meios possíveis de vida e de bem-estar, cerca de 1,6 bilhão de pessoas, podendo prolongar a vida até aos 120-130 anos que corresponde à idade possível das células. E a outra humanidade, os restantes mais de 5,4 bilhões, barbarizados, entregues à sua sorte, podendo viver, se tanto, até os 50-60, no máximo 7 anos, sem contarem com um bom samaritano, parábola detalhadamente comentada e atualizada para os nossos dias, pelo papa na *Fratelli Tutti* (n. 56-86), com as tecnologias convencionais num quadro perverso de pobreza, miséria e exclusão.

Esse fosso deriva do horror econômico que tomou a cena histórica sob a dominação do capital globalizado especialmente do especulativo sob a regência cruel do neoliberalismo radical. Considerando-se triunfante face ao socialismo real cuja derrocada se deu no final dos anos de 1980, exacerbou seus princípios como a competição, o individualismo, a privatização e a difamação de todo tipo de política e satanização do Estado, reduzido ao mínimo. Cerca de 200 megacorporações, cujo poder econômico equivale a 182 países, conduzem junto com os organismos da ordem capitalista como o FMI, o Banco Mundial e a Organização Mundial do Comércio a economia mundial sob o princípio da competição sem qualquer sentido de cooperação e de respeito ecológico da natureza. Tudo é feito mercadoria, do sexo à religião, numa volúpia de acumulação desenfreada de riquezas e serviços à custa da devastação da natureza e da precarização ilimitada dos postos de trabalho.

O risco consiste em que os muito ricos criem um mundo só para si, que rebaixem os direitos humanos a uma necessidade humana que deve ser atendida pelos mecanismos do mercado (portanto só tem direitos quem paga e não quem é simplesmente pessoa humana), que façam dos diferentes desiguais e dos desiguais dissemelhantes, aos quais se nega praticamente a pertença à espécie humana. São outra coisa, óleo gasto, zeros econômicos.

No Ocidente que hegemoniza o processo de globalização, a ideia de igualdade politicamente nunca triunfou. Ela ficou limitada ao discurso religioso-cristão, de conteúdo idealístico. Esse déficit de uma cultura igualitária impediria a bifurcação da família humana. Pode triunfar uma idade das trevas mundial que se abateria sobre toda a humanidade. Seria a volta da barbárie.

O desafio a ser enfrentado é fazer tudo para manter a unidade da família humana, habitando a mesma Casa Comum. Todos são Terra, filhos e filhas da Terra, para os cristãos, criados à imagem e semelhança do Criador, feitos irmãos e irmãs de Cristo e templos do Espírito. Todos têm direito de serem incluídos nesta Casa Comum e de participarem de seus dons.

Para dar corpo a este desafio precisamos de uma outra ética humanitária que implica resgatar os valores ligados à solidariedade, à empatia e à compaixão. Importa recordar que foi a solidariedade/cooperação que permitiu a nossos ancestrais, há alguns milhões de anos, darem o salto da animalidade à humanidade.

Ao saírem para recoletar alimentos, não os comiam individualmente como o fazem os animais. Antes, reuniam os frutos e a caça e os levavam para o grupo de coiguais e os repartiam solidariamente entre todos. Deste gesto primordial nasceu a socialidade, a linguagem e a singularidade humana.

Será hoje ainda a solidariedade irrestrita, como atitude e não apenas como um ato isolado, a partir de baixo, a compaixão que se sensibiliza diante do sofrimento do outro e da Mãe Terra, que garantirão o caráter humano de nossa identidade e de nossas práticas. Foi o que vergonhosamente faltou aos grandes credores internacionais que, diante da tragédia do tsunami do sudeste da Ásia não perdoaram os 26 bilhões de dívidas daqueles países flagelados. Apenas protelaram por um ano o seu pagamento. **Por aí entendemos que as Escrituras e a Igreja sempre condenaram a usura como um dos grandes pecados capitais na área econômica.**

Sem o gesto do bom samaritano que se verga sobre os caídos da estrada ou a vontade de infinita compaixão do bodhisatva que renuncia penetrar no nirvana por amor à pessoa que sofre, ao animal quebrantado ou à árvore mirrada, dificilmente faremos frente à desumanidade cotidiana que está se naturalizando em nível brasileiro e mundial.

Na perspectiva dos astronautas – daqueles que tiveram o privilégio de ver a Terra fora da Terra –, Terra e humanidade formam uma só entidade, complexa mas una. Ambas estão agora ameaçadas. Ambas possuem um mesmo destino comum e comparecem juntas diante do futuro. Sua salvaguarda constitui o conteúdo maior de um ancestral sonho: todos sentados à mesa, numa imensa comensalidade, desfrutando dos frutos da boa e generosa Mãe Terra.

Se o cristianismo e os demais caminhos espirituais não ajudarem a realizar esse sonho e não levarem as pessoas a concretizá-lo, não teremos cumprido a missão que o Criador nos reservou no conjunto dos seres, que é a de sermos o anjo bom e não o Satã da Terra. Nem teremos escutado e seguido Aquele que disse: "Vim trazer vida e vida em abundância" (Jo 10,10).

Importa conscientizarmo-nos de nossa responsabilidade, sabendo que nenhuma preocupação é mais fundamental do que cuidar da única Casa Comum que temos e de alcançar que toda a família humana, superando as contradições sempre existentes, possa viver unida dentro dela com um mínimo de cuidado, de solidariedade, de irmandade, de compaixão e de reverência face ao Mistério de todas as coisas, que produzem a discreta felicidade pelo curto tempo que nos é concedido passar por esse pequeno, belo e radiante Planeta.

Uma utopia? Sim, mas necessária se quisermos sobreviver.

5
A missão do século XXI: "minha pátria é a Terra"

Um anúncio-propaganda de um dos canais de televisão mostrava um grupo interétnico cantando: "Minha pátria é a Terra". Aqui se revela um outro estado de consciência que deixou para trás a ideia convencional de pátria como nação e com a clássica soberania. Com efeito, vivemos ainda sob o signo das nações, constituídas há séculos, cada qual se autoafirmando, fechando ou abrindo suas fronteiras e lutando por sua identidade e soberania, esta, hoje, no processo de unificação da espécie humana, está a ponto de esmorecer até desaparecer. A Terra é de todos os humanos. As limitações geográficas e étnicas são produtos da vontade humana e não determinações da natureza. Com acerto afirma a *Fratelli Tutti*: "O mundo existe para todos, porque todos nós, seres humanos, nascemos nesta terra com a mesma dignidade (n. 112, 118).

Essa fase, ainda vigente, pertence à outra época da história e da consciência. A globalização não é apenas um fenômeno econômico-financeiro. Representa um dado político, cultural, ético e espiritual: um novo passo na história do Planeta Terra e da humanidade, deixando para trás os soberanismos excludentes.

Por alguns milhões de anos a espécie humana permaneceu na África de onde surgiu. Por isso, de alguma forma, todos somos africanos. Depois, saiu desse Continente, migrando e conquistando todo o espaço terrestre. Construiu vilas, cidades e civilizações.

Fernão de Magalhães fez em três anos (1519-1522) a circum-navegação da Terra e comprovou empiricamente que ela é de fato redonda (não *plana* como uma obtusa visão ainda sustenta). Depois da expansão, chegou o tempo da concentração, do retorno do grande exílio. Todos os povos estão se encontrando num único lugar: no Planeta Terra. Descobrimo-nos, para além das nacionalidades e das diferentes etnias, que formamos uma única espécie, a humana, ao lado de outras espécies da grande comunidade de vida.

À custa, estamos ainda aprendendo a conviver acolhendo as diferenças sem deixar que se transformem em desigualdades. Importa respeitar a riqueza acumulada pelas nações e etnias, que revela os vários modos de sermos humanos. Atualmente somos confrontados com um desafio novo, nunca antes havido: a construção da Casa Comum. Cresce a consciência de que Terra e humanidade possuem um destino comum. Xi Jin Ping, primeiro-ministro da China, o formulou bem: temos o dever de construir a "Comunidade de destino compartilhado para a humanidade". Este texto, a emenda 25, foi incluída na Constituição chinesa, vale dizer, expressa uma nova consciência e um propósito estratégico, de quem pensa a Terra como totalidade, incluindo nela a natureza e todos os seres humanos. Isso é novo face ao que as potências ocidentais ainda pensam no quadro de um soberanismo superado.

O êxito desta construção poderá nos trazer um mundo de paz, um dos bens mais ansiados por todos. Viver em paz, oh que felicidade! Essa paz é que nos falta nos dias atuais. Ao contrário, vivemos em guerras regionais letais e uma guerra total movida contra Gaia, a Terra viva, nossa Mãe Terra, atacada em todas as frentes, a ponto de ela mostrar sua indignação através do aquecimento global e da exaustão de seus bens e serviços, sem os quais a vida corre risco. A partir de fins de 2019 e durante 2020 nos está dando um contra-ataque de grande magnitude: o Coronavírus, que levou milhões à morte e deixou contaminados outros milhões. Os mais atacados foram a União Europeia, os Estados Unidos e o Brasil. Este último pela irresponsabilidade necrófila do Presidente Jair Bolsonaro. Tratou-a como uma "gripezinha" ou uma "histeria coletiva" e, persistente negacionista, abandonou a população à sua própria sorte.

Nesse contexto vale revistar um clássico do pensamento ocidental, o filósofo Immanuel Kant († 1804), um dos primeiros a pensar numa República Mundial (*Weltrepublik*), embora nunca tenha saído de sua pequena cidade de Königsberg na Alemanha. Ela só se consolida se conseguir instaurar uma "paz perene". Seu texto famoso de 1795 se chama exatamente "Para uma paz perene" (*Zum ewigen Frieden*).

A paz perene se sustenta, segundo ele, sobre duas pilastras: a hospitalidade universal e o respeito aos direitos humanos.

Primeiramente a hospitalidade geral no quadro de uma cidadania universal, porque, diz ele, todos os humanos têm o direito de estar nela e de visitar seus lugares e os povos que a habitam. *A Terra pertence comunitariamente a todos.*

Face aos pragmáticos da política, geralmente pouco sensíveis ao sentido ético nas relações sociais, enfatiza: "A cidadania mundial não é uma visão de fantasia, mas uma necessidade imposta pela paz duradoura". Se queremos uma paz perene e não apenas uma trégua ou uma pacificação momentânea, devemos viver a hospitalidade e respeitar os direitos.

Outra pilastra são os direitos universais. Estes, numa bela expressão de Kant são "a menina-dos-olhos de Deus" ou "o mais sagrado que Deus colocou na terra". O respeito deles faz nascer uma comunidade de paz e de segurança que põe um fim definitivo "ao infame beligerar".

O império do direito e a difusão da cidadania planetária expressa pela hospitalidade generalizada, devem criar uma cultura dos direitos, gerando de fato a "comunidade dos povos". Esta comunidade dos povos, enfatiza Kant, pode crescer tanto em sua consciência, que a violação de um direito num lugar é sentida em todos os lugares, coisa que mais tarde repetirá por sua conta Ernesto Che Guevara.

Esta visão ético-política de Kant fundou um paradigma inédito de globalização e de paz. A paz resulta da vigência do direito e da cooperação juridicamente ordenada e institucionalizada entre todos os Estados e povos.

Diferente é a visão de outro teórico do Estado e da globalização, Thomas Hobbes († 1679). Para ele, a paz é um conceito negativo, significa a ausência da guerra e o equilíbrio da intimidação entre os estados e os povos. Esta visão funda o paradigma da paz e da globalização assentada no poder do mais forte que, com o punho cerrado, se impõe aos demais. Ela predominou por séculos e hoje voltou poderosamente pelos últimos presidentes estadounidenses que manejam a ideologia belicista do "destino manifesto", segundo ao qual Deus teria escolhido os Estados Unidos como o novo povo eleito para levar seus valores (democracia, liberdade dos mercados, direitos, o individualismo e a magnificação da propriedade privada) a todo o mundo.

Esta pretensão se deu os meios para a sua realização que é alimentar o sonho de um só mundo e um só império, o norte-americano, à base de cobrir todos os espaços com centenas de bases militares distribuídas por todo mundo e dando-se o direito de intervir em qualquer parte do mundo, se convier a seus interesses.

Observa com perspicácia a *Fratelli Tutti*: "Esta luta de interesses nos coloca todos contra todos, onde vencer se torna sinônimo de destruir, como se pode levantar a cabeça para reconhecer o vizinho ou ficar ao lado de quem está caído na estrada? Hoje, um projeto com grandes objetivos para o desenvolvimento de toda a humanidade soa como um delírio" (n. 16). E, no entanto, devemos elaborar um projeto coletivo para a humanidade e para a natureza.

Os Estados Unidos, por exemplo, decidiram combater o terrorismo com o terrorismo de Estado. Pelo "ato patriótico" até os direitos humanos fundamentais perderam sua validade incondicional. Cada pessoa pode ser detida sem que seus familiares sejam notificados. É a volta ameaçadora do Estado-Leviatã, inimigo figadal de qualquer estratégia de paz. Nesta lógica não existe futuro para a paz nem para a humanidade.

Hoje somos confrontados com este cenário: se forem ativados os arsenais de armas nucleares pela insanidade de um governante ou pela Inteligência Artificial Autônoma, poderá ser o fim de nossa espécie. *Et tunc erat finis*.

Teremos tempo e sabedoria suficientes para mudar a lógica do sistema implantado há séculos que ama mais a acumulação de bens materiais do que a vida? Isso se tem mostrado claramente quando ocorreu imprevistamente a intrusão do Coronavírus em 2019/2020. Neste contexto dramático se lançou a disjuntiva: salvar vidas ou a economia? Alguns optaram primeiro pela economia, sacrificando a primazia sagrada da vida. A maioria optou pela vida. Pois a economia pode sempre ser reconstruída. Mortos não podem ser trazidos novamente à vida.

A construção da Terra, tida como Mãe Terra e a forma como nos estruturaremos dentro dela, dependerá de nós e de como reagirá a própria Terra face aos séculos de agressão que lhe temos movido. Que não nos faça uma represália com outros tipos de vírus ainda mais letais que o Covid-19. Aí sim seria um real e temível Armagedon humano.

6
A Casa Comum, o Planeta Terra, sob ataque

Nós, no Brasil, conhecemos grande violência social, com um número de assassinatos dos mais altos do mundo. Não gozamos de paz, pois há muita raiva, ódio, discriminação e perversa desigualdade social. Pensando globalmente, o Papa Francisco chega a falar de "uma Terceira Guerra Mundial".

No entanto, estamos à margem dos grandes conflitos bélicos que se travam em 40 lugares no mundo, alguns que podem degenerar numa guerra nuclear como a disputa econômica entre os Estados Unidos e a China, como na Ucrânia e na Síria ameaçando o futuro da espécie humana.

Pouco importa o nome que lhe demos, mas as relações tensas entre as duas grandes potências, China e Estados Unidos, configuram o que antes chamávamos de guerra fria. Reintroduziu-se uma nova corrida armamentística na Rússia sob Putin e nos Estados Unidos sob Trump com a produção de armas nucleares ainda mais potentes como se as já existentes não pudessem destruir toda a vida do planeta.

Curiosamente, bastou a irrupção de um vírus invisível, o Codiv-19, invadindo todos os países, para tornar ridículo todo esse poder militar destruidor. Não se pode atacar este vírus com ogivas nucleares ou outras armas de destruição em massa projetadas pela irracionalidade humana.

O mais grave é que a potência hegemônica, os Estados Unidos, se transformou num Estado terrorista, levando uma guerra impiedosa contra todo tipo de terrorismo, invadindo países do Oriente Médio e interiormente caçando imigrantes ilegais, até crianças e prisão de suspeitos, sem respeito aos direitos fundamentais, em consequência do "ato patriótico" imposto por Bush Jr. que suspendeu o *habeas corpus*, ato não abolido pelo Presidente Obama, como havia prometido e conservado pelo direitista e estrambótico Donald Trump. Os organismos de segurança como o FBI, a CIA, o Departamento de Defesa e a articulação industrial-financeira--militar detêm mais poder de decisão que um presidente eleito.

Francisco, o bispo de Roma e papa da Igreja Católica, retornando da Polônia, disse no avião no dia 12 de julho de 2016: "há guerra de interesses, há guerra por dinheiro, há guerra por recursos naturais, há guerra pelo domínio dos povos: esta é a guerra. Alguém poderia pensar: 'estou falando de guerra de religiões'. Não. Todas as religiões querem a paz. As guerras querem-nas os outros. *Capito?*" Referia-se, evidentemente, às ameaças que as potências militaristas se fazem umas às outras, ou aquelas que disputam a hegemonia do processo de globalização de cariz econômico-financeiro.

No final da *Fratelli Tutti* faz uma conclamação a todas as religiões, pois "elas nunca incitam à guerra e não solicitam sentimentos de ódio e hostilidade...estas calamidades são fruto de desvio dos ensinamentos religiosos, do uso político das religiões" (n. 285).

Portanto, trata-se de uma corajosa crítica direta à atual ordem mundial, da acumulação ilimitada à custa dos bens e serviços escassos da Terra e dos países explorados. Todos falam de liberdade, mas sem justiça social mundial. Ironicamente poder-se-ia dizer: é a liberdade das raposas livres num galinheiro de galinhas presas.

Comentaristas da situação mundial, especialmente por Noam Chomsky, pouco referidos na imprensa comercial, falam de um real risco de uma guerra nuclear seja entre a Rússia e os Estados Unidos ou entre a China e os Estados Unidos.

Trump no dizer do intelectual francês Bernard-Henri Lévy (*O Globo*, 05/03/2016) afirma que "Trump é uma catástrofe para os Estados Unidos e para o mundo. E também uma ameaça". De Putin, no mesmo jornal, afirma: "é uma ameaça explícita; sabemos que quer desestabilizar a Europa, acentuar a crise das democracias e que apoia e financia todos os partidos de extrema direita; sabemos também que em todos os lugares em que se travou a batalha entre a barbárie e a civilização, como na Síria e na Ucrânia, estava do lado errado; em Putin se dá uma verdadeira e grande ameaça".

Segundo Moniz Bandeira em seu grandioso "*A desordem mundial*", Putin quer se vingar da humilhação que o Ocidente e os Estados Unidos submeteram seu país no final da guerra fria. Alimenta pretensões claramente expansionistas, não no sentido de resgatar a antiga URSS mas os limites da Rússia histórica. O risco de um confronto nuclear com o Ocidente não é excluído.

Estamos perdendo a consciência dos apelos dos grandes nomes dos meados do século passado como os de Bertrand Russel junto com Albert Einstein de 10 de julho de 1955 e uns dias após a 15 de julho do mesmo ano, secundados por 18 prêmios nobéis entre os quais Otto Hahn e Werner Heisenberg. Todos estes afirmaram: "com horror vemos que este tipo de ciência atômica colocou nas mãos da humanidade, o instrumento de sua própria destruição". O mesmo afirmaram 85 prêmios nobéis presentes na cúpula dos povos durante a Rio-92.

Se naquele tempo a situação se apresentava grave, hoje ela é dramática. Pois além das armas nucleares, estão disponíveis armas químicas e biológicas que também podem dizimar a espécie humana.

Por fim, foi criada a inteligência artificial autônoma que com seu algoritmo com trilhões de dados de toda a humanidade e de cada indivíduo, maneja-os, combina-os, cria cenários, toma decisões sem que nós sequer saibamos. Ela é autônoma, diversa das demais formas de inteligência artificial que apenas retrabalha os dados embutidos nela. Esta não. Rastreia no mundo todo, cada pessoa, pratica uma vigilância global e elabora as suas combinações, fora do alcance do controle humano.

Quem nos garante que ela não decida entrar num centro de pesquisa avançada e projetar medidas altamente destrutivas? Terrível seria se ela penetrasse num arsenal de armas nucleares e conforme um cenário que projetou ativar ogivas nucleares e deslanchar uma guerra terminal destruindo toda a vida, inclusive ela mesma?

Esta talvez seja a maior ameaça que pesa sobre a Casa Comum sem que nada ou pouco possamos fazer. Nosso instinto de morte encontrou seu instrumento de nossa autodestruição. Onde fica nosso instinto de vida e nosso lado *sapiens*?

Supõem alguns analistas dos conflitos mundiais que o próximo passo do terrorismo não seria mais com bombas e homens-bomba, mas com armas químicas e biológicas, algumas tomadas da reserva bélica deixada por Kadaphi.

Na raiz deste sistema de violência está o paradigma ocidental de *vontade de potência*; vale dizer, uma forma de organizar a sociedade e a relação para com a natureza na base da força, da violência e da subjugação. Esse paradigma privilegia a força no lugar do diálogo e a concorrência à custa da solidariedade. Ao invés de fazer dos cidadãos sócios, os faz rivais e até inimigos entre si. São os *domini* de Descartes (donos) contra os *frates* de Francisco de Assis e de Roma (os irmãos/ãs).

Repetimos, toda esta parafernália de morte foi posta de joelho pelo Covid-19. Ele pode, ou outro mais potente, pôr fim à espécie humana.

Há que se compreender a intrusão do Covid-19 sob duas perspectivas: é uma expressão do antropoceno/necroceno, portando, da ação destruidora da natureza por parte do ser humano e por outro, como um contra-ataque da natureza à humanidade em razão da secular violência sofrida. Daí ser ele simultaneamente humano e natural.

Como assinalou com acerto o professor de Direito Andityas Soares no sítio da Universidade Federal de Minas Gerais (13/04/2020): "Só superaremos a *crise pandêmica* mediante a criação de sistemas políticos-econômicos-sociais que não sejam apenas isso, mas também naturais, de modo que se possa dar um fim ao *Antropoceno* enquanto marca da intrusão humana negativa no planeta, preparando assim a nossa reconciliação com *Gaia*. Uma reconciliação com nós mesmos".

Mas importa reconhecer que ao paradigma da modernidade, o do punho cerrado, ameaçador da vida, se impõe o da mão estendida em função de uma aliança para a salvaguarda da vida; ao poder-dominação há que prevalecer o cuidado que pertence à essência do ser humano e de todo o vivente.

Ou fazemos esta travessia, processual mas efetiva, ou assistiremos a cenários dramáticos, fruto da irracionalidade e da prepotência dos chefes de Estado e de seus falcões e, no fundo, do tipo de humanidade que forjamos nos últimos séculos. Os pobres, impotentes, serão vítimas inocentes da loucura dos poderosos. E eles constituem as grandes maiorias, sacrificadas inocentemente no altar do deus Moloc dos cananeus, que se alimentava de vidas humanas.

7
Uma nova era geológica: o ecoceno e o bioceno

O que se afirma nesta parte será de difícil aceitação pela maioria dos leitores e leitoras. Mas está fundado nas melhores cabeças científicas, que há quase um século, vêm estudando o universo, a situação do Planeta Terra e seu eventual colapso ou um salto quântico para outro nível de realização. É o que se pode esperar no pós-Covid-19.

Essa visão, assimilada por boa parte da comunidade científica, não penetrou, no entanto, na consciência coletiva nem nos grandes centros acadêmicos. Continua imperando o velho paradigma, surgido no século XVII com Descartes, Newton, Francis Bacon e Kepler: atomístico, mecanicista e determinístico como se não tivesse existido um Einstein, um Hubble, um Planck, um Heisenberg, um Reeves, um Hawking, um Prigogine, um Wilson, um Swimme, um Lovelock, um Capra, um Lutzenberg e tantos outros que nos construíram a nova visão do universo e da Terra.

Para iniciar cito as palavras do prêmio Nobel de biologia (1974) Christian de Duve que escreveu um dos melhores livros sobre a história da vida: *Poeira vital – A vida como imperativo cósmico* (Rio de Janeiro: Campus, 1997): "A evolução biológica marcha em ritmo acelerado para uma grave instabilidade. O nosso tempo lembra uma daquelas importantes rupturas na evolução, assinaladas por grandes extinções em massa" (p. 355).

Desta vez ela não vem de algum meteoro rasante como em eras passadas que quase eliminou toda a vida, mas do próprio ser humano que pode ser não só suicida e homicida, mas também ecocida, biocida e por fim geocida.

Ele pode pôr fim à vida no nosso planeta, deixando apenas os microorganismos do subsolo que se contam em quatrilhões de quatrilhões de bactérias, fungos e vírus que formam 95% da vida, pois somente 5% são invisíveis. E estes seriam primeiramente destruídos, sem deixar de afetar boa parte da biosfera.

Em razão desta ameaça, montada pela máquina de morte fabricada pela irracionalidade da modernidade, nomeadamente pelo modo de produção capitalista que superexplora os bens e serviços naturais, se introduziu a expressão *antropoceno*, uma espécie de nova era geológica na qual a grande ameaça de devastação se deriva da atividade agressiva do próprio ser humano (*antropos*). Ele interveio e continua intervindo de forma tão profunda nos ritmos da natureza e da Terra que está afetando as bases ecológicas que as sustenta.

Segundo os biólogos E.O. Wilson e P. Ehrlich desaparecem entre 70 a 100 mil espécies de seres vivos por ano devido à relação hostil que o ser humano mantém com a natureza. A consequência é clara: a Terra perdeu seu equilíbrio e os eventos extremos o mostram irrefutavelmente. Só ignorantes como Donald Trump e Jair Messias Bolsonaro negam as evidências empíricas. São negacionistas obtusos.

Esta fase radicaliza o antropoceno e se apresenta como **necroceno**: a época de mortes em massa, tornando mais real a sexta extinção em massa, dentro da qual, estamos já há muito tempo. Por aí entendemos a advertência da *Fratelli Tutti*: "nos encontramos todos no mesmo barco, ninguém se salva sozinho, só é possível salvar-nos juntos" (n. 32). Num Twitter de meados de outubro foi mais direto: "ou nos salvamos todos ou ninguém se salva".

Em contrapartida, o conhecido cosmólogo Brian Swimme que na Califórnia coordena uma dezena de cientistas que estudam a história do universo se esforça para apresentar uma saída salvadora. B. Swimme, cosmólogo e o antropólogo das culturas Thomas Berry, publicaram, com os dados mais seguros da ciência, uma história do universo, do *Big Bang* até os dias atuais (*The Universe Story*, San Francisco, Harper 1992), tido como o mais brilhante trabalho até hoje realizado. Criaram a expressão a *era ecozoica* ou o ecoceno, uma quarta era biológica que sucede ao paleozoico, ao mesozoico e ao nosso neozoico.

A era ecozoica parte de uma visão do universo em cosmogênese. Sua característica não é a permanência, mas a evolução, a expansão e a autocriação de emergenciais cada vez mais complexas que permitem o surgimento de novas galáxias, estrelas e formas de vida na Terra, até a nossa vida consciente e espiritual.

Não temem a palavra espiritual porque entendem que o espírito é parte do próprio universo, sempre presente, mas que num estágio avançado da evolução se tornou em nós autoconsciente, a porção da Terra-Gaia que sente, pensa, ama e cuida.

Esta era ecozoica tem por desafio restaurar o planeta mediante uma relação de cuidado, respeito e reverência face a esse dom maravilhoso da Terra viva. A economia não é da acumulação, mas do suficiente para todos de modo que a Terra tenha tempo e condições de refazer os seus nutrientes, necessários para a vida nas suas diferentes formas.

O futuro da Terra não cai do céu, mas das decisões que tomarmos no sentido de estarmos em consonância com os ritmos da natureza e do universo. Cito Swimme: "O futuro será determinado entre aqueles comprometidos com o tecnozoico, um futuro de exploração crescente da Terra como recurso, tudo para o benefício dos humanos e aqueles outros comprometidos com o ecozoico, um novo modo de relação para com a Terra em que o bem-estar de toda a comunidade terrestre é o principal interesse" (p. 502).

Se esse último não predominar, conheceremos possivelmente uma catástrofe, desta vez como uma represália da própria Terra, para se livrar de uma de suas criaturas que ocupou todos os espaços de forma violenta e ameaçadora das demais espécies. Por terem a mesma origem e o mesmo código genético de base, são seus irmãos e irmãs, não reconhecidos mas maltratados e até assassinados.

Temos que merecer subsistir nesse planeta. Mas isso depende de uma relação amigável para com a natureza e a vida e uma profunda transformação nas formas de viver. Swimme ainda acrescenta: "Não poderemos viver sem aquele *insight* especial (a centralidade da vida) que as mulheres têm em todas as fases da existência humana" (p. 501).

A referência às mulheres é relevante. Se há alguém entre os humanos que entende de vida são as mulheres. São elas as geradoras de vidas humanas e por isso mais aptas para salvá-las.

Essa é a encruzilhada de nosso tempo: ou mudar ou correr o risco de a biosfera ser profundamente afetada e grande parte da humanidade, condenada a interromper sua trajetória.

Mas quem crê nisso? Nós continuaremos a gritar como nos tempos de Noé. Ninguém o escutava, as pessoas divertiam-se, casavam-se e davam-se casar, inconscientes dos riscos que corriam. E dilúvio veio e os tragou. Que não seja este no nosso destino.

8
A necessidade da cultura do cuidado contra a violência pessoal e coletiva

Em muitas partes do mundo vigora ódio e raiva, exclusões e atentados que estão dilacerando o tecido social. No caso específico do Brasil, quem nos está governando não é bem um presidente, mas uma família, cuja característica principal, utilizando as redes sociais, é a linguagem chula, os comportamentos grosseiros, a difamação, a vontade de destruir biografias, a distorção consciente da realidade, a ironia e a satisfação sobre a desgraça do outro, como no caso da morte do pequeno Arthur, de sete anos, neto do ex-Presidente Lula e depois de sua esposa Maria Letícia. Bolsonaro face à doença da Presidenta Dilma desejou-lhe, como um ímpio, que morresse de câncer ou por um enfarte fulminante. Aqui revelou o que posteriormente como presidente se tornou patente, ser vítima da pulsão de morte e devorado pelo instinto de destruição.

Após o carnaval, o próprio presidente postou no Twitter material pornográfico escandalizante. Ele pessoalmente usa com frequência da mentira descarada e do *fake news*, imitando, toscamente, seu ídolo norte-americano o Ex-presidente Donald Trump.

Os sentimentos mais perversos aninhados na alma de seguidores do atual presidente e de sua família, foram literalmente imitados. Os críticos não são vistos como adversários, mas como inimigos a quem cabe combater e destruir.

Os Bolsonaros violam a lei áurea, presente em todas as culturas e religiões: "não faças ao outro o que não queres que te façam a ti". Como se vive, nos encontramos, consoante o eminente jurista Rubens Casara, num Estado pós-democrático, pior ainda, num Estado sem lei. Atropela a Constituição, chegando ao ponto de num sentido ditatorial, o presidente dizer: "eu sou a Constituição". Não admira que passe por cima das leis e por fim, anula uma ética mínima que confere coesão a qualquer sociedade. Estamos a um passo de um Estado de terror, já sentido nas classes marginalizadas, nas quais policiais têm a permissão do "abate" como se animais fossem (esse é o termo usado pelo Governador do Rio de Janeiro, Witzel): jovens negros e pobres em geral.

Valem-nos as categorias do conhecido psicanalista inglês Donald Winnicott, um clássico no estudo das relações parentais dos primeiros anos da criança, para entender um pouco o que nos parece ser algo patológico.

Segundo ele, a ausência de uma mãe bondosa e a presença de um pai autoritário teriam marcado em seus familiares, os comportamentos desviantes, violentos e a falta de percepção dos limites. Talvez esta base psicológica subjacente nos esclareceria um pouco sobre a truculência dos filhos e o despudor do próprio presidente ao expor no Twitter uma obscenidade sexual e o uso frequente de palavrões e de expressões de baixo calão que envergonhariam qualquer pessoa com um mínimo de boas maneiras.

Entretanto, um país não pode ser regido por portadores de semelhantes patologias que geram uma generalizada insegurança social, além de reforçar uma cultura da violência contra pobres, indígenas, LGBT, negros, estimulada a partir da mais alta instância do poder. Voltamos aos tempos da barbárie, típica dos tempos coloniais, quando os revoltosos praticamente não conheciam a prisão, senão o enforcamento e o fuzilamento.

À esta cultura da violência propomos a cultura do cuidado, um dos eixos estruturadores do citado psicólogo Winnicott. A categoria cuidado (*care, concern*) comparece como um verdadeiro paradigma. Possui alta ancestralidade, contada pelo escravo Higino, bibliotecário de César Augusto, em sua fábula n. 220. Esse constitui também o núcleo central da obra maior de Martin Heidegger *Ser e tempo* (§ 41 e 42).

Em ambos se afirma que o cuidado é da essência do ser humano. Sem o cuidado que representa a conjunção de todos os fatores que se combinaram entre si, jamais teria surgido o ser humano. O cuidado é tão essencial que se nossas mães não tivessem tido o infinito cuidado de nos acolher, não teríamos como deixar o berço e buscar o alimento necessário. Como não possuímos nenhum órgão especializado (*Mangelwesen*), acabaríamos morrendo esfaimados.

Bem escreveu outro psicanalista, este norte-americano, Rollo May: "Na atual confusão de episódios racionalistas e técnicos, perdemos de vista o ser humano. Devemos voltar humildemente ao *simples cuidado*. É o mito do cuidado, e somente ele que nos permite resistir ao cinismo e à apatia, doenças psicológicas de nosso tempo (*Eros e repressão*. Petrópolis: Vozes 1982, p. 340). O cuidado ganhou uma relevância especial no tempo passado sob o terror do Coronavírus a partir do final de 2019 e se prolongando posteriormente. Sem o cuidado de uns para com os outros, sem o cuidado do isolamento social e o uso de máscaras, muito mais pessoas teriam morrido que só entre nós somaram milhares de pessoas e milhões de afetados.

Tudo o que fazemos vem, pois, acompanhado de cuidado. Tudo o que amamos também cuidamos. A vigência do cuidado é decisiva nas relações sociais, especialmente no amor e na amizade. Tivemos que aprender as lições deixadas pela Terra ferida de que se não cuidarmos dela seremos atacados por uma gama de vírus, tufões, aquecimento global e outros eventos extremos com os quais ela envia seus sinais e também contra-ataca. O verdadeiro título da *Laudato Si'* se encontra no subtítulo: *Sobre o cuidado da Casa Comum*. A categoria cuidado traceja toda a encíclica até na espiritualidade, que é uma "paixão pelo cuidado do mundo" (n. 216).

O cuidado é tão essencial que é por todos compreendido porque todos o experimentam a cada momento, seja ao atravessar a rua ou ao dirigir o carro e seja com as palavras dirigidas à outra pessoa. A *Fratelli Tutti* enfatiza: "Quando falamos em cuidar da Casa Comum, que é o planeta, fazemos apelo àquele mínimo de consciência universal e de preocupação pelo *cuidado mútuo* que ainda possa existir nas pessoas" (n. 117).

Dois sentidos básicos são expressos pelo cuidado. Primeiramente, significa uma relação amorosa, suave, amigável e protetora para com o nosso semelhante ou outros com o meio ambiente. Não é o punho cerrado da violência, metáfora do paradigma dos modernos. É antes a mão estendida para uma aliança de viver e conviver humanamente dos tempos recentes.

Em segundo lugar, o cuidado é todo tipo de envolvimento com aqueles que nos são próximos ou com aqueles com os quais estamos afetivamente envolvidos e com a ordem, o futuro de nosso país e da Casa Comum. Ele implica certa ansiedade e preocupação porque não controlamos o destino dos outros. Quem tem cuidado não dorme, dizia o velho Padre Vieira.

Finamente, observou ainda Winnicott, o ser humano é alguém que necessita de ser cuidado, acolhido, valorizado e amado.

Simultaneamente é um ser que deseja cuidar como fica claro com nossas mães, ser aceito e ser amado.

Esse cuidado uns pelos outros e de todos por tudo o que nos cerca, a natureza e nossa Casa Comum refreia a violência, não permite a ação devastadora do ódio que ofende e mata e é o fundamento de uma paz duradoura.

A *Carta da Terra*, assumida pela Unesco em 2003, nos oferece uma compreensão das mais verdadeiras da paz: "é aquela plenitude *que resulta* das relações corretas consigo mesmo, com outras pessoas, outras culturas, outras vidas, com a Terra e com o Todo maior do qual somos parte" (n. 16f).

No atual momento de nosso mundo e, em particular de nosso país, atravessado por ódios, palavras ofensivas e exclusões, o cuidado é imperativo. Caso contrário, aprofundaremos a crise que nos está assolando e obscurecendo nosso horizonte de esperança. A barbárie destruirá os fundamentos dos comportamentos civilizados.

9
Dar o pão: um humanismo em grau zero

No dia 9 de agosto de 2019 ocorreram várias celebrações pelos 20 anos da morte do sociólogo e ativista social Herbert de Souza, vulgo Betinho. Uma delas foi feita no Centro de Pesquisa da Universidade Federal do Rio de Janeiro (UFRJ/Coppe) na Ilha do Fundão conjuntamente com a Coep (Comitê de Entidades no Combate à Fome e pela Vida). Presente estava a companheira de vida, Maria Nakano, além de muitos professores e alunos.

No Jardim da Cidadania foi descerrada uma placa em sua homenagem e foram plantados dois pés de Manacá, árvore da preferência de Betinho. Houve várias falas, e aqui resumo a minha:

Há mortos que recordamos com saudade, mas há também mortos que celebramos com júbilo. Aqueles não estão ausentes, são apenas invisíveis. É o caso do Betinho.

Em suas próprias palavras, sua vida foi uma sucessão infinita de sortes: hemofílico, sobreviveu à turbercolose e por fim se confrontou corajosamente com a Aids. Militou na esquerda católica contra a ditadura militar, viveu no exílio no Chile, no Canadá e no México.

Regressou em 1997 recebido por uma multidão, reconhecido como "o irmão do Henfil", genial cartunista. Almir Blanc e João Bosco imortalizaram o Betinho com a canção sempre cantada "Esperança Equilibrista" sobre "a volta do irmão do Henfil".

Betinho foi um homem de grandes sonhos e de não menores realizações: a fundação da Ação da Cidadania contra a Fome, a Miséria e pela Vida, a Coep em colaboração com o engenheiro de Furnas André Spitz, com o presidente do Coppe Luiz Pinguelli Rosa. Colaborou na formação do Comité de Entidades Públicas no Comabate à Fome, Comités da Cidadania pelo Brasil afora, o Natal sem Fome e a Abia para o estudo da Aids entre outras.

Entre 1993-2005 a Ação da Cidadania distribuiu 30.351 toneladas de alimentos, beneficiando cerca de 3 milhões de famílias.

Sua prioridade absoluta, verdadeira obsessão humanitária, era o combate à fome. Costumava responder aos que o criticavam de certo assistencialismo: "a fome tem pressa", não permite esperar a grande revolução.

A *Fratelli Tutti* é atravessada pelo escândalo da fome, chamando o atual sistema de assassino: "As crises sociais, políticas e econômicas fazem morrer à fome milhões de crianças, já reduzidas a esqueletos humanos por causa da pobreza e da fome; reina um inaceitável silêncio internacional" (n. 29). "Por isso a política mundial não pode deixar de colocar entre seus objetivos principais e irrenunciáveis o de *eliminar efetivamente a fome*. Com efeito, quando a *especulação financeira condiciona o preço dos alimentos, tratando-os como uma mercadoria qualquer, milhões de pessoas sofrem e morrem de fome [...] a fome é criminosa e alimentação é um direito inalienável*" (n. 189).

Com razão dizia Gandhi que a fome é "a forma de violência mais assassina que existe". Isso Betinho queria evitar a todo custo. Dar de comer nunca pode ser um gesto apenas assistencialista, mas de um humanismo em grau zero. Juntos repetíamos com frequência: "o pão que tenho em minhas mãos, é material; mas a mão que reparte entre os famintos possui um sentido altamente espiritual, pois vai carregado de amor, de compaixão e de humanidade. Salva a vida".

Ao regressar ao país, optou pela sociedade civil e não pelos partidos e pela participação no Estado. Na sociedade civil via a presença de potencial de solidariedade e de criatividade que poderia ser mobilizado em favor das grandes causas nacionais: cobrar ética na política, reconstruir a democracia pela base, participativa e popular, a urgência da reforma agrária em terras do campo e da cidade, o combate à fome, o incentivo à educação crítica na linha de Paulo Freire, a introdução, por primeiro, da internet no Brasil.

Betinho era um indignado contra a antirrealidade brasileira dos milhões de marginalizados, castigados com a fome e as doenças da fome. Mas não era um resignado. Logo, lançava projetos para pô-los em prática, sempre com um sentido de trabalho coletivo e solidário.

Como poucos, soube identificar a crise central da humanidade atual e do Brasil. De sua boca ouvimos e de seu exemplo aprendemos: "A crise central não está na economia política da exclusão, nem na corrupção da política, nem na derrocada moral da humanidade e do Brasil. A crise fundamental reside na falta de sensibilidade dos humanos para com outros seres humanos".

Se vivesse hoje teria introduzido um sem número de iniciativas para minorar o caos social, provocado pelo Covid-19 e a desagregação social produzida pelo infame golpe parlamentar, jurídico e mediático, contra a Presidenta Dilma Rousseff em 2016, atrás do qual se escondiam as classes oligárquicas, que Darcy Ribeiro considerava as mais insensíveis e reacionárias do mundo. O mesmo é demonstrado, em detalhes, pelo sociólogo Jessé Souza especialmente em seu livro *O atraso da elite brasileira: da escravidão à Lava Jato* (2018).

Face a tais infâmias políticas, Betinho, junto ao combate à fome, estaria na rua para defender a nossa frágil democracia e salvar os direitos sequestrados dos trabalhadores e dos futuros aposentados pelas reformas neoliberais sob o presidente golpista Michel Temer.

Denunciaria destemidamente a invasão por seringueiros e madeireiros das terras indígenas e quilombolas e depois a dizimação de centenas deles pela incúria do governo central, provocada pelo Covid-19. Gritaria ao mundo a venda a estrangeiros de terras nacionais, favorecida pelo próprio governo, súcubo dos Estados Unidos e das grandes corporações norte-americanas.

Tais antirrealidades foram agravadas sob o governo do golpista Michel Temer e sob a irresponsabilidade e a boçalidade do Presidente Jair Bolsonaro, de longe, o mais nefasto presidente da história do Brasil. Tomado por uma ignorância supina, desprezava a ciência, negava os dados seguros dos satélites sobre as queimadas da Amazônia, defendia, como se médico fosse, a eficácia da cloroquina, contra todos os protocolos científicos mundiais que comprovavam sua ineficácia para conter o Covid-19. Entregou o povo a sua própria sorte com milhares de falecidos e milhões de contaminados. Nenhuma vez manifestou solidariedade para com as famílias dos vitimados pois não podiam despedir-se deles, nem velá-los por temor de contaminação. Era totalmente insensível, qual psicopata, à sorte dos mais desvalidos que não tinham como assumir o isolamento social.

Os escândalos da corrupção milionária atingindo a maioria dos partidos e as grandes empresas, o levaria seguramente a retomar com vigor o tema sobre o qual tanto debatia: a ética na política e a transparência na coisa pública. Sua prática foi a da velha e corrupta política, militarizando grande parte de seu governo.

Que falta nos faz o Betinho, órfãos de lideranças confiáveis. O ódio que atravessa nosso tecido social seria incompreensível a ele que pregava o amor aos mais invisíveis aos quais, portador do vírus da Aids, entregou a pouca vida que tinha.

Se alguém quer saber o que é espírito, deve olhar para aquele corpo mirrado e alquebrado pelos efeitos secundários de sua doença, que, no entanto, irradiava vida, coragem, esperança e sentido de humanidade para com todos. Era espírito puro na sua expressão melhor de inteligência, criatividade, sonho e compaixão.

Deixou-nos o desafio de "recriar o Brasil e de refundar a nação" a partir do povo cuja solidariedade e alegria de viver admirava e se deixava tomar. Repetia: sem sonho e sem esperança não há vida nem futuro.

Betinho é uma figura de que o Brasil e a humanidade podem se orgulhar. Ele era e é um "justo entre as nações", título maior que Israel concede aos notáveis do mundo. Betinho estaria entre eles.

Sua inspiração nos fará sair, enriquecidos da atual crise. Será o espírito de Betinho que irá sanar as chagas políticas, sociais e éticas de nosso país, agravadas pela fúria do Covid-19.

10
Alternativa: a reconciliação ou a refundação?

Ficou historicamente claro que o *impeachment* da Presidenta Dilma Rousseff em 2016 foi uma tramoia montada de fora (Secretaria de Justiça dos Estados Unidos e do Departamento de Estado) pela burguesia, descendente da Casa Grande, em articulação com o parlamento, sob anuência do judiciário e com o apoio explícito da grande imprensa privada a empresarial.

Este golpe implicava a difamação e acusação de crimes financeiros do maior líder político Luiz Inácio Lula da Silva. Era prevista e foi realizada sua prisão por uma razão inexistente em qualquer código penal mundial: "por uma ação indeterminada" que desta forma o tiravam de candidato preferencial à Presidência da República.

Alcançado este objetivo sujo tornaram-se claros os dois projetos que se confrontam e que irão definir o nosso futuro: a *recolonização ou a refundação*.

O projeto da *recolonização* ou o conceito teórico da *colonialidade*, forçou o Brasil a ser mero exportador de *commodities*. Isso implica desmontar nosso parque industrial, o mais avançado dos países periféricos, pôr à venda para as grandes petroleiras mundiais, nosso petróleo e outras grandes instituições estatais. Trata-se de dar o maior espaço possível ao mercado competitivo e nada cooperativo e reservar ao Estado mínimo, apenas funções de manutenção da ordem, da segurança e da educação esfacelada.

Este projeto conta com aliados internos e externos. Os internos são aqueles 71.440 multimilionários que o Ipea (Instituto de Políticas Econômicas Aplicadas) elencou e que controlam grande parte das riquezas do país. O aliado externo são as grandes corporações multinacionais, interessadas em nosso mercado interno e principalmente o Pentágono que zela pelos interesses globais dos Estados Unidos.

O grande analista das políticas imperiais, já falecido, Moniz Bandeira, Noam Chomsky e Snowden nos revelaram a estratégia de dominação global.

Ela se rege por três ideias-força: a primeira, um mundo e um império; a segunda, *a dominação de todo o espaço (full spectrum dominance)*, cobrindo o planeta com centenas de bases militares, muitas com ogivas nucleares; a terceira, *desestabilização dos governos progressistas* que estão construindo um caminho de soberania e que devem ser alinhados à lógica imperial, pela difamação das lideranças populares, pela redução do Estado e pelo vasto programa de privatização de bens públicos.

Talvez o gesto mais vergonhoso e ridículo foi o rito de cumprimento à bandeira norte-americana e o gesto de vassalagem do recém-eleito Presidente Jair Messias Bolsonaro aos Estados Unidos e ao seu suserano Donald Trump. Nunca a soberania de um país foi tão servilmente entregue a um país estrangeiro.

A desestabilização, segundo esta estratégia imperial, não se fará por via militar, mas por via parlamentar, jurídica e mediática. Trata-se destruir as lideranças carismáticas, como a de Lula, difamar o mundo do político como o mundo do sujo e desmantelar políticas sociais para os pobres. Um conluio foi arquitetado entre parlamentares venais, estratos do judiciário, do ministério público, da polícia federal e por aqueles que sempre apoiaram os golpes, particularmente, a grande mídia empresarial.

Afastada a Presidenta Dilma Rousseff, todos os itens político-sociais, na verdade, pioraram sensivelmente.

O outro projeto é o da *refundação* de nosso país. Ele vem de longa data, mas ganhou força sob os governos do PT e aliados, para o qual a centralidade era dada aos milhões de filhos e filhas da pobreza. Não apenas melhorou a vida deles, mas resgatou-lhes a sua dignidade humana, sempre aviltada. Esse é um dado civilizatório de magnitude histórica.

Esse projeto da *refundação* do Brasil, projetado sobre outras bases, com uma democracia construída a partir de baixo, participativa, socioecológica constitui a utopia alviçareira de muitos brasileiros. Três pilastras a sustentarão: a nossa *natureza* de singular riqueza e fundamental para o equilíbrio ecológico do planeta; *a nossa cultura*, criativa, diversa e apreciada no mundo inteiro e, por fim, o *povo brasileiro* inventivo, hospitaleiro e místico.

Essas energias poderosas poderão construir nos trópicos, uma nação soberana e ecumênica que integrará os milhões de deserdados e que contribuirá para a nova fase planetária do mundo com mais humanidade, leveza, alegria e festa, a exemplo dos carnavais e das grandes festas populares. Mas importa derrotar as elites do atraso.

Com fina ironia escreveu num Twitter Luiz Fernando Veríssimo: "O ódio ao PT nasceu antes do PT. Está no DNA da classe dominante brasileira, que historicamente derruba, pelas armas se for preciso, toda ameaça ao seu domínio, seja qual for sua sigla".

Não anunciamos otimismo, mas esperança no sentido de Santo Agostinho, no século IV, bispo de Hipona, hoje a Tunísia. Bem disse: a esperança inclui a *indignação* para rejeitar o que é ruim e a *coragem* para transformar o ruim numa realidade boa. Uma sociedade só pode se sustentar sobre uma igualdade razoável, a justiça social e a superação da violência estrutural. Esse é o sonho bom da maioria dos brasileiros.

11
Um novo software social e global

Na boca de muitas pessoas, especialmente daquelas que mais sofrem as consequências da exploração capitalista se ouve um pouco por todas as partes: "assim como está, o Brasil e o próprio mundo, não podem continuar; não agrada a Deus e muito menos a nós".

Em nosso país, a corrupção generalizada foi naturalizada e contaminou todas as instâncias públicas e privadas. A política apodreceu. A maioria dos parlamentares não representa o povo, mas os interesses das empresas e dos grupos que financiaram suas campanhas eleitorais. São velhistas, perpetuando a política tradicional das coligações espúrias, das negociatas e dos conchavos a céu aberto. Sobrevive ainda o espírito da Casa Grande que mantém a maioria da população na condição de senzala.

O projeto dos que deram o golpe parlamentar, jurídico e mediático de 2016 é do mais radical neoliberalismo, em crise no mundo inteiro. Expressa-se pelas aceleradas privatizações e pelo atrelamento do Brasil ao projeto-mundo para o qual o povo e os pobres são estorvo e peso morto. Esta maldição eles não merecem. Lutaremos para que haja ainda um mínimo de compaixão e de humanidade que sempre faltou por parte dos herdeiros da Casa Grande.

O atual presidente não mostra nenhuma grandeza, pois não pensa no povo e nas graves consequências de suas medidas sociais e sanitárias, mas em sua biografia. Entrará seguramente na história, como o presidente das antirreformas, perverso, contumaz nas mentiras e antipovo que desmantelou os poucos avanços sociais que beneficiavam as grandes maiorias sempre maltratadas.

Transformou o país que tinha conseguido o respeito mundial num país pária, isolando-se e inimizando-se com todos. Pior ainda: submeteu-se totalmente às políticas retrógradas do presidente dos Estados Unidos, Donald Trump que acabou não lhe retribuindo o gesto "amoroso" de Bolsonaro que lhe disse a única expressão inglesa que aprendeu: "I love you".

Açodadamente ligou seu destino e o do Brasil, não a uma nação, como os Estados Unidos, mas a seu presidente, tido pelo Prêmio Nobel de economia Paul Krugmann como o mais imbecil de toda a história norte-americana. Mostra traços claros de egocentrismo paranoico e de uma falta de solidariedade psicopática. Isso o afirmam analistas sérios norte-americanos.

Talvez a atitude mais perversa de Bolsonaro, um verdadeiro genocídio do povo brasileiro, foi negar a seriedade do Coronavírus que já dizimava a Europa, negando as medidas recomendadas pela Organização Mundial da Saúde (OMS), do isolamento social rigoroso, do distanciamento entre as pessoas e o uso de máscaras para evitar a difusão do vírus.

Ele claramente se mostrou negacionista, tratando a pandemia de "pequena gripe" ou "uma histeria coletiva". Entregou o povo à sua própria sorte com milhares e milhares de mortos. Nunca conheceu a palavra solidariedade. Revelou-se entusiasta de ditadores históricos como foram Pinochet, Strösner, Hitler e Stalin.

A verdade é que nos encontramos num voo cego em um avião sem piloto. Há poucos que ousam apresentar um novo sonho para o Brasil. Mas tenho para mim, que o cientista político, de sólida formação acadêmica, exilado na Itália e professor na Universidade de Milão, Luiz Gonzaga de Sousa Lima, o tentou com seu livro *A refundação do Brasil: rumo a uma sociedade biocentrada* (São Carlos: Rima 2011).

Infelizmente, até agora não recebeu o reconhecimento que merece. Mas aí se vislumbra uma visão atualizada com o discurso da nova cosmologia, da ecologia e contra o pensamento único, refletindo as alternativas para um outro mundo possível.

Permito-me resumir seu instigante pensamento: o desafio, para ele, consiste em gestar um outro *software* social que nos seja adequado e que nos desenhe um futuro diferente. A inspiração vem de algo bem nosso: *a cultura brasileira*. Esta foi elaborada, em seu caráter singular, mormente pelos escravos e seus descendentes, pelos indígenas que restaram, pelos mamelucos, pelos filhos e filhas da pobreza e da mestiçagem. Os brancos, descendentes dos colonizadores mimetizaram, de forma até ridícula para o clima dos trópicos, a cultura europeia e depois norte-americana, que se situa ao norte do planeta.

Estes referidos e sempre empurrados às periferias, gestaram algo singular, não desejado pelos donos do poder que sempre os desprezaram e nunca os reconheceram como sujeitos de direitos e filhos e filhas de Deus.

O que se trata agora é refundar o Brasil, "construir, pela primeira vez, uma sociedade humana neste território imenso e belo; é habitá-lo, pela primeira vez, por uma sociedade humana de verdade, o que nunca ocorreu em toda a era moderna, desde que o Brasil foi fundado como uma empresa mundializada; fundar uma sociedade é o único objetivo capaz de salvar nosso povo".

Trata-se de passar de vez do Brasil como Estado economicamente globalizado e submisso, como querem os atuais governantes, especialmente depois do golpe jurídico-parlamentar-mediático que destituiu vergonhosamente a Presidenta Dilma Rousseff para um outro tipo de Brasil, forjador de sociedade diferente, biocentrada, vale dizer, cujo eixo estruturador é a vida em toda sua diversidade; a ela se ordena tudo mais, a economia e a política.

Ao refundar-se como sociedade humana biocentrada, o povo brasileiro deixará para trás a modernidade, apodrecida pela injustiça e pela ganância, e que está conduzindo a humanidade, por causa da falta de sentido de cuidado da Casa Comum, a um caminho sem retorno.

Não obstante, a modernidade entre nós, bem ou mal, nos concedeu forjar uma infraestrutura material que pode nos permitir a construção de uma biocivilização. Esta se caracteriza pelo cuidado e pelo amor da vida humana, que convive pacificamente com as diferenças, dotada de incrível capacidade de integrar e de sintetizar os mais diferentes fatores e valores. Estes estão sendo negados pela onda de ódio e de preconceito surgida nos últimos tempos e que contradiz nossa matriz fundamental.

É neste contexto que Souza Lima associa a refundação do Brasil às promessas de um tipo novo de sociedade, diferente daquela que herdamos do passado, agora com a atual crise, agonizando, incapaz de projetar qualquer horizonte de esperança para o nosso povo. Para este propósito se faz urgente uma reforma política que embasará uma nova repactuação social.

Para esta repactuação dever-se-á colocar a nação como referência básica e não os partidos, mas a nação dentro da Mãe Terra e da humanidade planetizada e contar com a boa-vontade de todos para, finalmente, gestar algo novo e promissor. Nessa repactuação os movimentos sociais desempenharão eminente função, pois neles se encontram os germens do sonho possível e seminalmente ensaiado e desejado para o Brasil.

A esperança das maiorias não se arrefece e se traduz no verso de Thiago de Mello dos tempos sombrios da ditadura militar: *"faz escuro, mas eu canto"*.

12
As crises criam profetas e líderes carismáticos

O profetismo é um fenômeno não somente bíblico. É atestado em outras religiões como no Egito, na Mesopotâmia, em Mari e em Canaã, em todos os tempos, também nos nossos. Há vários tipos de profetas (comunidades proféticas, visionários, profetas do culto, da corte, do mundo urbano e camponês etc.) que não cabe aqui analisar. Clássicos são os profetas do Primeiro Testamento (dizia-se antes Antigo Testamento) que se mostravam sensíveis às questões sociais como Oseias, Amós, Miqueias, Jeremias e Isaías.

Na verdade, em todas as fases do cristianismo esteve sempre presente o espírito profético, como entre nós inegavelmente era Dom Helder Câmara, o Cardeal Dom Paulo Evaristo Arns, Dom Pedro Casaldáliga, Dom Waldir Calheiros, Alceu Amoroso Lima, Perseu Abramo e Luiz Inácio Lula da Silva e outros, para ficar somente no Brasil.

12.1 A indignação e a iracúndia sagrada do profeta

O profeta é um indignado. Sua luta é pelo direito e pela justiça especialmente dos pobres, dos fracos e das viúvas, contra os exploradores dos camponeses, contra os que falsificam pesos e medidas e o luxo dos palácios das classes abastadas. Eles sentem um chamado dentro de si, interpretado no código bíblico, como uma missão divina. Amós que era um simples vaqueiro, Miqueias um pequeno colono e Oseias, casado com uma prostituta, largam seus afazeres e vão ao pátio do templo ou diante do palácio real para fazer suas denúncias. João Batista é um pregador e crítico de vários setores da sociedade (cobradores de impostos, fariseus) e principalmente do rei Herodes. Por vaidade de sua amante Herodíades foi degolado (Mt 14,10). Mas não apenas denunciam. Anunciam catástrofes e após uma nova esperança de um recomeço melhor.

São atentos aos acontecimentos históricos também em nível internacional. Por exemplo, Miqueias increpa Nínive, capital do Império Assírio: "Ai da cidade sanguinária, tudo nela é mentira. De roubo está cheia e não deixa de saquear. Lançarei sobre ti imundícies" (3,1.6). Jeremias chama Babilônia de "a metrópole do terror".

Devemos entender corretamente as previsões dos profetas. Não é que anteveem as catástrofes, como se tivessem acesso a um saber singular e antecipado. O sentido é esse: a persistir as tendências da atual situação e a se negar a mudá-las, de exploração, de práticas contra os indefesos e de abandono da reverente relação com Javé, vai acontecer uma desgraça.

Logicamente, os profetas desagradam os poderosos, os reis e até o povo. São chamados "perturbadores da ordem", "conspiradores contra a corte ou o rei". Por isso os profetas são perseguidos, como Jeremias que foi torturado e posto na prisão, outros foram assassinados. Poucos profetas morreram de velhos. Mas ninguém lhes fez calar a boca.

Evidentemente há falsos profetas, aqueles que vivem nas cortes e são amigos dos ricos. Anunciam só coisas agradáveis e até são pagos para isso. Há um verdadeiro conflito entre os falsos e os verdadeiros profetas. O sinal de que um profeta é verdadeiro é a sua coragem de arriscar a vida pela causa dos humildes da terra e que sempre demanda justiça e direito e que defende o certo e o justo.

Os profetas irrompem em tempos de crise, para denunciar projetos ilusórios e anunciar um caminho que faz justiça ao humilhado e que gere uma sociedade agradável a Deus porque atende aos ofendidos e aos feitos invisíveis. A justiça e o direito são as bases da paz duradoura: essa é a mensagem central dos profetas.

Hoje vivemos em nossa realidade nacional e mundial grave crise. Corpos de cientistas e analistas do estado da Terra nos advertem: a seguir a lógica da acumulação ilimitada, pilhando as riquezas naturais sem respeito a seus limites, estamos preparando grave catástrofe ecológico-social. Não vamos ao encontro do aquecimento global. Já estamos dentro dele e os sinais são inegáveis.

Estas vozes, das mais abalizadas, não são ouvidas pelos *decision makers* e pelos homens do dinheiro. Em nosso país, mergulhado numa crise sem precedentes, governado caoticamente por incompetentes, ecocidas, genocidas, carecemos de mais profetas que denunciem e apontem caminhos viáveis para sairmos deste atoleiro.

Na linha profética estão as palavras do sociólogo e economista Márcio Pochmann: "*A se manter o caminho* aberto pelo neoliberalismo de Temer (ex-presidente golpista) e agora aprofundado pelo ultraliberalismo que domina o confuso e obtuso governo Bolsonaro, o sentido do Brasil tende a ser o da Grécia com fechamento de empresas e quebra da administração pública. O pior rapidamente se aproxima".

Outros vão além: "*a se imporem* as reformas político-sociais, conformes à lógica do mercado, meramente competitivo e nada cooperativo, o Brasil poderá se transformar numa nação de párias".

Precisamos de profetas, religiosos, civis, homens e mulheres ou pelo menos que tenham atitudes proféticas, para denunciar que o caminho já decidido será catastrófico.

Valham as palavras de Isaías: "O povo que vive na escuridão, verá grande luz, habitantes em regiões áridas, a luz resplandecerá sobre eles" (6,1). Oxalá, estas palavras ditas já há quase quatro milênios possam se tornar realidade.

Neste contexto vale uma reflexão sobre o carisma.

12.2 O líder carismático e servidor

Nenhuma sociedade alimenta sua identidade senão através de grandes personalidades simbólicas e carismáticas que lhe conferem foco e que lhe apontam uma direção. Estas pessoas-símbolos se encontram em cada povo e se materializam nos livros de história e nos monumentos dedicados a eles.

Na esfera política não se pode negar a predominância de Getúlio Vargas, um dos maiores líderes políticos de nossa história, que deu outro rumo ao Brasil e o introduziu no mundo moderno, garantindo direitos à classe trabalhadora, não esquecendo as vítimas que resistiam à ditadura, duramente castigadas.

Nesta linha se situa a figura do Ex-presidente Luiz Inácio Lula da Silva. Ninguém pode negar-lhe o carisma de que é portador, reconhecido nacional e internacionalmente. O decisivo de sua figura carismática é que provém das classes abandonadas e desprezadas pelas elites.

Estas sempre fizeram coalizões entre si, ocuparam o Estado e elaboraram políticas que os beneficiavam, de costas para o povo. Nunca tiveram um projeto para o Brasil, apenas para si mesmas. Diziam e repetiam: façamos nós as mudanças antes que o povo as faça, mudanças no interesse delas com exclusão do povo.

Eis que de repente, irrompe Lula, vindo do mundo próximo da senzala, no cenário político com a força de um carisma excepcional, representando as vítimas da tragédia brasileira, marcada por uma desigualdade/injustiça social das maiores do mundo.

Mesmo tendo que tolerar a lógica do mercado capitalista, perversa porque é excludente e por isso, antidemocrática por natureza, conseguiu abrir brechas que beneficiaram milhões de brasileiros começando com o programa da Fome Zero, da Bolsa Família, da Minha Casa Minha Vida, da Luz para Todos e completada por várias outras políticas sociais.

Os que o criticam de populismo e de assistencialismo não sabem o que é a fome que Gandhi afirmava ser ela *"um insulto; ela avilta, desumaniza e destrói o corpo e o espírito; é a forma mais assassina que existe"*. Sempre que se faz algo em benefício dos mais necessitados, logo surge a crítica das elites endinheiradas e de seus aliados, de populismo e de assistencialismo, quando não de uso político dos pobres.

Esquecem o que é elementar numa sociedade minimamente civilizada: *a primeira tarefa do Estado é cuidar da vida de seu povo*, e não deixá-lo na exclusão e na miséria que vitimam suas crianças e as fazem morrer antes do tempo. Isso não é populismo, mas humanitarismo em grau zero. Do contrário seríamos cruéis e sem compaixão, verdadeiros bárbaros.

A onda de ódio e de difamação que grassa no país nasce do espírito dos herdeiros da Casa Grande: o desprezo que dedicavam aos escravos o transferiam para os pobres, os negros, especialmente para as mulheres negras e para os de outra opção sexual.

Lula com seus projetos de inclusão não apenas saciou *a fome* e atendeu a outras necessidades básicas de 36 milhões de pessoas, senão que lhes devolveu o mais importante que é a *dignidade* e a consciência de que são cidadãos e filhos e filhas de Deus.

O verdadeiro líder *serve a uma causa além de si mesmo*. Lula, filho da pobreza nordestina, se propôs como presidente que nenhum brasileiro precisasse mais passar fome. Quantas repetiu que todo o sentido de sua vida e de sua política é dar centralidade aos pobres e arrancá-los do inferno da miséria.

Vale aqui um testemunho pessoal: Certa vez, vindo de carro com ele de São Bernando, passando por um lugar ermo fez parar o carro para me confessar: "Muitas vezes, saindo da fábrica, sentei aqui nesse capim e chorava porque não tinha nada para levar para meus irmãos que em casa passavam fome".

Como Chefe de Estado quis criar as condições para que ninguém precisasse chorar por causa da fome.

Lula foi e é um líder servidor desta causa humaníssima e sagrada. O líder carismático fala para o profundo das pessoas. Daí nasce o entusiasmo e atração que todo líder suscita.

Quantas vezes, nas minhas andanças pelas comunidades da periferia, ouvi esta frase: "Lula foi o único que pensou em nós pobres e fez coisas boas para nós".

Dele se podem apontar limitações que pertencem à humana condição, até equívocos políticos, mas jamais se poderá dizer que abandonou o propósito básico de sua vida e de sua ação política, verdadeira obsessão de acabar com a fome e a miséria.

Sinal disso é o fato de que passava os Natais com os mendigos, cuidados pelo Padre Júlio Lancellotti, debaixo de uma grande ponte em São Paulo. Encontrava seus irmãos e irmãs de destino, mostrando-lhes solidariedade e companhia.

A sanha dos que querem o Brasil dos privilégios para poucos, os descendentes da Casa Grande conseguiram aprisioná-lo. Mas o sonho de um Brasil justo por não ter miseráveis jamais pode ser aprisionado. Lula com seu sonho é imorredouro e se faz, como se diz na tradição judaica, "um justo entre as nações".

Esses poucos exemplos aduzidos mostram como se pode ser líder político servidor do povo e suscitar em seus seguidores o mesmo espírito de serviço solidário e construtivo e organizar políticas orientadas para os mais necessitados.

Tal atitude aponta para um outro tipo de Brasil, animado por representantes que fazem da política, no dizer de Gandhi, "*um gesto amoroso para com povo e um cuidado por tudo aquilo que é comum*".

Lula se inscreve nesta honrosa tradição dos líderes carismáticos, servidores do povo, especialmente, dos mais destituídos.

13
Uma insuperável utopia maximalista

De modo geral, se atribui pouco valor ao discurso religioso, seja pelo peso das tradições que infelicitaram milhões de seguidores, seja pelas guerras religiosas que protagonizaram, seja pelo fundamentalismo que caracteriza muitas delas, inclusive parte das igrejas cristãs, não excluídos setores da Igreja Católica. Mas nem por isso deve-se descurar importância da religião, principalmente, nestes tempos de crise e de destruição do horizonte de esperança para a totalidade da humanidade, atacada em todas as frentes por um vírus invisível.

Neste contexto vale recordar a opinião do insuspeito Samuel P. Huntington, em seu discutido livro *O choque de civilizações* (Rio de Janeiro: Objetiva, 1997): "No mundo moderno a religião é uma força central, talvez *a força central* que mobiliza as pessoas. O que em última análise conta não é a ideologia política nem os interesses econômicos, mas as convicções de fé, a família, o sangue e a doutrina; é por estas coisas que as pessoas combatem e estão disposta dar a sua vida" (p. 79).

Um juízo mais sereno e melhor fundado reconhecerá que as religiões, por sua natureza, são fontes geradoras de utopias. Isso porque elas, no dizer do grande estudioso das *Formas Elementares da Vida religiosa* (título de seu livro), Émile Durkheim "não são somente um sistema de ideias, mas antes de tudo um *sistema de forças*...O homem que vive religiosamente experimenta um poder que não conhece na vida comum. São forças que levantam montanhas, que podem dobrar a natureza e seus desígnios" (apud TEIXEIRA, F. *Sociologia da religião*, 2003, p. 43-44).

Foi mérito de Glifford Geertz, com sua antropologia simbólica, mostrar que sempre que ocorre uma crise sistêmica e a passagem de um paradigma civilizatório a outro, marcadas por incertezas, medos coletivos, perda de sentido e caos social, quem faz a ponte entre ambos os paradigmas e elabora utopias, geradoras de novos sentidos de viver compete às religiões.

Ninguém melhor do que o filósofo alemão Ernst Bloch com seus três grossos volumes sobre o *Princípio esperança* para mostrar a função insubstituível da religião como geradora de esperança. Esperança, mais que uma virtude era para ele um *princípio*, uma fonte de energia interior inesgotável que sempre atua na história e nas pessoas projetando sonhos, visões, utopias salvadoras. Conhecida é sua frase: "*Onde há religião, aí há esperança*".

Hoje predomina o convencimento de que o fator espiritual fonte donde irrompem as religiões, não é monopólio das instituições religiosas, mas comparece como um dado antropológico do fundo utópico do ser humano. Depois que a maré crítica da religião feita por Marx, Feuerbach, Nietzsche, Freud, Popper e Dawkins retrocedeu, reconhecemos que os críticos não foram suficientemente críticos.

No fundo, todos eles laboraram num equívoco: quiseram colocar a religião lá onde ela não cabe, dentro do âmbito da razão, o que fez surgir todo tipo de incompreensões e contradições. Estes críticos não se deram conta de que o lugar da religião não está na razão, embora possua uma dimensão racional (por isso existe a teologia que é a fé razonada e crítica) mas na i*nteligência cordial, na emoção profunda*, no sentimento oceânico, naquela esfera do humano onde emergem os grandes sonhos e as utopias.

Bem dizia Blaise Pascal, matemático e filósofo no famoso fragmento 277 de seus Pensées: "*É o coração que sente Deus, não a razão*". Crer em Deus não é pensar Deus, mas senti-lo a partir da totalidade de nosso ser.

A religião é a voz de uma consciência que se recusa a aceitar o mundo tal qual é, *sim-bólico* e *dia-bólico*, perpassado por guerras e poucos momentos de paz. Ela se propõe transcendê-lo, projetando visões de um novo céu e uma nova terra e de utopias que rasgam horizontes ainda não vislumbrados.

A antropologia em geral e especialmente a escola psicanalítica de C.G. Jung tendem a ver a religião como uma irrupção das camadas mais profundas da psiqué humana. Hoje sabemos que a estrutura em grau zero do ser humano não é razão (*logos, ratio*), mas é emoção (*pathos, eros e ethos*).

A pesquisa empírica de David Golemann com sua *Inteligência emocional* (1984) veio confirmar o que certa tradição filosófica, apoiada em Platão, Agostinho, Boaventura, Pascal, chegando a Freud, a Heidegger, Damásio e Meffessoli, Cortina, Muniz Sodré e eu mesmo (*Direitos do coração*, Paulus 2016), afirmava: o ser humano é fundamentalmente um ser de afetos, de emoções e de paixões que acabam influenciando o reino da razão que, por ser humana, nunca se livra de certo grau de subjetividade.

A mente é incorporada (*embodied mind*) (cf. VARELA, H. *The embodied mind*: Cognitive Science and Human Experience, 1997), quer dizer, a inteligência vem saturada de emoções e de afetos. É nas emoções e nos afetos que se elaboram o universo dos valores, a ética, as utopias, os sentidos existenciais e a religião.

É deste transfundo que emerge a experiência religiosa. Segundo L. Wittgenstein, o fator místico e religioso nasce da capacidade de extasiar-se do ser humano. "Extasiar-se não pode ser expresso por uma pergunta. Por isso não existe também nenhuma resposta" (*Schriften*, 3, 1969, p. 68).

O fato de que o mundo exista é totalmente inexprimível. Para este fato "não há linguagem; mas esse inexprimível se mostra; é o místico" (*Tractatus lógico-philosophicus*, 1962, § 6,52). E continua Wittgenstein: "o místico não reside no *como* o mundo é, mas no fato de que o mundo é" (*Tractatus*, § 6,44). "Mesmo que tenhamos respondido a todas as possíveis questões científicas, nos damos conta de que nossos problemas vitais nem sequer foram tocados" (*Tractatus*, § 5,52).

"Crer em Deus", prossegue Wittgenstein, "é compreender a questão do sentido da vida. Crer em Deus é afirmar que a vida tem sentido. Sobre Deus que está para além deste mundo não podemos falar. *E sobre o que não podemos falar, devemos calar*" (*Tractatus*, § 7).

A limitação de todo espírito científico, mesmo o praticado pelas ciências da religião que se limita à dimensão do racional-analítico, reside nisso: eles não têm nada sobre o que calar.

As religiões quando falam o fazem sempre de forma simbólica, analógica, evocativa e autoimplicativa. No fim, terminam no nobre silêncio, no dizer de Buda, ou então usam a linguagem simbólica da arte, da música rito, do jogo e da dança.

Hoje, cansados pelo excesso de racionalidade, de materialismo e de apelos ao consumo, estamos assistindo a volta do religioso, do místico até do esotérico. Pois neles se esconde o invisível que é parte do visível e que pode conferir uma nova experiência de sentido de vida aos seres humanos.

Releva enfatizar uma frase do grande sociólogo e pensador no termo de sua monumental *Formas elementares da vida religiosa* (em português, 1996): "Há algo de eterno na religião, destinado a sobreviver a todos os símbolos particulares nos quais o pensamento religioso sucessivamente se desenvolveu". Porque sobrevive aos tempos, a religião sempre será uma das referências maiores dos seres humanos e uma fonte inesgotável de esperança.

O singular do cristianismo não reside em afirmar a encarnação de Deus. Outras religiões também o fizeram. Mas é afirmar que a *utopia* (aquilo que não tem lugar) virou *eutopia* (um lugar bom concretizado). Em alguém, não apenas a morte foi vencida, o que seria muito, mas ocorreu algo maior: todas virtualidades escondidas no *homo absconditus* explodiram e implodiram como plena realização.

O utópico se transformou em tópico: Jesus de Nazaré ressuscitado depois de ser crucificado, é o "Novíssimo Adão", na expressão de São Paulo (1Cor 15,45), o homem abscôndito agora revelado pois todas as virtualidades nele escondidas vieram à tona em plena floração. O utópico tornou-se tópico. Mas ele é apenas o primeiro dentre muitos irmãos e irmãs; nós seguiremos a ele, completa São Paulo (cf. Rm 8,29).

Nós mesmos não participaríamos dessa utopia bem-aventurada se também a humanidade, a Terra e o próprio universo não tivessem parte nela. O ressuscitado é fruto do universo em evolução. Em sua realidade entraram todos os elementos cósmicos que compõe nossa vida humana. Eles em nós serão, em seu momento, transfigurados à semelhança do Ressuscitado para serem o corpo glorioso de Deus.

Portanto, nós não nascemos para terminar na morte, mas para nos transfigurar através da morte. O nosso futuro consiste junto com todas as coisas, a formar o novo céu e a nova terra, vale dizer, a transfiguração do universo e tudo o que ele contém. À nossa frente está a vida em plenitude e não o pó cósmico num vazio estarrecedor.

Talvez essa seja a única grande utopia maximalista, para além da qual não poderíamos ir. É o testemunho perene das religiões e dos caminhos espirituais, particularmente, mas não exclusivamente, do cristianismo das origens e mesmo em nosso tempo, com figuras exemplares como o Papa João XXIII e o atual pontífice, o Papa Francisco.

Terceira parte

Tratar humanamente cada ser humano

I
A ética foi enviada ao exílio

Há alguns anos, realizou-se em Belo Horizonte um congresso internacional organizado pela Sociedade de Teologia e Ciências da Religião (Soter) em torno dos temas: *Religião, Ética e Política*. As exposições foram de grande atualidade e de qualidade superior. Refiro-me apenas à discussão acerca do Eclipse da Ética largamente debatida.

A meu ver dois fatores atingiram o coração da ética: o processo de globalização e a mercantilização da sociedade, especialmente da saúde como se constatou sob o ataque feroz do Covid-19. A grande maioria contou com o Sistema Único de Saúde (SUS), tido como o maior serviço de saúde pública mundial e puderam salvar-se. Outros, ricos, serviram-se dos hospitais privados com assistência mais adequada, embora extremamente custosa; apesar disso nem todos se salvaram dado o caráter insidioso do Coronavírus, que a ninguém poupa.

A globalização mostrou os vários tipos de ética, consoante as diferenças culturais. Relativizou-se a ética ocidental, uma entre tantas. As grandes culturas do Oriente e as dos povos originários revelaram que podemos ser humanos e éticos de formas muito diferentes.

Por exemplo, a cultura maia coloca tudo centrado no *coração*, já que todas as coisas nasceram do amor de dois grandes corações, o do céu e o da terra. Tudo possui o seu coração. O ideal ético é criar em todas as pessoas corações sensíveis, justos, transparentes e verdadeiros.

Ou a ética do "bien vivir y convivir" dos andinos assentada no equilíbrio e na harmonia com todas as coisas, entre os humanos, com a natureza, com a Pacha Mama, com o universo e com a divindade.

Os africanos, especialmente da parte sul da África, criaram a categoria *Ubuntu* que foi a base, utilizada pelo arcebispo Desmond Tutu, para a reconciliação entre brancos discriminadores e assassinos e os negros oprimidos e mortos. Ubuntu quer dizer: "eu só sou eu através de você". É a suprema exaltação da alternidade, da importância humana e respeitosa face ao outro. É uma ética do amor e da acolhida incondicional do outro, sem o qual eu mesmo não consigo existir.

No Congo se usa o termo *palaver* para expressar *a* comunidade reunida, na qual todos, homens e mulheres, podem falar livremente, sem qualquer censura até chegar a uma convergência boa para todos. É a ética da escuta e da valorização do que cada um tem a dizer na busca do bem comum.

Para nós ocidentais surpreendente é a ética japonesa. Seu valor supremo se realiza no cumprimento estrito do dever. O dever se exprime pela palavra *on*: é a dívida que os filhos têm para com os pais que os cuidaram caso contrário teriam morrido. A dívida que tem para o professor por tudo o que aprenderam. A dívida deve ser sempre honrada. Caso contrário, a pessoa se desmoraliza na família e na sociedade.

A honra é valor supremo. Perdendo-a diante dos outros, toda a família da pessoa envolvida é afetada e ela pode chegar a cometer suicídio. Por honra se morre, como os kamikases.

Jesus e o cristianismo que se derivou dele colocam o centro da ética no amor incondicional, na compaixão para quem sofre, na solidariedade sem limites, na fraternidade universal e no perdão. Tais valores cristãos que são profundamente humanos travejam toda a Encíclica *Fratelli Tutti* do Papa Francisco.

Quando retoma a regra de ouro de amar o próximo como cada um se ama a si mesmo, Jesus deu-lhe uma conotação singular: ame o próximo mais distante, o invisível, aquele considerado óleo queimado. De invisível faça-o um próximo visível, considera-o como irmão ou irmã. Vai mais longe, na versão do Evangelho de São João se sugere: ame o próximo *mais* que a ti mesmo.

São Francisco em sua famosa oração pela paz entendeu essa intuição originalíssima de Jesus: "que eu procure *mais* consolar do que ser consolado, *mais* compreender do que ser compreendido, *mais* amar do que ser amado".

Talvez aqui, nesse "mais" alcançamos, em termos de nossa humanidade, o ponto culminante de toda a ética, válida para cada um e para todos.

Pena que ao longo da história, os cristãos mais falharam do que realizaram tão alta proposta. Foram genocidas e etnocidas na América Latina. Cristãos trouxeram milhões de pessoas da África para aqui serem escravizadas e tratadas como "peças" a serem negociadas no mercado. A crueldade contra eles foi inimaginável. E ainda não reconhecemos por tudo o que fizeram para o nosso país, desde as grandes igrejas coloniais, a contribuição cultural em todos os campos e o sentimento de encantamento do mundo porque ele é habitado por energias divinas.

Tal pluralidade de caminhos éticos teve como consequência, uma relativização generalidade. Sabemos que a lei e a ordem, valores da prática ética fundamental, são os pré-requisitos para qualquer civilização em qualquer parte do mundo.

O que observamos é que a humanidade está cedendo diante da barbárie rumo a uma verdadeira idade mundial de trevas tal é o descalabro ético que estamos vendo, especialmente nos dias atuais quando, segundo dados do *Banco Credit Suisse* de 2020, 1% da humanidade possui pessoalmente, não suas empresas, 45% de toda riqueza global, enquanto 50% dos mais pobres têm que se contentar com menos de 1% desta riqueza. O que se esconde atrás dos números não é apenas uma injustiça social clamorosa, mas uma via-sacra de sofrimento e de morte de milhões e milhões de irmãos e irmãs nossos, especialmente de crianças abaixo de 5 anos.

Pouco antes de morrer em 2017 advertia o pensador Sigmund Bauman: "ou a humanidade se dá as mãos para juntos nos salvarmos ou então engrossaremos o cortejo daqueles que caminham rumo à própria sepultura".

Qual é a ética que nos poderá orientar como humanidade vivendo na Casa Comum? Esse é o desafio que se nos apresenta no século XXI.

O segundo grande empecilho à ética é aquilo que o economista húngaro-norte-americano Karl Polaniy chamava já em 1944 de *A grande transformação*. É o fenômeno da passagem de uma *economia de mercado* para uma *sociedade puramente de mercado*. Tudo se transforma em mercadoria, coisa já prevista por Karl Marx em seu texto *A miséria da Filosofia* de 1847, ao discutir a visão do socialismo de viés religioso de Proudon. Referia-se ao tempo em que as coisas mais sagradas como a verdade, ciência e a consciência que eram dadas ou intercambiadas gratuitamente, agora seriam levadas ao mercado e ganhariam seu devido preço. Diz profeticamente: é "tempo da grande corrupção e da venalidade universal". Essa é lógica do capital que de tudo quer fazer ganho, desde os bens comuns naturais como a água, os órgãos humanos, os genes e outros *commons*.

Pois vivemos este tempo. A economia especialmente a especulativa dita os rumos da política e da sociedade como um todo. O lucro e a competição, o mercado-livre, são sua marca registrada e a solidariedade praticamente foi enviada ao limbo.

Qual é o ideal ético deste tipo de sociedade? É a capacidade de acumulação ilimitada e de consumo sem peias, gerando uma grande divisão entre um pequeníssimo grupo que controla grande parte da economia real e especulativa e as maiorias excluídas e mergulhadas na fome e na miséria. Aqui se revelam traços de barbárie e de crueldade como poucas vezes na história.

Assumindo estes dogmas do neoliberalismo, sob a irrupção do Covid-19, grande parte da humanidade correria risco de desaparecer. Foi a solidariedade, a interdependência, o cuidado de uns para com outros, a generosidade que nos salvaram e nos salvarão sempre em qualquer cenário futuro.

Precisamos refundar uma ética que se enraíze naquilo que é especificamente nosso, enquanto humanos, para além de qualquer outra determinação e que, por isso, seja universal e possa ser assumido por todos.

Estimo que em primeiríssimo lugar é a *ética do cuidado* que segundo a fábula 220 do escravo Higino e bem interpretada por Martin Heidegger em *Ser e Tempo* constitui o substrato ontológico do ser humano: aquele conjunto de fatores sem os quais jamais surgiria o ser humano e outros seres vivos.

Pelo fato de o cuidado ser da essência do humano, todos podem vivê-lo e dar-lhe formas concretas, consoantes às suas culturas.

O cuidado pressupõe uma relação amigável e amorosa para com a realidade, da mão estendida para a solidariedade e não do punho cerrado para a subjugação. No centro do cuidado está a vida, qualquer tipo de vida. Se não for cuidada mirra e morre. A civilização deverá ser biocentrada na qual a fraternidade sem fronteiras e a amizade social seriam, segundo a *Fratelli Tutti*, seu fundamento e sua concretização (cf. n. 6).

Outro dado de nossa essência humana é a *solidariedade* e a ética que daí se deriva. Sabemos hoje pelo bioantropologia que foi a solidariedade de nossos ancestrais antropoides que permitiu dar o salto da animalidade para a humanidade. Buscavam os alimentos e os consumiam solidariamente. Todos vivemos porque existiu e existe um mínimo de solidariedade, começando pela família. "A solidariedade manifesta-se concretamente no serviço, que pode assumir formas muito variadas de cuidar dos outros" adverte a *Fratelli Tutti*. "O serviço é, em grande parte, cuidar da fragilidade; servir significa cuidar dos frágeis das nossas famílias, da nossa sociedade, do nosso povo. O serviço fixa sempre o rosto do irmão, toca a sua carne, sente a sua proximidade e, em alguns casos, até "padece" com ela e procura a promoção do irmão. Por isso, o serviço nunca é ideológico, dado que não servimos a ideias, mas a pessoas" (n. 115). O que foi fundador ontem, continua sendo-o ainda hoje.

Os neurólogos em suas várias vertentes chegaram, empiricamente, à mesma conclusão: na cooperação entre todos, não na inteligência e na criatividade, reside a essência do especificamente humano.

Outro caminho ético, ligado à nossa estrita humanidade é a ética da *responsabilidade* universal: ou assumimos juntos responsavelmente o destino de nossa Casa Comum ou então percorreremos um caminho sem retorno. Somos responsáveis pela sustentabilidade de Gaia e de seus ecossistemas para que possamos continuar a viver junto com toda a comunidade de vida.

Com sentido ético, o primeiro-ministro chinês XI Jinping, ao assumir o mais alto posto do poder de Estado, propôs como o grande ideal ético para esse século criar "*uma comunidade de des-*

tino compartilhado para toda a humanidade". Esse projeto cumpre aquilo que era lamentado pelo Papa Francisco na *Fratelli Tutti*: a ausência de um rumo comum (n. 15, 29). Vale dizer, ou nos articulamos todos como grande família e assim sobreviveremos ou o futuro nos negará a nossa subsistência neste planeta.

O filósofo Hans Jonas que, por primeiro, elaborou *o princípio responsabilidade*, agregou a ele a importância do *medo coletivo*. Quando este surge e os humanos começam a dar-se conta de que podem conhecer um fim trágico e até de desaparecer como espécie, irrompe um medo ancestral, que vem das camadas mais profundas do ser e do inconsciente coletivo que os leva a optar pela vida contra a morte, portanto por uma ética de sobrevivência. O pressuposto geral e comum é que o valor da vida está acima de qualquer outro valor cultural, religioso ou econômico.

Por fim, importa resgatar a *ética da justiça* para todos. A justiça é o direito mínimo que tributamos ao outro, de que possa continuar a existir e dando-lhe o que lhe cabe como pessoa. Especialmente as instituições devem ser justas e equitativas para evitar os privilégios e as exclusões sociais que tantas vítimas produzem, particularmente em nosso país, um dos mais desiguais, vale dizer, mais injustos do mundo. Daí se explica o ódio e as discriminações que dilaceram a sociedade, vindos não do povo, mas daquelas oligarquias endinheiradas que sempre viveram do privilégio e que jamais aceitaram mudanças sociais que pudessem ameaçar seus interesses particulares, usando até a força e o golpe de estado.

Atualmente vivemos sob um regime de exceção, no qual tanto a Constituição como as leis são pisoteadas, ou mediante o *Lawfare* (a interpretação distorcida da lei que o juiz pratica para prejudicar o acusado), condenam-se líderes políticos, "por um delito indeterminado".

A justiça não vale apenas entre os humanos, mas também para com a natureza e a Terra que são sujeitos de direitos, pois possuem valor próprio, em si mesmo, e não apenas um valor destinado ao desfrute humano. Sem essa inclusão e apenas com uma relação utilitarista, poderemos conhecer um *armagedon* social e ecológico.

2
Ética e espiritualidade face aos desastres naturais e humanos

As grandes chuvas com inundações desastrosas que afetam, já há anos, muitas cidades pelo mundo afora e paralelamente os incêndios fenomenais na Austrália, seguidos imediatamente de inesperadas inundações, a floresta amazônica posta sob um inferno de fogo, o Pantanal, uma das regiões mais úmidas do mundo, consumido, em grande parte, pelo fogo, a irrupção do Coronavírus que dizimou milhões de vidas em todo o planeta, constituem sinais inequívocos de que a Terra, está perdendo sua sustentabilidade e demonstra que não está mais suportando o nível de agressões infligido pelos seres humano nos últimos séculos.

Agora a Terra-Gaia começou a contra-atacar nos enviando vírus altamente perigosos como Ebola, Zica, Chikungunya, Sars e seus derivados etc. Eles mostram nossa vulnerabilidade, nossa impotência e nossa exposição à imprevisibilidade. Coloca de joelhos as nações que introduziram o princípio de autodestruição com milhares de ogivas nucleares e armas químicas e biológicas. Todo esse aparato se revelou totalmente inútil para combater o Coronavírus.

É praticamente consenso de que estas mudanças para pior se devem à ação irresponsável dos seres humanos (a era do *antropo-*

ceno) em sua relação para com a natureza e para com a totalidade do Planeta Terra. A ação destrutiva do ser humano radicalizou o antropoceno revelando-se como *necroceno*, vale dizer, a destruição em massa de vidas.

Os cientistas que sistematicamente acompanham o estado da Terra atestam que, de ano para ano, os principais itens que sustentam a vida (água, solos, ar puro, fertilidade, climas e outros) estão se deteriorando dia a dia. São as conhecidas nove fronteiras planetárias que atuam sistemicamente e, que por isso, jamais devem ser ultrapassadas para não provocar um colapso de nossa civilização.

Quando isso vai parar? O Dia da Sobrecarga da Terra (*Earth Overshoot Day*) foi atingido no dia 22 de setembro de 2020. Isto significa: até esta data foram consumidos todos os recursos naturais disponíveis. Agora a Terra entrou no vermelho e no cheque especial. Chegaremos até dezembro? Se teimarmos em manter o consumo atual, conspícuo nas elites dominantes, temos que aplicar violência contra a Terra forçando-a a dar o que já não tem ou não pode repor. Sua reação a esta violência se expressa pelo maior aquecimento global, pelas enchentes, pelas grandes nevascas, pela perda da biodiversidade, pela desertificação, pelo aumento do dióxido de carbono e do metano e pelo crescimento da violência social já que Terra e humanidade constituem uma única entidade relacional.

Ou mudamos nossa relação para com a Terra viva e para com a natureza ou segundo o já citado Sygmund Bauman, "engrossaremos o cortejo daqueles que rumam na direção de sua própria sepultura". Desta vez não dispomos de uma arca de Noé salvadora. Ou nos salvamos todos ou ninguém se salva, nas palavras do Papa Francisco (*Fratelli Tutti*, n. 31).

Não temos outra alternativa senão mudarmos. Quem acredita no messianismo salvador da ciência é um iludido: a ciência pode muito, mas não tudo: ela detém os ventos, segura as chuvas, limita o aumento dos oceanos? Não basta diminuir a dose e continuar com o mesmo veneno ou apenas limar os dentes do lobo. A mudança demanda atender a alguns dos seguintes marcos fundamentais.

Primeiro: *uma visão espiritual do mundo*. Isso não tem a ver, em primeiro lugar, com a religiosidade, mas com uma nova sensibilidade e um novo estado de espírito, de amor, de respeito e de renúncia à uma relação violenta e meramente utilitarista da natureza. Há que se reconhecer que ela tem um valor em si mesmo, somos parte dela e que há de ser cuidada e respeitada como respeitamos e cuidamos de nossas mães. Como nossas mães nos enchem de cuidado e nos alimentam permanentemente, assim importa cuidar da natureza. Nisso consiste a nova sensibilidade e espiritualidade, o cultivo de valores intangíveis que não se podem comprar no mercado, mas brotam da razão sensível e cordial. Essa ponderação nos leva ao segundo ponto.

Segundo: *resgatar o coração*, o afeto, a empatia e a compaixão. Esta dimensão foi descurada em nome da objetividade da tecnociência. Mas nela se aninha o amor, a sensibilidade para com os outros, a ética dos valores e a dimensão espiritual. Porque não se dá lugar ao afeto e ao coração não há por que respeitar a natureza e escutar as mensagens que ela nos está enviando como os eventos extremos e o aquecimento global. A tecnociência operou uma espécie de lobotomia nos seres humanos que já não sentem seus clamores "nem o grito da Terra e simultaneamente o grito dos pobres" (*Laudato Si'*, n. 49). Imaginam ser a Terra um simples baú de recursos infinitos a serviço de um projeto de um enriquecimento infinito. Temos que mudar de paradigma: de uma sociedade industrialista que exaure a natureza para uma sociedade de conservação e cuidado de toda a vida.

Terceiro: tomar a sério o princípio de *cuidado* e de *precaução*. Ou cuidamos do que restou da natureza e regeneramos o que temos devastado, como o MST que se propôs no ano de 2020, plantar um milhão de árvores nas áreas depredadas pelo agronegócio, ou então nosso tipo de sociedade terá dias contados. Ademais, a filosofia antiga e moderna já viu que o cuidado é a pré-condição para que surja qualquer ser e que constituía essência do humano. É também o norteador antecipado de toda ação. Se a vida, também a nossa, não for cuidada, adoece e desaparece.

A *precaução* exige que não se coloquem atos nem se usem elementos cujas consequências não podemos controlar. Na prevenção, ao contrário da precaução, podemos antever os atos e podemos controlá-los. A precaução e o cuidado são decisivos no campo da nanotecnologia e da inteligência artificial autônoma. Esta, sem sabermos, pode tomar decisões e penetrar em arsenais nucleares e pôr fim à nossa civilização.

Quarto: *o respeito a todo ser*. Cada ser tem valor intrínseco e tem seu lugar no conjunto dos seres. Mesmo o menor deles revela algo do mistério do mundo e do Criador. O respeito impõe limites à voracidade de nosso sistema depredador e consumista. Quem melhor formulou uma ética do respeito foi o pensador e médico suíço dedicado aos hansenianos em Lambarene no Gabão, da África foi Albert Schweitzer († 1965). Ensinava: *ética é a responsabilidade e o respeito ilimitado por tudo o que existe e vive*. Esse respeito pelo outro nos obriga à tolerância, urgente no mundo e entre nós, sob o governo de extrema-direita que nutre desprezo aos negros, indígenas, quilombolas, LGBT e às mulheres.

Quinto: atitude de *solidariedade e de cooperação*. Esta é a lei básica do universo e dos processos orgânicos. Todas as energias e todos os seres cooperam uns com os outros para que se mantenha o equilíbrio dinâmico, se garanta a diversidade e todos possam coevoluir. Tal tema foi abordado anteriormente com mais detalhes.

O propósito da evolução não é conceder a vitória ao mais adaptável, mas permitir que cada ser, mesmo o mais frágil, possa expressar virtualidades que emergem daquela Energia de Fundo que tudo sustenta, chamado também de Fonte Originário de todo o ser, da qual tudo saiu e para qual tudo volta.

Hoje, devido à degradação geral das relações humanas e naturais devemos, como projeto de vida, ser conscientemente solidários e cooperativos. Caso contrário, não salvaremos a vida nem garantiremos um futuro promissor para a humanidade. O sistema econômico e o mercado não se fundam na cooperação, mas na competição, a mais desenfreada. Por isso criam tanta desigualdade a ponto de 1% da humanidade possuir o equivalente aos 99% restantes.

Sexto: fundamental é a *responsabilidade coletiva*. Ser responsável é dar-se conta das consequências de nossos atos. Hoje, construímos o *princípio da autodestruição*. O ditame categórico é então: *aja de forma tão responsável que as consequências de tua ação não sejam destrutivas para a vida e seu futuro e não ativem a autodestruição.*

Sétimo: colocar todos os esforços na consecução de uma *biocivilização* centrada na vida e na Terra e fundada não no soberanismo ultrapassado, mas na fraternidade sem fronteiras e na amizade social entre todos os que habitam na mesma Casa Comum, tese central da Encíclica *Fratelli Tutti*. O tempo das nações já passou. Agora é o tempo da construção e da salvaguarda da Casa Comum, da Terra e da humanidade, pois participamos do mesmo destino, bom ou trágico. Sua realização não se fará sem traduzir em práticas efetivas os valores acima enunciados.

Fine finaliter: temos que nos reinventar como seres humanos, pois somos ainda demasiadamente desumanos uns para com os outros e cruéis para com a Terra-Gaia. Parece que ainda não completamos o salto qualitativo da animalidade para a humanidade quando, há milhões de anos, começamos a comer juntos e de forma solidária. A atual situação do mundo nos obriga a completar este salto – esta tarefa é urgente – condição de ainda permanecermos, como humanos, sobre este pequeno e irradiante planeta.

3
O amor em tempos de cólera e de ódio

Vivemos atualmente tempos sombrios de muito ódio e falta de respeito. A propósito denuncia *a Fratelli Tutti*: "Aquilo que ainda há pouco tempo uma pessoa não podia dizer sem correr o risco de perder o respeito de todos, hoje pode ser pronunciado com toda a grosseria, até por algumas autoridades políticas, e ficar impune" (n. 44). Isso se aplica diretamente ao Presidente Jair Bolsonaro e ao próprio Ex-Presidente Trump, que usavam expressões chulas, sem consciência da dignidade do próprio cargo.

A história não é retilínea nem a própria evolução do universo. Passa-se da ordem para a desordem (caos), do momento do *thánatos* para o momento de *eros*, quer dizer, do momento de predominância da ordem, da harmonia social, da convivência inclusiva que representam o *eros*, a pulsão de vida com suas múltiplas manifestações. Mas há outros momentos em que o *thánatos*, a pulsão de morte, de ódio e de dilaceração predomina.

Na verdade, os dois momentos sempre estão simultaneamente presentes, mas ora com a vigência de um, ora do outro. Nesse momento, em nível mundial e nacional vivemos pesadamente a dimensão do *thánatos*. Há guerras no mundo, racismo, fundamentalismo com suas exclusões, ascensão do autoritarismo, do populismo, que são disfarces do despotismo. As democracias estão em regressão, a política, considerada ineficaz e a demonização de figuras representativas como a do Papa Francisco e do Ex-presidente Lula. No Brasil, o Presidente Jair Bolsonaro é refém do *thánatos* pois a morte, a tortura, a defesa de regimes de tirania além da linguagem boçal e desrespeitosa são um *continuum* em sua ação e em sua retórica.

Em momentos assim, precisamos resgatar o mais importante e que verdadeiramente nos humaniza: o simples amor. Sem ele nada de grande e de memorável foi construído na história em qualquer campo da atividade humana.

3.1 Van Gogh fala de amor

Convincentes são as palavras do genial pintor Vincent Van Gogh, em carta ao seu irmão Théo: "É preciso amar para trabalhar e para se tornar um artista, um artista que procura colocar sentimento em sua obra: é preciso primeiro sentir-se a si próprio e viver com seu coração. É o amor que qualifica nosso sentimento de dever e define claramente nosso papel... o amor é a mais poderosa de todas as forças" (*Lettres à son frère Théo*. Paris: Galimard, 1988, p. 138, 144). A. Artaud que fez a introdução às cartas de Van Gogh diz que ele se recusou a entrar nessa sociedade sem amor: "ele foi um suicida da sociedade". Não foi um suicídio qualquer, foi como aquele do renomado escritor alemão Stephan Zweig, que exilado em Petrópolis, se recusava como Van Gogh a viver num mundo de ódio como aquele sob o regime nazista.

São surpreendentes as palavras de Van Gogh e do elogio do amor feito por São Paulo em 1Cor 13,1-13. Sublimes são as palavras da *Imitação de Cristo* de Thomas Kempis (1441) sobre o amor: "Grande coisa é o amor. É um bem verdadeiramente inestimável que por si só torna suave o que é penoso e suporta sereno toda a adversidade. Porque leva a carga sem sentir o peso, torna o amargo doce e saboroso [...]. O amor deseja ser livre e isento de amarras que lhe impedem amar com inteireza. Nada mais doce do que o amor, nada mais forte, nada mais sublime, nada mais profundo, nada mais delicioso, nada mais perfeito ou melhor no céu e na terra [...]. Quem ama, voa, corre, vive alegre, sente-se libertado de todas as amarras. Dá tudo para todos e possui tudo em todas as coisas, porque para além de todas as coisas, descansa no Sumo Bem do qual se derivam e procedem todos os bens. Não olha para as dádivas, mas eleva-se acima de todos os bens até aquele que os concede. O amor muitas vezes não conhece limites pois seu fogo interior supera toda a medida. De tudo é capaz e realiza coisas que quem não ama não compreende, quem não ama se enfraquece e acaba caindo. O amor vigia sempre e até dorme sem dormir... "Só quem ama compreende o amor" (livro III, cap. 5).

Como se depreende, poucas palavras se disseram tão elevadas sobre a excelência do amor. Por isso dizemos que Deus mesmo é amor (1Jo 4,16). Além destes eflúvios sobre o amor, convém, para fundá-lo em bases seguras e empíricas, incorporar a contribuição que nos vem das várias ciências da Terra, da biologia e dos estudos sobre o processo cosmogênico. Mais e mais fica claro que o amor não é exclusivo dos seres humanos, mas um dado objetivo da realidade global e cósmica, um evento bem-aventurado do próprio ser das coisas, nas quais nós estamos incluídos.

Bem escreveu James Watson que junto com Francis Crick decodificou a dupla hélice do código genético em 1953: "O amor pertence à essência de nossa humanidade. O amor, esse impulso que nos faz ter cuidado com o outro foi o que permitiu a nossa sobrevivência e sucesso no planeta. É esse impulso, creio, que salvaguardará nosso futuro...Tão fundamental é o amor à natureza humana que estou certo de que a capacidade de amar está inscrita em nosso DNA; um São Paulo (que tão excelentemente escreveu sobre o amor) secular diria que o amor é a maior dádiva de nossos genes à humanidade" (WATSON, J. DNA: o segredo da vida. São Paulo: Companhia das Letras, 2005, p. 433-434).

Dois movimentos, entre outros, presidem o processo cosmogênico: a *necessidade* e a *espontaneidade*. Essa dinâmica foi desenvolvida pelos dois biólogos chilenos Francisco Varela e Humberto Maturana.

Por *necessidade* de sobrevivência todos os seres são interdependentes e se ajudam uns aos outros. A sinergia e a cooperação de todos com todos, mais que a seleção natural, constituem as forças mais fundamentais do universo, especialmente, entre os seres orgânicos. A solidariedade é mais que um imperativo ético. É a dinâmica objetiva do próprio cosmos e que explica por que e como chegamos até aqui.

Junto com essa força da necessidade comparece também a *espontaneidade*.

Os seres se relacionam e interagem *espontaneamente*, por pura gratuidade e alegria de conviver. Tal relação não responde a uma necessidade. Ela se instaura por um impulso de criar laços novos, pela afinidade que emerge espontaneamente e que produz o deleite. É o universo da novidade, da irrupção de uma virtualidade latente que faz surgir algo maravilhoso e que torna o universo um sistema aberto. É o advento do amor.

Ele se dá entre todos os seres, desde os primeiros *top quarks* que se relacionaram para além da necessidade de criarem campos de força que lhes garantissem a sobrevivência e o enriquecimento na troca de informações. Muitos se relacionaram por se sentirem *espontaneamente* atraídos por outros e comporem um mundo não necessário, gratuito, mas possível e real.

Desta forma, a força do amor atravessa todos os estágios da evolução e enlaça todos os seres dando-lhes irradiação e beleza. Não há razão que os leve a se comporem em elos de espontaneidade e liberdade. Fazem-no por puro prazer e por alegria de conviver. Há cosmólogos que afirmam que o universo é colorido em razão das redes energéticas das mais diversas, e, portanto, extremamente belo.

O amor cósmico realiza o que a mística sempre intuiu: "a rosa não tem por quê. Ela floresce por florescer. Ela não cuida dela mesma nem se preocupa se a admiram ou não". Assim o amor, como a flor, ama por amar e floresce como fruto de uma relação livre, como entre os enamorados.

Bem expressou esta experiência Fernando Pessoa, em *Poemas de Alberto Caieiro*: "Se falo na Natureza não é porque saiba o que ela é, / Mas porque a amo, e amo-a por isso, / Porque quem ama nunca sabe o que ama/Nem sabe porque ama, nem o que é amar/ Amar é a eterna inocência" (*Obra poética*. Aguilar, 1974, p. 205).

Pelo fato de sermos humanos e autoconscientes, podemos fazer do amor um projeto pessoal e civilizatório: vivê-lo conscientemente, criar condições para que a amorização aconteça entre os seres humanos e com todos os demais seres da natureza. Podemos nos enamorar de uma estrela distante e fazer uma história de afeto com ela. Os poetas sabem disso.

Vivemos no mundo e no Brasil em tempos de cólera, para usar uma expressão de Garcia Marques. O ocaso do amor nos tira o sentido da vida. Por isso, seu irromper de dentro da névoa da madrugada é urgente. Milhares de refugiados são excluídos e nordestinos, ofendidos. Mais que perguntar quem destila raiva e intolerância é perguntar por que as praticam. Seguramente porque faltou o amor como relação que abriga os seres humanos na bela experiência de cada um se abrir e acolher jovialmente o outro e de se respeitarem mutuamente.

Digamo-lo com todas as palavras: o sistema mundial imperante não ama as pessoas. Ele ama o dinheiro e os bens materiais;

ele ama a força de trabalho do operário, seus músculos, seu saber, sua produção e sua capacidade de consumir. Mas ele não ama gratuitamente as pessoas como pessoas, portadoras de dignidade e de valor.

3.2 Amar é ser revolucionário

Pregar o amor e dizer: "*amemo-nos uns aos outros como nós mesmos nos amamos*", significa ser revolucionário, porque por amor se faz as proezas maiores que se possam imaginar, até dar a própria vida pela pessoa amada ou pelo outro. É ser anticultura dominante e contra o ódio imperante.

Há de se fazer do amor aquilo que o grande florentino, Dante Alighieri, escreveu no final de cada cântico da Divina Comédia: "o amor que move o céu e todas as estrelas"; e eu acrescentaria, amor que move nossas vidas, amor que é o nome sacrossanto do Ser que faz ser tudo o que é e que é o motor que faz pulsar de amor o nosso coração.

4
O ilimitado respeito a todo o ser: um dos fundamentos da ética

Uma das chagas mais sofridas no mundo é seguramente a falta de respeito. Este é um dos eixos básicos da ética de qualquer cultura e também necessário para a convivência pacífica das diferenças dentro de um Estado Democrático de Direito.

O respeito exige, em primeiro lugar, *reconhecer* o outro como outro, diferente de nós. Respeitá-lo significa dizer que ele tem direito de existir e de ser aceito assim como é. Essa atitude não convive com a intolerância que expressa a rejeição do outro e de seu modo de ser.

Assim, um homoafetivo ou alguém de outra condição sexual como os da LGBT, não devem ser discriminados, mas respeitados, primeiramente, por serem pessoas humanas, portadoras de algo sagrado e intocável: uma dignidade intrínseca a todo ser com inteligência, sentimento e amorosidade; em seguida, garantir-lhe o direito de ser como é e de viver sua condição sexual, racial ou religiosa. Se existe o amor, devemos antes calar que fazer qualquer comentário, pois o amor é algo do Divino. Como tal merece o absoluto respeito e reconhecimento.

Com acerto, disseram os bispos do mundo inteiro reunidos em Roma, no Concílio Vaticano II (1962-1965) em um dos mais belos documentos "Alegria e Esperança" (*Gaudium et Spes*): "Cada um respeite o próximo como 'outro eu', sem excetuar nenhum" (n. 27).

Em segundo lugar, o reconhecimento do outro, implica ver nele um *valor em si mesmo*, pois ao existir, comparece como único e irrepetível no universo e expressa algo do Ser, daquela Fonte Originária de energia e de virtualidades ilimitadas de onde todos procedem (a Energia de Fundo do Universo, a melhor metáfora do que Deus significa).

Cada um carrega um pouco do mistério do mundo, do qual é parte. Por isso, entre eu e o outro se estabelece um limite que não pode ser transgredido: a sacralidade de cada ser humano, no fundo, de cada ser, pois tudo o que existe e vive, merece existir e viver.

O budismo que não se apresenta como uma fé mas como uma sabedoria, ensina respeitar a cada ser, especialmente aquele que sofre (a compaixão). A sabedoria cotidiana expressa no *Feng Shui* integra e respeita todos os elementos, os ventos, as águas, os solos, os vários espaços. Organiza-os na casa e em seu derredor, de tal forma que torna humana e agradável habitar nela.

Semelhantemente o hinduísmo prega o respeito como a não violência ativa (*ahimsa*) que encontrou em Gandhi seu arquétipo referencial.

O cristianismo conhece a figura de São Francisco de Assis que respeitava cada ser, desde a minhoca do caminho que penosamente tentava cavar um buraco para nele se esconder e a pegava suavemente e a colocava na grama úmida ao lado do caminho; tinha compaixão da abelha perdida no inverno em busca de alimento, até da plantinha silvestre que o Papa Francisco em sua Encíclica *Laudato Si' – Sobre o cuidado da Casa Comum*, citando

São Francisco, manda respeitar porque, a seu modo, também louvam a Deus (n. 12).

Os bispos, no documento acima referido, alargam o espaço do respeito afirmando: "O respeito deve se estender àqueles que em assuntos sociais, políticos e mesmo religiosos, pensam e agem de maneira diferente da nossa" (n. 28).

Como tal apelo é atual para muitas situações sociais, atravessadas de intolerância religiosa (invasão de terreiros do candomblé), intolerância política com apelativos desrespeitosos a pessoas e a atores sociais ou de outra leitura da realidade histórica.

Temos assistido a cenas de grande falta de respeito por parte de alunos contra professoras e professores, usando de violência física além da simbólica com nomes que sequer podemos escrever.

Muitos se perguntam: Que mães tiveram aqueles alunos? A pergunta correta é outra: Que pais tiveram eles? Como o aprofundou com grande pertinência, o conhecido psicólogo inglês D. Winnicott, cabe ao pai a missão, por vezes onerosa, de ensinar o respeito, impor limites e repassar valores pessoais e sociais sem os quais uma sociedade deixa de ser civilizada. Atualmente, com o eclipse da figura do pai, surgem setores de uma sem pai e por isso sem o sentido dos limites e do respeito. A consequência é o recurso fácil à violência até letal para resolver desavenças pessoais, como, não raro, se tem visto.

O amor à população totalmente ausente no Presidente Bolsonaro só favorece a falta perigosa de respeito e o aumento da ruptura de todos os limites até da vida com os assassinatos, cada vez mais frequentes, de jovens das populações das periferias de nossas cidades pelo fato de serem negros e pobres.

Por fim, uma das maiores expressões de falta de respeito é para com a Mãe Terra, com seus ecossistemas superexplorados, com o espantoso desflorestamento da Amazônia e de outras florestas úmidas no mundo e com a excessiva utilização de agrotóxicos que envenenam solos, águas e ares. Essa falta de respeito ecológico nos poderá surpreender com graves consequências para a vida, a biodiversidade e o nosso futuro como civilização e como espécie.

A irrupção do Coronavírus, 2019/2020 revela um contra-ataque da Gaia-Mãe Terra que já não suporta o desrespeito por ela, concretizado pelas seculares e crescentes violações e depredações de sua riqueza em função do enriquecimento particular, injusto, cruel, sem qualquer escrúpulo e consideração especialmente causando duas injustiças, uma ecológica devastando inteiros ecossistemas e outra social, produzindo perversa pobreza e miséria.

Para enriquecer a discussão convém propor as reflexões de um pensador e médico que, mais do que ninguém, aprofundou a questão do respeito: Albert Schweitzer (1875-1965). Era oriundo da Alsácia, renomado exegeta bíblico, filósofo e um reconhecido concertista de Bach.

Em consequência de seus estudos sobre a vida histórica de Jesus e a sua ética, especialmente no Sermão da Montanha, que dava centralidade ao pobre, ao injustiçado e perseguido por causa da justiça, resolveu abandonar tudo, estudar medicina e em 1913 ir para a África como médico em Lambarene (Gabão), exatamente para aquelas regiões que foram dominadas e exploradas furiosamente pelos colonizadores europeus.

Diz explicitamente, numa carta, que "o que precisamos não é enviar para lá missionários que queiram converter os africanos, mas pessoas que se disponham a fazer para os pobres o que deve ser feito, caso o Sermão da Montanha e as palavras de Jesus possuam algum valor. Se o cristianismo não realizar isso, perdeu seu sentido. Depois de ter refletido muito, isso ficou claro para mim: minha vida não é nem a ciência nem a arte, mas tornar-me um simples ser humano que, no espírito de Jesus, faz alguma coisa, por pequena que seja" (SCHWEITZER, A. *Wie wir überleben können, eine Ethik für die Zukunft*, 1994, p. 25-26).

Em seu hospital no interior da floresta tropical, entre um atendimento e outro de doentes, tinha tempo para refletir sobre os destinos da cultura e da humanidade. Considerava a falta de uma ética humanitária como a crise maior da cultura moderna. Dedicou anos no estudo das questões éticas que ganharam corpo em vários livros, sendo o principal deles "O respeito diante da vida" (*Ehrfurcht vor dem Leben*).

Tudo em sua ética gira ao redor do respeito, da veneração, da compaixão, da responsabilidade e do cuidado para com todos os seres, especialmente, para com aqueles que mais sofrem.

Ponto de partida para Schweitzer é o dado protoprimário de nossa existência, a vontade de viver que se expressa: "Eu sou vida que quer viver no meio de vidas que querem também viver" (*Wie wir überleben können*, 73). À "vontade de poder" (*Wille zur Macht*) de Nietzsche, Schweitzer contrapõe a "vontade de viver" (*Wille zum Leben*). E continua: "A ideia-chave do bem consiste em conservar a vida, desenvolvê-la e elevá-la ao seu máximo valor; o mal consiste em destruir a vida, prejudicá-la e impedi-la de se desenvolver. Este é o princípio necessário, universal e absoluto da ética" (*Ehrfurcht*, p. 52 e 73).

Para Schweitzer, as éticas vigentes são incompletas porque tratam apenas dos comportamentos dos seres humanos face a outros seres humanos e esquecem de incluir todas as formas de vida. O respeito que devemos à vida "engloba tudo o que significa amor, doação, compaixão, solidariedade e partilha" (p. 53).

Numa palavra: "a ética é a responsabilidade ilimitada por tudo que existe e vive" (*Wie wir überleben*, p. 52; *Was sollen wir tun*, p. 29).

Como a nossa vida é vida com outras vidas, a ética do respeito deverá ser sempre um con-viver e um con-sofrer (*miterleben und miterleiden*) com os outros. Numa formulação suscinta afirma: "Tu deves viver convivendo e conservando a vida, este é o maior dos mandamentos na sua forma mais elementar" (*Was sollen wir tun*, p. 26).

Disso deriva comportamentos de grande compaixão e de cuidado. Interpelando seus ouvintes numa homilia na qual conclama de forma inigualável: "Mantenha teus olhos abertos para não perderes a ocasião de ser um salvador. Não passe ao largo, inconsciente, do pequeno inseto que se debate na água e corre risco de se afogar. Tome um pauzinho e retire-o da água, enxugue-lhe as asinhas e experimente a maravilha de ter salvo uma vida e a felicidade de ter agido a cargo e em nome do Todo Poderoso. O verme que se perdeu na estrada dura e seca e que não consegue fazer o seu buraquinho, retire-o e coloque-o no meio da grama. 'O que fizerdes a um desses mais pequenos foi a mim que o fizestes'. Esta palavra de Jesus não vale apenas para nós humanos, mas também para as mais pequenas das criaturas" (*Was sollen wir tun*, 55).

A ética do respeito de Albert Schweitzer une inteligência emocional com inteligência racional. Tudo o que impedir o respeito de uns para com os outros, enfraquece a convivência social. Ninguém tem o direito de constranger o outro com a falta de respeito. Todas as liberdades possuem seu limite, imposto pelo respeito.

O maior inimigo da ética do respeito é o embotamento da sensibilidade, a inconsciência do valor fundamental do respeito ilimitado. Esta falta de respeito leva o aluno usar de violência física contra sua professora, o policial colocar sua pesada bota sobre o pescoço de um negro até fazê-lo morrer sufocado, o chofer de carro violar as regras de trânsito e atropelar e matar um transeunte. Incorporando o respeito, o ser humano alcança o grau mais alto de sua humanidade.

Se não respeitarmos todo ser, acabamos não respeitando o ser mais complexo e misterioso da criação que é o ser humano, homem e mulher, particularmente o mais vulnerável, o pobre, o doente e o discriminado. Se se vive o respeito não se precisa falar de direitos humanos e cobrar seu respeito por parte de todos. Ele é vivido como um dado cultural já incorporado à identidade pessoal e social.

Sem o respeito e a veneração perdemos também a memória do Sagrado e do Divino que perpassam o universo e que emergem, de algum modo, na consciência de cada um. Então nos fazemos superficiais, não raro boçais e insensíveis como quem sofreu uma lobotomia.

5
O medo: inimigo da vida e da alegria de viver

Hoje o mundo e as pessoas são assolados pelo medo de assaltos, às vezes com morte, por balas perdidas e em vários países por atentados terroristas. Os praticados em Madrid, em Paris e Londres provocaram um medo generalizado, por mais que tenha havido demonstrações de solidariedade e manifestações pedindo paz.

Indo mais a fundo na questão, há que se reconhecer que esta situação generalizada de medo é a consequência última de um tipo de sociedade que colocou acumulação de bens materiais acima da vida das pessoas e estabeleceu a competição e não a cooperação como valor principal, o individual acima do social e do comunitário. Ademais escolheu o uso da violência como forma de resolver os problemas pessoais e sociais.

Curiosamente, a encíclica do Papa Francisco *Fratelli Tutti* toma os valores ausentes no modelo atual de sociedade capitalista, excludente e de consumo suntuoso como as bases de um novo paradigma civilizatório. O que era vivido privadamente ela universaliza e generaliza para toda a humanidade: a irmandade sem fronteiras, o amor social, a cooperação entre todos, a solidariedade especialmente para com os mais débeis, a ternura vivida também como valor político, bem como a gentileza no trato social. Temos a ver com um outro tipo de mundo, talvez o único que nos possa salvar de um armagedon ecológico-social pondo em risco a nossa própria espécie.

A *competição* deve ser distinguida da emulação. *Emulação* é coisa boa, pois traz à tona o que temos de melhor dentro de nós e o mostramos com simplicidade sem desvalorizar os outros que também participaram.

A *competição* é problemática, pois significa a vitória do mais forte ou do mais apto entre os contendores, derrotando todos os demais, dando o sentimento de vitória e de derrota nos outros, gerando amargura, vontade de vingança, tensões, conflitos e, em último termo, até guerras.

Sabemos que no darwinismo vulgar a competição é instituída como a lei suprema da vida em geral e da vida humana em particular. Entretanto, esta tese foi rotundamente refutada pelos cosmólogos contemporâneos e pela bioantropologia que evidenciaram que a lei suprema do universo e da vida não é a competição, mas a cooperação de todos com todos.

Esta cooperação nasce do fato de que tudo é relação e ninguém está fora da relação. Os seres não estão jogados aí, separados uns dos outros e em luta entre todos. Ao contrário, fios de relações os ligam e re-ligam a todos formando teias relacionais. Estas permitem que todos se entreajudem e até concorram para que o ser mais fraco ou menos apto continue dentro do processo da evolução, pois cada ser possui o seu lugar e tem a sua informação ou mensagem a transmitir a todos os demais. A seleção natural, quando ocorre, se dá dentro do dado maior da cooperação, das inter-retro-relações de todos com todos, numa palavra, dentro da "matriz relacional" como os cosmólogos costumam dizer.

Numa sociedade onde esta lógica da competição sem a cooperação, se faz hegemônica, não há paz, apenas um armistício. Vigora sempre o medo de perder, perder mercados, vantagens competitivas, lucros, o posto de trabalho e a própria vida.

A *vontade de acumulação* introduz também ansiedade e medo. E medo de que o outro ataque primeiro, provoca a aspiral da violência. A lógica dominante é esta: quem não tem, quer ter; quem tem, quer ter mais; e quem tem mais, diz, nunca é suficiente.

A vontade de acumulação alimenta a estrutura do desejo que, como sabemos, por sua natureza, já vista por Aristóteles e aprofundada por Freud, é insaciável. Por isso, precisa-se garantir o nível de acumulação e de consumo. Daí resulta a ansiedade e o medo de não ter, de perder a capacidade de consumir, de descer em *status* social e, por fim, de empobrecer.

O uso da violência como forma de solucionar os problemas entre países, como se mostrou nas guerras de todos os tempos, se baseia na ilusão de que derrotando o outro ou humilhando-o, conseguiremos fundar uma convivência pacífica.

Um mal de raiz, como a violência, não pode ser fonte de um bem duradouro. Um fim pacífico demanda igualmente meios pacíficos. O ser humano pode perder, mas jamais tolera ser ferido em sua dignidade. Abrem-se as feridas que dificilmente se fecham e sobra rancor e espírito de vingança, húmus alimentador do terrorismo que vitima tantas vidas especialmente de inocentes.

A nossa sociedade de cunho ocidental, branca, supremacista, machista e autoritária escolheu o caminho da violência repressiva e agressiva. Por isso está sempre às voltas com guerras, cada vez mais devastadoras, com guerrilhas, cada vez mais sofisticadas e atentados, cada vez mais frequentes.

Maior medo nos causa o acúmulo de milhares de armas de destruição em massa, capazes, de a qualquer momento, pôr fim à nossa presença neste planeta. Há um temor muito grande com a introdução irresponsável da inteligência artificial autônoma. Ela pode acumular bilhões e bilhões de dados em seus algoritmos, de todas e cada uma das pessoas do planeta e tomar decisões sobre as quais sequer podemos conhecer nem controlar. Quem nos garante que um motivo qualquer de tensões entre potências econômicas e militaristas, essa inteligência artificial autônoma, penetre num arsenal de armas nucleares e as deslanche sobre um eventual inimigo. Corremos o risco de todos sucumbirmos, por ter transferido decisões humanas que supõem responsabilidade, para uma máquina que nos subjuga a todos, sem nos perguntar por nossas razões e nossos valores.

Pavor assola a humanidade a irrupção de vírus ou de bactérias que podem atacar a inteira humanidade. Se não tivermos tempo e ciência para nos imunizar, estes micro-organismos invisíveis podem contaminar e liquidar com a espécie humana. Essa é a advertência de notáveis biólogos e infectologistas.

Tivemos várias dessas pandemias, como a Gripe Suína e a Aviária, a Denge Hemorrágica, o Chinkungunya, a SARs o Ebola e nos anos de 2019/2020 o Coronavírus que, invisível, está pondo de joelhos a todos, poderosos e fracos, militaristas armados até os dentes com armas nucleares e o simples camponês com seu facão e picareta.

Esses vírus não podem ser considerados isoladamente nem colocar o foco somente na ciência e nas técnicas e com todas as prevenções necessárias como o isolamento social e o uso de máscaras para não ser contaminado e não contaminar a outros. É reducionismo considerá-los isoladamente sem identificar seu contexto. Devemos incluí-nos no tipo de relação que entretemos com a natureza, pela excessiva voracidade industrialista e nossa falta de cuidado. Esses vírus ou bactérias vêm na natureza agredida e devastada.

Expresso de outro forma: esta irrupção de microorganismos provém do desequilíbrio ecológico antropogênico, vale dizer, provocado pelo ser humano através dos desmatamentos, da superpopulação de vastas regiões e pela destruição maciça da biodiversidade. Eles estavam tranquilos em seus *habitats*. Quando estes foram destruídos e assim perderam seu lugar natural, invadiram outros, no caso, outros animais e destes, aos seres humanos para os quais não estávamos imunes. Daí o risco de um deles ser *Next Big One* de que falam os biólogos: aquele "próximo imenso" que nos pode trazer um armagedon biológico.

Por detrás de tais fatos existe a sistemática violência do ser humano contra a natureza e a Mãe Terra. Em termos sociais, abriram-se as portas do inferno com seu oceano de ódio, amargura e vontade de vingança. O medo paira como manto de trevas sobre as coletividades e sobre as pessoas individualmente.

O que tolhe o medo e suas sequelas é o cuidado de uns para com os outros. O cuidado constitui um valor fundamental para entendermos a vida e as relações entre todos os seres, pois o cuidado produz serenidade e paz. Sem cuidado a vida não nasce nem se reproduz. O cuidado é o orientador prévio dos comportamentos éticos para que seus efeitos sejam bons e fortaleçam a convivência.

Cuidar de alguém é envolver-se com ele, interessar-se pelo seu bem-estar, é sentir-se corresponsável do destino dele. Por isso, cuidado e amor sempre vêm juntos se reforçando mutuamente. Ambos carregam consigo a corresponsabilidade compartilhada: todos assumirem certas orientações e darem-se conta de atos e práticas cujas consequências podem ser maléficas para os outros, para o meio ambiente e para o sistema-Terra em sua totalidade.

Uma sociedade que se rege pelo cuidado, cuidado pela Casa Comum, a Terra-Gaia, cuidado com os ecossistemas que garantem as condições da biosfera e de nossa vida, cuidado com a segurança e soberania alimentar das pessoas, cuidado com as relações sociais no sentido de serem participativas, equitativas, justas e pacíficas, cuidado com o ambiente espiritual da cultura que permite as pessoas viverem um sentido positivo da vida, acolher suas limitações, o envelhecimento e a própria morte como parte da vida mortal: esta sociedade de cuidado gozará de paz e concórdia, necessárias para a convivialidade humana.

Bem dizia o líder revolucionário mexicano Emiliano Zapata: "Se o governo não fizer justiça ao povo, este tem o direito de não lhe dar paz".

Em momentos de grande medo ganham especial sentido as palavras do Sl 23, aquele do "Senhor é meu pastor e nada me falta". Aí o bom pastor garante: "ainda que tu devesses passar pelo vale da sombra da morte, não temas porque Eu estou contigo".

Quem consegue viver esta fé se sente acompanhado e na palma da mão de Deus. A vida humana ganha leveza e conserva, mesmo no meio de riscos e ameaças, serena jovialidade e discreta alegria de viver. Pouco importa o que nos acontecer, acontece em seu amor. Ele sabe o caminho e o sabe bem certo.

6
A vida humana: subcapítulo do capítulo da vida

Na compreensão dos grandes cosmólogos que estudam o processo da cosmogênese e da biogênese, a culminância desse processo não se realiza só no ser humano. A grande emergência é a *vida* em sua imensa diversidade e àquilo que lhe pertence essencialmente que é o *amor* e o *cuidado*.

Sem o amor, que segundo James Whatson, um dos que decifraram a dupla hélice do código genético constitui "a maior dávida de nossos genes à humanidade" (cf. *DNA*: o segredo da vida. São Paulo, 2005, p. 434) e cuidado necessário, nenhuma forma de vida subsistiria (cf. BOFF, L. *O cuidado necessário*. Petrópolis: Vozes, 2012).

É imperioso enfatizar: a culminância do processo cosmogênico não se dá no antropocentrismo, como se o ser humano fosse o centro de tudo e os demais seres só ganhariam significado quando ordenados a ele e ao seu uso e desfrute. O maior evento da evolução é a irrupção da vida em todas as suas formas, também na forma humana. Todas elas possuem valor em si mesmas e estão todas relacionadas entre si.

O conhecido cosmólogo da Califórnia Brian Swimme afirma em seu livro *The Universe Story:* "Somos incapazes de nos libertar da convicção de que, como humanos, nós somos a glória e a coroa da comunidade terrestre e perceber que somos, isso sim, o componente mais destrutivo e perigoso dessa comunidade".

Esta constatação aponta para a atual crise biológica generalizada, o Covid-19, que afeta o planeta inteiro. Esse Coronavírus nos acena para o contra-ataque da Terra-Gaia contra a pulsão destrutiva do ser humano que, sendo parte da Terra, melhor dito, aquela porção dela, portadora de sensibilidade, inteligência, amor e reverência, se excedeu na agressividade no afã de dominar a natureza ao invés de agir em sinergia com ela, conhecendo seu alcance e seu limite. Recebeu como represália da Terra e da natureza, o Coronavírus. É apenas um sinal para nos advertir de que há barreiras intransponíveis nessa agressividade. Caso contrário, corremos o risco de que a Terra não nos queira mais junto aos demais seres que ela criou e nos reserve um destino trágico.

Os biólogos descrevem as condições dentro das quais a vida surgiu, a partir de um alto grau de complexidade de todos os elementos que compõem o universo. Quando esta complexidade se encontrou fora de seu equilíbrio, imperou uma situação de caos. Mas o caos não é apenas caótico. Contém em seu interior uma outra ordem latente. Por isso é também generativo. Num certo momento, o caos é superado, vem à tona a nova ordem com outro tipo de complexidade e jogo de relações em todas as direções: irrompe a vida.

James Whatson em seu minucioso estudo sobre o DNA define assim a vida: "A vida, tal como a conhecemos, nada mais é do que uma vasta gama de reações químicas coordenadas. O 'segredo' dessa coordenação é um complexo e arrebatador conjunto de instruções inscritas – quimicamente – em nosso DNA" (p. 424).

Esta definição é insatisfatória, pois ela apenas constata os elementos que entram na composição daquilo que chamamos vida, mas não explica o que é essa "coordenação" nem "as instruções químicas" no DNA. Descrição não é definição. Ela apenas se circunscreve no âmbito das condições que permitem a emergência da vida. Revela até certa extrapolação de uma ciência sem suficiente consciência de seus limites, ao dizer que "a vida nada mais é que...".

A vida é tudo isso, mas muito mais, pois um cosmólogo imediatamente cobraria a presença das inumeráveis energias cósmicas, sempre presentes, energias do sistema galáctico, solar e de nossa própria Terra. Mas Whatson se resgata ao afirmar "que não temos o pleno conhecimento de como o DNA atua" (p. 424).

Em outras palavras, não sabemos definir o que seja a vida. Até filosoficamente apresenta uma redundância: ela supõe aquilo que quer explicar, pressupõe que estejamos vivos para se interrogar sobre a natureza da vida.

Isso nos remete ao pensamento da antiga Índia que afirma: "A força que nos leva a definir a vida, não pode ser definida". E se sob o termo vida, pensarmos na vida humana consciente, pensante, sensiente, amante e cuidante a questão se torna ainda mais árdua. Talvez a vida, como o tem sugerido alguns biólogos, tomados pelo mistério das coisas, não seja nem material, nem espiritual. Ela seria simplesmente eterna. Passaria por nós, mostraria algumas de suas virtualidades e seguiria pelo universo afora até regressar à fonte de onde veio, Àquele Vivente que faz viver tudo o que vive.

Melhor é afirmarmos, sem outras pretensões que a vida é a emergência mais surpreendente e misteriosa de todo o processo cosmogênico. A vida humana é um subcapítulo do capítulo da vida.

Vale enfatizar: a centralidade cabe à vida. A ela se ordena a infraestrutura físico-química, informacional e ecológica da evolução que permite a imensa biodiversidade, como suprema expressão dela, a vida humana, consciente, falante e cuidante. Não se pode pensar a vida humana como um fato isolado sem considerar todo contexto que permitiu sua irrupção, que continuamente a sustenta e lhe confere continuidade.

A vida é entendida aqui como auto-organização da matéria em altíssimo grau de interação com o universo e com o tudo que se encontra à sua volta. Cosmólogos e biólogos sustentam: a vida comparece como o mais alto nível da "Fonte Originária de todo o ser" que para nós representa a melhor metáfora para aquela Suprema Energia, poderosa e amorosa que as tradições religiosas e espirituais denominam de Deus, o inefável, o impronunciável e o transcendente. Teologicamente falando, ele é tudo isso e ainda mais por transcender todos os nossos linguajares.

A vida não vem de fora, numa espécie de intervenção de Deus. Ele subjaz a tudo. Mas para entendê-la basta sustentar que ela emerge das infindas virtualidades presente no bojo do próprio processo cosmogênico (esse sim sob a regência da Fonte Orginária do Ser que faz todos os seres serem, outro nome metafórico de Deus), ao atingir um altíssimo grau de complexidade quando então emerge a vida e, por fim, num grau ainda mais intenso de relacionalidade: a vida humana como a conhecemos hoje, ainda aberta a outros desenvolvimentos.

O Prêmio Nobel de biologia, Christian de Duve, chega a afirmar que em qualquer lugar do universo quando ocorre tal nível de complexidade, a vida emerge como *imperativo cósmico* (*Poeira vital*. Rio de Janeiro, 1997). Nesse sentido o universo está repleto de vida, segundo esse médico e biólogo. Seria inimaginável um universo vazio com uns pingos aqui e acolá de vida. Todo ele freme de vida, sob muitas formas, quem sabe, invisíveis à nossa percepção e aos nossos aparelhos.

A vida mostra uma unidade sagrada na diversidade de suas manifestações pois todos os seres vivos carregam o mesmo código genético de base, a dupla hélice descoberta em 1953 pelos norte-

-americanos Francis Crick e James Whatson (cf. *DNA: o segredo da vida*. São Paulo, 2005) que são os 20 aminoácidos e as quatro bases nitrogenadas, o que nos torna a todos parentes e irmãos e irmãs uns dos outros, coisa que tanto a *Carta da Terra* quanto as encíclicas *Laudato Si' – Sobre o cuidado da Casa Comum* e a *Fratelli Tutti*, do Papa Francisco, também reconhecem.

Cuidar da vida, fazer expandir a vida, entrar em comunhão e sinergia com toda a cadeia de vida e celebrar a vida: eis o sentido do viver dos seres humanos sobre a Terra, também entendida como Gaia, superorganismo vivo e nós humanos como a porção de Gaia que sente, pensa, ama, fala e venera.

A centralidade da vida implica concretamente assegurar os meios de vida como: alimentação, saúde, trabalho, moradia, segurança, educação, lazer e não em último lugar uma relação amigável e cooperativa com a natureza.

Se estandardizássemos a toda a humanidade os avanços da tecnociência já alcançados, teríamos os meios para todos gozarem dos serviços básicos com qualidade aos quais hoje somente setores privilegiados e opulentos têm acesso.

Até hoje o saber foi entendido como poder a serviço do mercado, da acumulação de indivíduos ou de grupos sem qualquer solidariedade para com seu coiguais. Eles são os principais causadores das desigualdades gritantes da maioria dos humanos e dos eventos extremos que ocorrem no Planeta Terra.

Postulamos um poder a serviço da vida e das mudanças necessárias e exigidas pela vida. Por que não fazer uma moratória de investigações e de invenções em favor da democratização do saber e de todos os saberes já acumulados pelas civilizações para beneficiar os milhões e milhões de destituídos dos bens necessários para uma vida humana minimamente decente?

Enquanto isso não ocorrer, viveremos tempos de grande barbárie e de sacrificialização do sistema-vida, seja na natureza seja na sociedade mundial.

Este constitui o grande desafio para o século XXI. Ou podemos nos autodestruir, pois construímos já os meios para isso ou podemos também começar, finalmente, a criar uma sociedade verdadeiramente justa e fraternal, tendo por base o mais essencial que temos que é o amor, a amizade social e a interdependência de todos e toda a comunidade de vida incluída, enfatizados pelas encíclicas do Papa Francisco.

Então teremos deixado aflorar a plenitude abscondita de nossa humanidade e floresceremos em amor, em amizade, em cuidado essencial em solidariedade e na alegre celebração da vida.

7
A solidariedade nos faz humanos ontem e hoje

Há uma falta clamorosa de solidariedade no momento atual de nossa história. Somos informados de que neste exato momento em 2019/2020, milhões de pessoas estão ameaçadas de morrer literalmente de fome, no Iêmen, na Somália, no Sudão do Sul e na Nigéria. O grito dos famélicos se dirige ao céu e para todas as direções e quem os escuta? Um pouco a ONU e somente algumas corajosas agências humanitárias.

A grande e conhecida ONG Oxfam afirmou, em junho de 2020, num de seus relatórios, referindo-se ao Covid-19: "121 milhões de pessoas poderão ficar à beira da fome. Até o final de 2020, 12 mil pessoas poderão morrer por dia devida a casos de fome ou do vírus". Os mais afetados são os países africanos, seguidos pelos latino-americanos, destacando-se o Brasil, onde cada dia morrem mais de mil pessoas.

Em nosso país por causa dos ajustes promovidos pelos atuais governantes que deram um golpe parlamentar, visando impor sua agenda neoliberal, há pelo menos 500 mil famílias que perderam a bolsa família. Pobres estão caindo na miséria da qual haviam saído e estão se tornando indigentes. Não são poucos os que vêm à nossa ONG em Petrópolis (Centro de Defesa dos Direitos Humanos), que existe há 40 anos, pedindo comida. É possível negar o pão à mão estendida e aos olhos suplicantes sem ser desumano e sem piedade?

Sob o governo de Jair Bolsonaro com seus reajustes ultraneoliberais, fizeram com que mais de um milhão de famílias passassem da pobreza para a miséria. Aqui há desumanidade e impiedade. Não sem razão que venha a ser acusado por psicanalistas e psiquiatras como um psicopata, insensível à dor de seus compatriotas.

É urgente resgatarmos o significado antropológico fundamental da solidariedade. Ela é antissistêmica, pois o sistema imperante capitalista é individualista e se rege pela concorrência e não pela solidariedade e pela cooperação. Isso vai contra o sentido da natureza. Se os mantras da ordem do capital tivessem sido seguidos, milhares de brasileiros morreriam nas ruas sem qualquer comiseração por parte de um governo que trata o Covid-19 como uma mera "gripezinha" e não mostra nenhuma solidariedade para com as milhares de famílias que perderam entes queridos sem poderem se despedir e fazer o velório deles. Seu combate não é prioridade de Estado, mas a economia bem a gosto das oligarquias endinheiradas.

Dizem-nos os etnoantropólogos e os vários ramos da neurologia que foi a solidariedade e a cooperação que nos fizeram passar da ordem dos primatas para a ordem dos humanos. Quando nossos ancestrais antropoides saíam para buscar seus alimentos, não os comiam individualmente. Traziam-nos ao grupo para juntos comerem. Viviam a comensalidade, própria dos humanos. Portanto, a solidariedade está na raiz de nossa hominização.

O filósofo francês Pierre Leroux nos meados do século XIX, ao surgirem as primeiras associações de trabalhadores contra a selvageria do mercado, resgatou politicamente esta categoria da solidariedade. Era cristão, mas disse: "devemos entender a caridade cristã hoje como solidariedade mútua entre os seres humanos" (LAVILLE, J.-L. *L'économie solidaire*: *une perspective international*, 1994, p. 25ss.).

A solidariedade implica reciprocidade entre todos, como um fato social elementar. Daí nasceu a economia do dom mútuo, tão bem analisada por Marcel Mauss em sua obra sobre o dom.

Se bem repararmos, a natureza não criou um ser para si mesmo, isolado do outro, mas todos são uns para os outros. Estabeleceu entre eles laços de mutualidade e redes de relações solidárias. A solidariedade originária nos faz a todos irmãos e irmãs dentro da mesma espécie.

A solidariedade, portanto, é indissociável da natureza humana enquanto humana. Se não houvesse solidariedade nem teríamos condições de sobreviver. Não possuímos nenhum órgão especializado (*Mangelwesen*, de A. Gehlen) que garante a nossa subsistência. Para sobreviver, dependemos do cuidado e da solidariedade dos outros. Esse é um fato inegável outrora e ainda hoje.

Mas precisamos ser realistas, nos adverte E. Morin. Somos simultaneamente *sapiens e demens*, não como defeito de criação, mas como a condição humana. Podemos ser sapientes e solidários e criar laços de humanização. Mas podemos também ser dementes e boçais e destruir a solidariedade, degolar pessoas como fazem os militantes do Estado Islâmico ou queimá-las dentro de um monte de pneus como faz a máfia da droga nas periferias do Rio de Janeiro.

Por causa desse nosso momento demente que Hobbes e Rousseau viram a necessidade de um contrato social que nos permitisse conviver e evitasse que nos devorássemos reciprocamente.

Atualmente é ao redor de algo absolutamente indispensável e comum a todos que se intenta fazer um contrato social mundial, ainda não fundado: a *água*. Ela representa um *bem natural*, *comum, vital e insubstituível.* Sem a água nenhum ser pode viver e sobreviver. Ela é escassa, pois dos 97% de água existente é salgada, somente 3% é doce e potável. Destes 3%, somente 07% é acessível aos seres humanos, sendo que 60% se encontra somente em 9 países. Milhões podem até os meados do século XXI sucumbiram por falta de água, ou se fazerem guerras letais para garantir o acesso à água potável.

A disjuntiva não pode ser: a água é fonte de lucro ou fonte de vida? O perverso sistema do capital a transforma numa *commodity* a ser levada ao mercado e auferir bilhões de dólares. Mas ela, como o decidiu a ONU, é um bem humano essencial e não pode ser levada ao mercado, pois, sendo vida, não tem preço e representa um incomensurável para nós e para toda a comunidade de vida.

O contrato social se funda na solidariedade. Por isso não nos dispensa de termos que resgatá-la continuamente para nos humanizarmos. Sem ela o nosso lado demente e obscuro predominaria sobre o sapiente.

É o que estamos vivendo a nível mundial e também nacional, pois pouquíssimos controlam as finanças e o acesso aos bens e serviços naturais, deixando mais da metade da humanidade na indigência. Bem dizia o Papa Francisco: o sistema imperante é assassino e antivida.

Em quase todo mundo, predomina o neoliberalismo com suas políticas de ajustes fiscais, onerando especialmente os pobres e beneficiando aqueles poucos que controlam os fluxos financeiros. O Estado reduzido e enfraquecido pela corrupção não consegue frear a voracidade da acumulação ilimitada das oligarquias.

Diz-se por aí que Alguém foi solidário conosco. Não quis se prevalecer de sua condição divina. Antes, "por solidariedade apresentou-se como simples homem" (Fl 2,7) foi incompreendido em sua mensagem de amor incondicional e de opção preferencial pelos pobres, pecadores e extraviados e por isso enfrentou um duplo processo, um religioso e outro político, foi torturado, coroado de espinhos e acabou crucificado. Era o Filho do Homem e o Filho de Deus, Jesus de Nazaré. Esta solidariedade nos devolveu humanidade (nos salvou) e continua nos animando "a termos os mesmos sentimentos que ele teve" (Fl 2,5).

É urgente resgatarmos o paradigma básico de nossa humanidade, tão olvidado: a solidariedade essencial. Fora dela corremos o risco de recairmos na barbárie, na qual os fortes dominam e sugam o sangue dos mais fracos. Destarte todos decaímos de nosso status de humanos e de civilizados e entramos no reino da barbárie.

8
O que somos nós enquanto humanos?

Em sua encíclica *Laudato Si' – Sobre o cuidado da Casa Comum* o Papa Francisco submeteu a uma rigorosa crítica o clássico antropocentrismo tecnocrático de nossa cultura a partir de uma visão de uma ecologia integral, cosmocentrada, dentro da qual o ser humano comparece como parte do Todo e da natureza.

Isso nos convida a revisarmos nossa compreensão do ser humano nos limites desta ecologia integral. Cabe enfatizar que as contribuições das ciências da Terra e da vida, subjacentes ao texto papal, vem englobadas pela teoria da evolução ampliada embora não a cita explicitamente. Elas nos trouxeram visões complexas e totalizadoras, inserindo-nos como um momento do processo global, físico, químico, informacional, biológico e cultural.

Na sequência desses conhecimentos todos, nos perguntamos, não sem certa perplexidade: quem somos, afinal, enquanto humanos? Tentando responder, vamos logo dizendo: O ser humano é uma manifestação da Energia de Fundo, donde tudo provém (Vácuo Quântico ou Fonte Originária de todo Ser); um ser cósmico, parte de um universo, possivelmente, entre outros paralelos, articulado em treze dimensões (teoria das cordas); formado pelos mesmos elementos físico-químicos-informacionais e pelas mesmas energias que compõem todos os seres; somos habitantes de uma galáxia média, uma entre outras duzentas bilhões; circulando ao redor do Sol, estrela de quinta categoria, uma entre outras trezentas bilhões, situada a 27 mil anos luz do centro da Via-Láctea, no braço interior da aspiral de Órion; morando num planeta minúsculo, a Terra, tida como um superorganismo vivo que funciona como um sistema que se autocria e se autorregula, chamado Gaia.

Somos um elo da corrente sagrada da vida; um animal do ramo dos vertebrados, sexuado, da classe dos mamíferos, da ordem dos primatas, da família dos hominidas, do gênero homo, da espécie *sapiens/demens*; dotado de um corpo de 30 bilhões de células e 40 bilhões de bactérias, continuamente renovado por um sistema genético que se formou ao largo de 3,8 bilhões de anos, a idade da vida; portador de três níveis de cérebro com cerca de cem bilhões de neurônios: o reptiliano, surgido há 300 milhões de anos, que responde pelos movimentos instintivos, ao redor do qual se formou o cérebro límbico, responsável pela nossa afetividade, há 220 milhões de anos, e por fim, completado pelo cérebro neocortical, surgido há cerca de 7-8 milhões de anos, com o qual organizamos conceptualmente o mundo.

Portador da psiqué com a mesma ancestralidade do corpo, que lhe permite ser sujeito, psiqué, sede das emoções e estruturada pelo desejo insaciável, habitada por arquétipos ancestrais e coroada pelo espírito que é aquele momento da consciência pelo qual se sente parte de um Todo maior, que o faz sempre aberto ao outro e à Fonte originária que faz ser tudo o que é; capaz de intervir na natureza, e assim de fazer cultura, de criar e captar significados e valores e se indagar sobre o sentido derradeiro de si mesmo, da Terra e do Todo, vivendo hoje fase globalizada e inter-retro-religada da Terra, rumo à noosfera pela qual mentes e corações convergirão numa humanidade unificada.

Ninguém melhor que Pascal (1623-1662) para expressar o ser complexo que somos: "Que é o ser humano na natureza? Um nada diante do infinito, e um tudo diante do nada, um elo entre o nada e o tudo, mas incapaz de ver o nada de onde é tirado e o infinito para onde é atraído" (*Pensées*, frag. 72).

Nele se cruzam os três infinitos: o infinitamente pequeno do mundo microscópico e subatômico, o infinitamente grande do cosmos e o infinitamente complexo da mente humana (Chardin).

Sendo tudo isso tudo sentimo-nos incompletos e ainda nascendo, pois nos percebemos cheios de virtualidades que forcejam por aflorar e se revelam pelos nossos sonhos e utopias. Estamos sempre na pré-história de nós mesmos. E apesar disso experimentamos em nós mesmos um projeto infinito que reclama seu objeto adequado, também infinito, que costumamos chamar de Deus ou de outro nome que preencha esta qualidade.

E somos seres vulneráveis e frágeis como se mostrou irrefutavelmente com a intrusão do Covid-19. Encontramo-nos sempre expostos ao imprevisível. Mortais, custa-nos acolher a morte como parte da vida e a dramaticidade do destino humano, só parcialmente controlado por nossa vontade.

Pelo amor, pela arte e pela fé pressentimos que a morte não é um fim, mas uma invenção da própria vida para que nos transfiguremos através dela. Seria o outro lado da vida que se recusa terminar no pó cósmico, mas espera uma floração plena de suas potencialidades latentes.

E suspeitamos que no balanço final das coisas, um pequeno gesto de amor verdadeiro e incondicional vale mais do que toda a matéria e a energia do universo juntas. Por isso, só vale falar, crer e esperar em Deus se Ele for sentido como prolongamento do amor, na forma do infinito.

Pertence à singularidade do ser humano não apenas apreender uma Presença em tudo, de um Elo que liga e religa todas as coisas, fazendo que percebamos um Todo do qual nós sentimos parte. Se o chamamos de Olorum dos nagô, de Javé dos hebreus, de Alá dos muçulmanos, de Shiva dos indianos, de Abismo gerador de tudo o que existe dos cosmólogos ou de Deus-comunhão de divinas Pessoas como os cristãos, pouco importa. O que importa é a Suprema Realidade que se esconde atrás destes nomes e de todos os que os humanos inventaram e que não cabem em nenhum dicionário.

Com essa Realidade viva podemos entrar em diálogo de amizade e de amor. Intui que Ela seja o correspondente ao infinito desejo que o faz um eterno insatisfeito, aquele Infinito que lhe é adequado e que lhe concede fazer a experiência agostiniana do *cor inquietum*: "*Tarde te amei, ó Beleza tão antiga e tão nova. Tarde te amei. Meu coração inquieto não descansará enquanto não respousar em ti*".

Esse Deus não é um objeto entre outros, nem uma energia qualquer entre outras. Bem dizia um sutil teólogo franciscano medieval, Duns Scotus: "*Se Deus existe como as coisas existem, então Ele não existe*". Com esta formulação que parece escandalizar que afirmar que Deus não é da mesma natureza dos seres que existem, dos entes. Se fosse um ente, mesmo supremo, poderia ser detectado pela ciência.

Ele comparece como aquele suporte, cuja natureza é ser o Criador, Aquele ser, amoroso e poderoso, em sua radicalidade, misterioso, sempre conhecido e sempre por conhecer indefinidamente, que tudo sustenta, alimenta e mantém na existência. Sem Ele tudo voltaria ao nada ou ao Vácuo Quântico. Ele é o olho que tudo vê, mas que não pode se ver. Ele perpassa e penetra até as entranhas de cada ser humano e do universo.

Que é o ser humano? É essa complexa realidade, feita de todas as realidades. É nessa direção que deve ser concebido o ser humano.

Quem ele é e qual é o seu destino derradeiro se perde no incognoscível mas sempre de alguma forma cognoscível. Ele margeia o mistério que o projeta para dentro do Mistério que constitui a real natureza de Deus.

Somos seres permanentemente sendo. Por isso é uma equação que nunca se fecha e que permanece sempre em aberto. Quem revelará quem somos? Essa questão será sempre posta e ganhará mil respostas, sendo que nenhuma delas é adequada à sua natureza, porque é infinita (somos um projeto infinito), à imagem do Infinito de Deus.

9
Somos senhores ou parte da natureza?

Quase toda a discussão ecológica atual se concentra na discussão sobre o meio ambiente. Logicamente, ele é decisivo, mas não nos satisfaz o meio-ambiente, pois queremos o ambiente inteiro.

O papa, em sua Encíclica *Laudato Si' – Sobre o cuidado da Casa Comum* (2015) superou esta limitação e propôs uma *ecologia integral* que recobre o ambiental, o social, o político, o mental, o cotidiano e o espiritual. Como disseram grandes expoentes do discurso ecológico: com este documento dirigido à humanidade e não apenas aos cristãos, o Papa Francisco se coloca na ponta da discussão ecológica mundial. Em sua detalhada exposição, segue o ritual metodológico usado pela Igreja de Libertação e por sua teologia subjacente, a teologia da libertação: *o ver, o julgar, o agir e o celebrar.*

Fundamenta suas afirmações (ver) com os dados mais seguros das ciências da Terra e da vida; submete a uma rigorosa análise crítica (julgar) ao que ele chama de "paradigma tecnocrático" (n. 101), produtivista, mecanicista, racionalista, consumista e individualista cujo "estilo de vida só pode desembocar em catástrofes" (n. 161); esta leitura é ainda mais radicalizada na *Fratelli Tutti* ao descrever 'as sombras vastas' que pairam sobre o nosso destino" (n. 9-54). O julgar implica também uma leitura teológica onde o ser humano emerge como cuidador e guardador da Casa Comum (Gn 2,15; todo o cap. II da LS).

Coloca com fio condutor a tese básica da cosmologia, da física quântica e da ecologia o fato de que "tudo está relacionado e, todos nós, seres humanos, caminhamos juntos como irmãos e irmãs numa peregrinação maravilhosa (n. 92) que "nos leva a amar e aceitar, o vento, o Sol ou as nuvens, embora não se submetam ao nosso controle, mesmo assim podemos falar de uma fraternidade universal" (n. 228).

Parte para práticas alternativas (agir) demandando com urgência uma "radical conversão ecológica" (n. 5) no nosso modo de produzir, de consumir "alegrando-nos com pouco" (n. 222), "com sobriedade consciente" (n. 223), na convicção de que "quanto menos, tanto mais" (n. 222); enfatiza a importância de "uma paixão pelo cuidado do mundo", "uma verdadeira mística que nos anima" (celebrar) para assumirmos nossas responsabilidades para com o futuro da vida (n. 216).

Atualmente se trava uma batalha acirrada entre duas visões com respeito à Terra e à natureza que afetam nossa compreensão e nossas práticas. Elas subjazem em quase todos os debates.

Uma é a visão de pertença à natureza, a dimensão de *frater*, todos os seres irmãos e irmãs uns dos outros, compreensão fundamental para superar o terrível Covid-19. Se não a respeitarmos e cuidarmos dela, ela pode fazer represálias com vírus letais e com transtornos no equilíbrio dos climas e do conjunto dos fatores que sustentam a vida.

A outra, predominante constitui o núcleo do paradigma da modernidade, o *dominus* (dono e senhor) que enxerga a natureza como algo que nos foi destinado, cujos bens e serviços (o sistema prefere "recursos", os andinos "bondades da natureza") estão disponíveis para nosso uso e bem-estar. O ser humano está numa posição adâmica de quem se considera "mestre e senhor" (Descartes) da natureza, fora e acima dela. Considera a Terra, uma realidade sem propósito (*res extensa*), uma espécie de dispensa cheia de bens e serviços infinitos que sustentam um projeto de desenvolvimento/crescimento também infinito.

Desta atitude de "*dominus*" surgiu o mundo técnico-científico que tantos benefícios nos trouxe. Mas, ao mesmo tempo, criou uma máquina de destruição que, com armas químicas, biológicas e nucleares, nos podem exterminar a todos e pôr em risco a biosfera.

A primeira visão, contemporânea, que possui mais um século de vigência, mas que nunca conseguiu fazer-se hegemônica, entende que nós pertencemos à natureza e dependemos dela para a nossa sobrevivência e que a Terra é viva e, por isso, é mãe geradora de todo tipo de vida. Não somos senhores da natureza, mas "irmãos e irmãs" de todos os demais seres, como o testemunhava São Francisco de Assis, o grande inspirador do Francisco de Roma.

A Terra como um sistema vivo, autorregulado, combina os fatores físico-químicos e ecológicos de forma tão sutil e articulada que sempre mantém e reproduz a vida. O ser humano é parte da natureza, melhor, aquela porção da Terra que, num elevado processo de complexidade, começou a sentir, pensar, amar e a venerar. Nossa missão é cuidar deste grande "*Ethos*" (em grego significa casa) que é o todo da realidade, o Jardim do Éden no qual fomos colocados para "guardar e cuidar" (Gn 2,15) de sua existência e integridade.

Devemos produzir para atender as demandas humanas da atual e das futuras gerações, mas em consonância com os ritmos de cada ecossistema, cuidando sempre que os bens e serviço possam ser usados com uma sobriedade compartilhada, visando a continuidade do sistema-vida e sua permanência para as gerações futuras.

Sirva o seguinte exemplo para entendermos dos dois paradigmas: numa mesa redonda com representantes de vários saberes, discutia-se formas de proteção da natureza. Havia um cacique pataxó do Sul da Bahia que falou por último e disse: "não entendo o discurso de vocês, todos querem proteger a natureza; eu. Como indígenas, sou a natureza e me protejo". Aqui está a nuance: todos falavam *sobre* a natureza como quem está *de fora*, ninguém sentindo-se *parte dela*. O indígena sentia-se natureza. Protegê-la é proteger a si mesmo que é natureza.

Releva ressaltar testemunho semelhante de Pedro Salles, liderança do povo Kaingang no Rio Grande do Sul: "A Terra para o Kaingang significa mãe. A Terra é aquela que nos dá alimento e água, igual à mãe que oferece o alimento proveniente de seu corpo para o filho. O branco pensa que a Terra é um instrumento de riqueza. Por isso, ele não reconhece seu irmão, seu semelhante, e discrimina o mais fraco, que não tem condições de enfrentá-lo, de concorrer com ele" (cf. *O Guarani das águas e dos índios*, de 2003 que se encontra nos arquivos da *Revista Ciência Hoje* da SBPC = Sociedade Brasileira para o Progresso da Ciência).

O debate entre essas duas visões está em curso. O futuro aponta para a segunda visão, aquela dos dois indígenas referidos. Eles veem a Terra como a Grande Mãe, Gaia, Pachamama e Casa Comum.

Lentamente vamos tomando consciência de que somos natureza e defendê-la significa defender a nós mesmos e a nossa própria vida. Caso contrário, a primeira visão, a Terra e a natureza como baú de "recursos infinitos", nos poderá levar a um caminho sem retorno.

Com clara consciência enfatiza a *Carta da Terra*: "ou formamos uma aliança global para cuidar da Terra e uns dos outros ou arriscaremos a nossa destruição e a da diversidade da vida" (Preâmbulo c).

10
Os animais como portadores de direito

A aceitação ou não da dignidade dos animais depende do paradigma (visão do mundo e de valores) que cada um assume. Há dois paradigmas que vêm da mais alta antiguidade e que perduram até hoje. Já o referimos acima, mas convém retomá-lo.

O *primeiro* entende o ser humano como parte da natureza e junto dela, um convidado a mais a participar da imensa comunidade de vida que existe já há 3,8 bilhões de anos.

Quando a Terra estava praticamente pronta com toda sua biodiversidade, irrompemos nós no cenário da evolução como um membro a mais da natureza. Seguramente com uma singularidade, a de ter a capacidade de sentir, pensar, amar e cuidar e, em derivação, seres éticos com a missão de cuidar e guardar essa herança sagrada (cf. Gn 2,15).

Isso não nos dá o direito de julgarmo-nos donos (*dominus*) dessa realidade que nos antecedeu e que criou as condições para que nós surgíssemos. A culminância da evolução se deu com o surgimento da vida e não do ser humano. Ela o precedeu em milhões de anos (3,8 bilhões de anos). A vida humana (7-9 milhões de anos) é um subcapítulo do capítulo maior da vida.

O *segundo* paradigma parte de que o ser humano é o ápice da evolução e todas as coisas estão à sua disposição para dominá-las e poder usá-las como bem lhe aprouver. A Terra é uma espécie de depositório, cheio de recursos a serem extraídos pelo ser humano. Ele esquece que para surgir precisou da Terra com sua vitalidade e com todos os elementos anteriores, físico-químicos que maduraram no interior das grandes estrelas vermelhas após *o Big Bang*. Ele respira o ar da Terra, come dos frutos da Terra, pisa o chão da Terra, bebe a água da Terra, se refresca pela brisa ou ventos da Terra, se extasia com as belezas dos ecossistemas da Terra, se comove vendo a Terra de fora da Terra como a viram os astronautas e é a Terra que o recolhe quando conclui sua passagem por este planeta.

As duas posições têm representantes em todos os séculos, com comportamentos muito diferentes entre si.

A primeira posição: encontra seus melhores representantes no Oriente, com o budismo e nas religiões da Índia. Entre nós além de Bentham, Schopenhauer e Schweitzer, seu maior fautor foi Francisco de Assis, dito pelo Papa Francisco em sua Encíclica *Laudato Si' – Sobre o cuidado da Casa Comum*, como alguém "que vivia uma maravilhosa harmonia com Deus, com os outros, com a natureza e consigo mesmo [...] exemplo de uma ecologia integral" (n. 10). Mas não foi este comportamento terno e fraterno de fusão com natureza que predominou. Foi a categoria de dono e senhor (*dominus*) e não a de irmão e irmã (*frater*).

A segunda posição: o ser humano "mestre e dono da natureza" no dizer de Descartes, ganhou a hegemonia. Vê a natureza de fora, não se sentindo parte dela, mas seu senhor. Os seres não possuem um valor intrínseco, independente do uso humano. Esta visão subjaz ao antropocentrismo moderno.

O ser humano ocidental dominou a natureza, submeteu povos e explorou todos os recursos possíveis da Terra, a ponto de hoje ela alcançar uma situação crítica de carência de sustentabilidade. O Covid-19 é resposta que a Terra-Gaia deu às agressões impiedosas que a espécie humana, especialmente o sistema capitalista que se propõe em função do lucro explorar até a exaustão todas as riquezas da Terra. Ele está pondo em risco a permanência da vida neste planeta e a própria existência humana.

Seus representantes são os pais fundadores da cosmovisão moderna como Descartes, Newton, Francis Bacon e outros, bem como a cultura do capital que promove o individualismo, a concorrência sem nenhuma solidariedade. No quesito da relação com a natureza, fonte de exploração e de riqueza, o socialismo assumiu, com algumas nuances, a mesma visão do capitalismo.

O primeiro paradigma – o ser humano parte da natureza – vive uma relação fraterna e amigável com todos os seres (*frater*). Deve-se alargar o princípio kantiano: não só o ser humano é um fim em si mesmo, mas todos os viventes, particularmente os animais, e por isso devem ser respeitados.

Há um dado científico que favorece esta posição. Ao ser descodificado o código genético por Drick e Whatson em 1953, verificou-se que todos os seres vivos – da ameba mais originária, há 3,8 bilhões de anos, passando pelas grandes florestas e pelos dinossauros e chegando até nós humanos – possuímos o mesmo código genético de base: os 20 aminoácidos e as quatro bases fosfatadas. Isso levou a *Carta da Terra*, um dos principais documentos da Unesco sobre a ecologia moderna, a afirmar que "temos um espírito de parentesco com toda a vida" (Preâmbulo). O Papa Francisco em sua encíclica ecológica *Laudato Si' – Sobre o cuidado da Casa Comum* (2015) é mais enfático: "caminhamos juntos como irmãos e irmãs e um laço nos une com terna afeição, ao Irmão sol, à Irmã lua, ao Irmão Rio e à Mãe Terra" (n. 92).

Nesta perspectiva, todos os seres, e mais proximamente os animais, na medida em que são nossos primos e irmãos/as e possuem seu nível de sensibilidade e inteligência, são portadores de dignidade e titulares de direitos. Se a Mãe Terra goza de direitos, como afirmou a ONU, eles, como partes vivas da Terra, participam destes direitos.

O segundo paradigma – o ser humano senhor da natureza – tem uma relação utilitarista de mero uso dela e dos demais seres e dos animais. Se conhecemos os procedimentos da matança de bovinos e de aves, processados industrialmente, ficamos estarrecidos pelos sofrimentos a que são submetidos. Adverte-nos a *Carta da Terra*: "proteger animais selvagens de métodos de caça, armadilhas e pesca que causem sofrimento extremo, prolongado e evitável" (n. 15b).

A propósito nos recordamos das palavras sábias do Cacique Seatle (1854): "O que é o homem sem os animais? Se todos os animais se acabassem, o homem morreria de solidão de espírito. Porque tudo o que acontecer aos animais, logo acontecerá também ao homem. Tudo está relacionado entre si".

Se não nos convertermos ao primeiro paradigma, continuaremos com a barbárie contra nossos irmãos e irmãs da comunidade de vida: os animais. Na medida em que cresce a consciência ecológica mais e mais sentimos que somos parentes e assim nos devemos tratar, como São Francisco que tratava todos os seres com o doce nome de irmãos e irmãs, inclusive o feroz lobo de Gúbio.

Concluímos com as palavras do papa em sua encíclica ecológica: "O cuidado na natureza (no caso dos animais, inclusão minha) faz parte de um estilo de vida que implica a capacidade de viver juntos e em comunhão [...] leva-nos a amar e aceitar o vento, o Sol e as nuvens, embora não se submetam ao nosso controle; assim podemos falar de uma fraternidade cósmica" (n. 228).

Nada mais realizador que conviver pacificamente com todos os seres participando da comensalidade, propiciada pelos bons e abundantes frutos da generosa Mãe Terra. Os animais, os cães e os gatos não ficariam ao pé da mesa esperando as migalhas que caem de nossas refeições. Participariam, a seu modo e no seu devido lugar, como membros da grande família terrenal.

11
O abraço da Pachamama com Gaia

Um dos melhores textos de ecologia integral escritos na América Latina é seguramente este: *A Pachamama e o ser humano* (Ed. Colihue, 2012) de Eugenio Raúl Zaffaroni, muito conhecido nos meios jurídicos. É um notável magistrado argentino, Ministro da Suprema Corte de 2003 a 2014 e professor emérito da Universidade de Buenos Aires.

O presente livro se situa na esteira da encíclica do Papa Francisco, também argentino, *Laudato Si' – Sobre o cuidado da Casa Comum* (2015) e da *Fratelli Tutti* (2020). Zaffaroni aborda a questão da ecologia, em especial da violência social e particularmente contra os animais com uma informação admirável de ordem científica e filosófica.

O mais importante do livro é a crítica ao paradigma dominante, surgido com os pais fundadores da modernidade do século XVI e XVII que *ex abrupto* introduziram uma profunda cissura entre o ser humano e a natureza. O contrato natural, presente nas culturas desde tempos imemoriais, do Ocidente e do Oriente, sofreu um corte fatal e letal.

A Terra deixou de ser a *Magna Mater* dos antigos, a *Pachamama* dos andinos e a *Gaia* dos contemporâneos, portanto algo vivo e gerador de vida, para ser transformada numa coisa inerte (*res extensa* de Descartes), num balcão de recursos colocados à disposição da voracidade ilimitada dos seres humanos. Clássica é a formulação de René Descartes: o ser humano é o "*maître et possesseur*" da natureza, vale dizer, é o senhor e dono da natureza. Ele pode fazer dela o que que bem entender. E o fez, especialmente na capacidade de destruir sem qualquer outra consideração.

A cultura moderna se construiu, como já explicamos anteriormente, sobre a compreensão do ser humano como *dominus*, como senhor e dono de todas as coisas. Estas não possuem valor intrínseco, como afirmaram posteriormente a *Carta da Terra* e, com grande vigor, a encíclica papal *Sobre o cuidado da Casa Comum* e fortemente na *Fratelli Tutti*. Seu valor reside apenas em poder estar a serviço do ser humano, na verdade daqueles grupos de poder que controlam a economia, as finanças e o poder político e que ganhou a sua mais perversa expressão no capitalismo, como modo de produção e como cultura do consumo ilimitado.

O projeto é o do *poder* entendido como capacidade de dominação sobre tudo e sobre todos, a partir de quem controla o ser, o ter e o saber. No caso, os europeus que realizaram a aventura do submetimento da natureza, da conquista do mundo, da colonização de inteiras nações, do genocídio, do ecocídio e da destruição de culturas ancestrais. E o fizeram usando a força brutal das armas, da espada e também da cruz. Hoje em dia com armas, capazes de extinguir a espécie humana.

Zaffaroni rastreia o surgimento deste projeto civilizatório e o faz com grande riqueza bibliográfica. Enfrenta com coragem e grande liberdade crítica os presumidos corifeus do pensamento moderno como Hegel, Spencer, Darwin e Heidegger. Restrinjo-me às críticas que faz ao Hegel do *Geist* (espírito). Com sua filosofia-ideologia tornou-se o expoente maior do etnocentrismo. Herbert Spencer com seu biologismo estabeleceu a raça branca como superior e todas as demais tidas como inferiores, o que acabou por legitimar o colonialismo, o supremacismo e todo tipo de preconceito.

Zaffaroni aborda a questão do animal visto como sujeito de direitos. Enfatiza ele: "ao nosso juízo, o bem jurídico no delito de maus tratos a animais não é outro que o direito do próprio animal a não ser objeto de crueldade humana, para o qual é mister reconhecer-lhe o caráter de sujeito de direitos".

O autor é duro na constatação "de que nos convertemos nos campeões biológicos da destruição intraespécie e nos depredadores máximos extraespécie". Sua proposta é clara: "Somente substituindo o saber do *dominus* (senhor) pelo do *frater* (irmão) podemos recuperar a dignidade humana" e sentirmo-nos irmados com os demais seres. Esse tipo de ser humano, gestado pela modernidade (o super-homem de Nietzsche) deve ser superado por demasiadamente desumano e cruel.

A América Latina foi a primeira a inaugurar um constitucionalismo ecológico, inserindo nas constituições do Equador e da Bolívia os direitos da natureza e da Mãe Terra. Anteriormente, e também por primeiro, foi o México. a introduzir em sua constituição em 1917 os direitos sociais. Zaffaroni faz a apologia das virtualidades criadoras de harmonia do ser humano com a natureza que a visão andina do "bem viver e conviver" (*sumac kawsay*) comporta; também de Gaia, a Terra como um superorganismo vivo que se autorregula para sempre produzir e reproduzir vida.

A *Pachamama* e *Gaia* são dois caminhos que se cruzam "numa feliz coincidência do centro e da periferia do poder planetário". Ambos são portadores de esperança de uma Terra, Casa Comum, na qual todos os seres são incluídos. Eles nos libertarão das ameaças apocalípticas do fim de nossa civilização e da vida.

É consolador ouvir palavras de esperança num momento crítico da Terra quando se vê invadida por um vírus letal, o Codiv-19 que penetrou todos os espaços humanos do planeta e ameaça, indistintamente a todos, ricos e pobres. Certamente é um contra-ataque da Terra-Gaia para servir de advertência de que devemos fazer "uma radical conversão ecológica" nas palavras do Papa Francisco (*LS*, n. 5).

Zaffaroni nos traz uma brilhante e convincente perspectiva; crítica severa por um lado, mas cheia de esperança por outro. Vale lê-lo, estudá-lo e incorporar em nossa compreensão sua visão de uma ecologia holística e profundamente integradora de todos os elementos da natureza e do universo. Além de um eminente jurista e pensador da ecologia é um entranhável amigo de nosso país, o Brasil.

12
Uma cultura cujo centro é o amor

A nossa cultura, a partir do assim chamado século das luzes (1715-1789) aplicou de forma rigorosa a compreensão de René Descartes (1596-1650) que o ser humano é "senhor e mestre" da natureza podendo dispor dela ao seu bel-prazer. Conferiu um valor absoluto à razão e ao espírito científico. O que não consegue passar pelo crivo da razão, perde legitimidade. Daí se derivou uma severa crítica a todas as tradições, especialmente à fé cristã tradicional.

Com essa monocultura da razão crítica e analítica, fecharam-se muitas janelas do espírito que permitem também um conhecimento sem necessariamente passar pelos cânones das ciências que se servem da razão mas não veem mais nada além da razão. Pensando bem, ela não é tudo. Aliás a razão em si não é um fato de razão. É uma emergência do processo evolucionário. Afunda suas raízes a algo anterior e muito mais ancestral, o universo das emoções e das paixões, e acima dela se depara com a inteligência e a intuição que capta o todo e pode terminar no êxtase da beleza, do amor e do encontro com o Infinito.

Já Pascal notara esse reducionismo falando nos seus *Pensées* da *logique du coeur* ("o coração tem razões que a razão desconhece") e do *esprit de finesse* que se distingue do *esprit de géométrie*, vale dizer, da razão calculatória e instrumental-analítica.

O que mais foi marginalizado, e até difamado, foi o coração, órgão da sensibilidade e do universo das emoções, sob o pretexto de que ele atrapalharia "as ideias claras e distintas" (Descartes) do olhar científico.

Assim surgiu um saber sem coração, mas funcional ao projeto da modernidade que era e continua sendo o de fazer do saber um poder e um poder como forma de dominação da natureza, dos povos e das culturas, da vida, do submundo dos *top quarks* e do espaço exterior.

Essa foi a metafísica (a compreensão da realidade) subjacente a todo o colonialismo, ao escravagismo e eventualmente à destruição dos diferentes, como das ricas culturas dos povos originários da América Latina (lembremos Bartolomeu de las Casas com sua *História da destruição das Índias*) e também do capitalismo selvagem e predador que retaliou e devastou a África com seus povos ricos de sabedoria ancestral, embora não cartesiana.

Agora com o Coronavírus a razão foi colocada em xeque. O que nos está salvando é o que vem do coração, como a solidariedade, a generosidade e o cuidado de um para com o outro. Não basta encontrar uma vacina contra o Covid-19. Que lições a razão tira da pandemia? A razão economicista dominante fundada no capital especulativo, vadio e preguiçoso, que ganha sem trabalhar nem produzir nada a não ser mais dinheiro.

Devemos aprender a ter mais humanidade e mais coração se quisermos salvar a vida e a Terra-Gaia da irracionalidade do projeto produtivista, individualista e consumista que se sustenta na exploração dos bens e serviços da natureza, da exploração dos vários saberes sociais e dos seres humanos, sem qualquer cuidado de nada.

Curiosamente, a epistemologia moderna que incorpora a mecânica quântica, a nova antropologia, a fenomenologia e a psicologia analítica tem mostrado que todo conhecimento vem impregnado das emoções do sujeito e que sujeito e objeto estão indissoluvelmente vinculados, às vezes por interesses escusos (J. Habermas).

Foi a partir de tais constatações e com a experiência desapiedada das guerras modernas que se pensou no resgate do coração. Finalmente é nele que reside o amor, a simpatia, a compaixão, o sentido de respeito, fundamento da dignidade humana e dos direitos inalienáveis, cuja base se encontra no cérebro límbico de 220 milhões de anos atrás.

Michel Maffesoli na França, David Goleman nos Estados Unidos, Adela Cortina na Espanha, Muniz Sodré no Brasil e tantos outros pelo mundo afora se empenharam no resgate da inteligência emocional ou da razão sensível ou cordial. Eu mesmo tenho navegado neste empreendimento com a pesquisa concretizada em vários textos – "Saber cuidar" o "Cuidado necessário" e "Direitos do coração".

Pessoalmente estimo que, face à crise generalizada de nosso estilo de vida e de nossa relação para com a Terra, sem a razão cordial não nos moveremos para salvaguardar a vitalidade da Mãe Terra e garantir o futuro de nossa civilização (cf. BOFF, L. *Os direitos do coração*. São Paulo: Paulus, 2019).

Isso que nos parece novo e uma conquista – os direitos do coração – era o eixo da grandiosa cultura maia na América Central, particularmente na Guatemala. Como não passaram pela circuncisão da razão moderna, guardam fielmente suas tradições que vêm pelos anciãos, avós e pelos avôs, ao largo das gerações. O escrito maior, o *Popol Vuh*, e os livros de Chilam Balam de Chumayel testemunham essa sabedoria.

Tive a oportunidade de participar mais vezes de celebrações maias com os seus sacerdotes e sacerdotisas. É sempre ao redor do fogo. Começam invocando o coração dos ventos, das montanhas, das águas, das árvores e dos ancestrais. Fazem suas invocações no meio de um incenso nativo perfumado e produtor de muita fumaça.

Ouvindo-os falar das energias da natureza e do universo, parecia-me que sua cosmovisão era muito afim, guardadas as diferenças de linguagem, da física quântica. Tudo para eles é energia e movimento entre a formação e a desintegração (nós diríamos a dialética do caos-cosmos, ordem-desordem) que conferem dinamismo ao universo. Eram exímios matemáticos e haviam inventado o número zero. Seus cálculos do curso das estrelas se aproximam em muito ao que nós com os modernos telescópios alcançamos.

Belamente dizem que tudo o que existe nasceu do encontro amoroso de dois corações, do coração do Céu e do coração da Terra. Esta, a Terra, é Pacha Mama, um ser vivo que sente, intui, vibra e inspira os seres humanos. Estes são os "filhos ilustres, os indagadores e buscadores da existência", afirmações que nos lembram Martin Heidegger.

A essência do ser humano é o coração que deve ser cuidado para ser afável, compreensivo e amoroso. Toda a educação que se prolonga ao largo da vida consiste em cultivar a dimensão do coração. Os irmãos lassalistas mantêm na capital Guatemala um imenso colégio – Prodessa –, no qual jovens maias vivem na forma de internato e aí se recupera e se sistematiza a cosmovisão maia, ao mesmo tempo em que assimilam e combinam saberes ancestrais com os modernos especialmente ligados à agricultura e a relações respeitosas para com a natureza.

Apraz-me concluir com um texto que uma mulher sábia maia me repassou no final de um encontro só com indígenas maias em meados de fevereiro de 2018. "Quando tens que escolher entre dois caminhos, pergunta-te qual deles tem coração. Quem escolhe o caminho do coração jamais será defraudado" (*Popol Vuh*).

Na situação atual em que se encontra a Mãe Terra e a natureza sistematicamente agredidas importa resgatar a dimensão do coração. Se a tivéssemos desenvolvido a escuta do coração o Covid-19, represália da natureza contra as agressões do processo industrialista antiecológico contra a Terra-Gaia, provavelmente teríamos sido poupados e as tantas milhares de vida não teriam sido perdidas.

Fora do coração não há salvação. A razão vê e entende. O coração sente e vê mais profundamente. Ele é habitado por uma chama que nunca se apaga. É o divino em nós. Esta chama nos há de despertar para o cuidado essencial, para a interdependência entre todos e para a responsabilidade coletiva. Sem tais dimensões dificilmente sairemos do cárcere que uma razão fria, tecnocientífica nos fez reféns, insensíveis e desgarrados da vida.

13
Saúde e doença humana, saúde e doença da Terra

De uma ou de outra forma, todos nos sentimos doentes física, psíquica e espiritualmente. Há muito sofrimento, desamparo, tristeza e abatimento que afetam grande parte da humanidade. Da recessão econômica passamos à depressão psicológica. A causa principal deriva da intrínseca relação existente entre o ser humano e a Terra viva. Entre ambos vigora um envolvimento recíproco.

A pandemia do Covid-19 vem revelar nossa estreita relação com a natureza. O vírus veio da natureza e se instalou em nós porque lhe destruímos seu habitat. Sua intrusão em nossas células está produzindo mortes em todo o planeta.

Entendemos esse assalto do vírus porque nossa presença na Terra é agressiva e assassina de centenas de espécies vivas. Invadimos seus *habitats* com o avanço da urbanização mundial e com o desflorestamento de vastas áreas em vista das monoculturas da soja, da cana, do girassol, do extrativismo e da mineração depredadora.

Não cessamos de mover uma guerra total à Gaia, atacando-a em todas as frentes. A consequência direta é que a Terra adoece. Ela mostra pelos vários vírus que nos enviou e pela febre (aquecimento global), que não é uma doença, mas um sintoma de uma doença: sua incapacidade de continuar nos oferecer seus bens e serviços naturais.

A partir de 22 de setembro de 2020 ocorreu a Sobrecarga da Terra (*Earth Overshoot Day*) vale dizer, as reservas renováveis da Terra chegaram ao fundo do poço. Encostamos nos limites da Terra. Para mantermos o consumo suntuário e o desperdício dos países ricos, devemos arrancar à força seus "recursos" para atender as nossas excessivas demandas.

Até quando a Terra aguentará? A consequência será que teremos menos florestas, menos água, menos solos férteis, menos sementes, menos nutrientes, menos safras e os demais itens indispensáveis para a vida. E mais eventos extremos, mais vírus letais, mais desordem ecológica generalizada.

Nós, que consoante a nova cosmologia, formamos uma grande unidade, uma verdadeira entidade única com a Terra, participamos da doença da Terra. Pela agressão aos ecossistemas e pelo consumismo, pela falta de cuidado da vida e da biodiversidade adoecemos a Terra.

Isaac Asimov, escritor russo, famoso por seus livros de divulgação científica, escreveu um artigo a pedido da revista *New York Times*, (do dia 9 de outubro de 1982) por ocasião da celebração dos 25 anos do lançamento do Sputinik que inaugurou a era espacial, sobre o legado deste quarto de século espacial. O primeiro legado, disse ele, é a percepção de que, na perspectiva das naves espaciais, a Terra e a humanidade formam *uma única entidade*, vale dizer, um único ser, complexo, diverso, contraditório e dotado de grande dinamismo, chamado pelo conhecido cientista James Lovelock, de Gaia. Somos parte de Gaia, aquela sua porção que sente, pensa, ama e cuida.

O segundo legado, consoante Asimov, é a irrupção da consciência planetária: a Terra é o grande objeto de reflexão e de preocupação e não mais as nações e a concorrência econômica e militar entre elas.

Terra e humanidade possuem um destino comum. O que se passa em uma também se passa na outra. Adoece a Terra, adoece juntamente o ser humano; adoece o ser humano, adoece também a Terra. Estamos unidos pelo bem e pelo mal.

Mas também ocorre o inverso: sempre que nos mostramos mais saudáveis, cuidando melhor de tudo, recuperando a vitalidade dos ecossistemas, melhorando nossos alimentos orgânicos, despoluindo o ar, preservando as águas e as florestas é sinal que nós estamos revitalizando a nossa Casa Comum.

Segundo Ilya Prigogine, cientista russo-belga, prêmio Nobel em química (1977), a Terra viva desenvolveu *estruturas dissipativas*; isto é, estruturas que dissipam a entropia (perda de energia). Elas metabolizam a desordem e o caos (dejetos) do meio ambiente de sorte que surgem novas ordens e estruturas complexas que se auto-organizam, fugindo à entropia e positivamente, produzindo sintropia (produzindo energia: *Order out of Chaos*, 1984).

Assim, por exemplo, os fótons do sol são para ele, inúteis, energia que escapa ao queimar hidrogênio do qual vive. Esses fótons que são desordem (rejeito), servem de alimento para a Terra, principalmente para as plantas quando estas processam a fotossíntese. Pela fotossíntese, as plantas, sob a luz solar, decompõem o dióxido de carbono, alimento para elas e liberam o oxigênio, necessário para a vida animal e humana.

O que é desordem para um, serve de ordem para outro. É através de um equilíbrio sutil entre ordem e desordem (caos: DUPUY. *Ordres et désordres*, 1982) que a vida se mantém (EHRLICH. *O mecanismo da natureza*, 1993). A desordem força a criar novas formas de ordem, mais altas e complexas com menos dissipação de energia. A partir desta lógica, o universo caminha para formas cada vez mais complexas de vida e assim para uma redução da entropia (desgaste de energia).

A nível humano-espiritual, originam-se formas de relação e de vida nas quais predomina a sintropia (economia de energia) sobre a entropia (desgaste de energia). A solidariedade, o amor, a compaixão, o pensamento, a comunicação são energias fortíssimas com escasso nível de entropia e alto nível de sintropia. Nesta perspectiva temos pela frente não a morte térmica, mas a transfiguração do processo cosmogênico se revelando em ordens supremamente ordenadas, criativas e vitais. Escapa para nós qual é o seu quadro final, mas podemos intuí-lo: algo supremamente belo, ordenado e integrado num Todo Maior; o mistério do mundo sem nome e sem limites.

Quanto mais nossas relações para com a natureza forem amigáveis e entre nós cooperativas, mais a Terra se vitaliza. A Terra saudável nos faz também saudáveis. Curamo-nos juntos. Somos mutuamente médicos, cuidadores da vida humana e terrenal.

14
O princípio de autodestruição e o Covid-19

Depois que se lançaram duas bombas atômicas primárias sobre as cidades de Hiroshima e Nagasaki, a humanidade criou para si um pesadelo do qual não consegue mais se libertar. Ao contrário, ele se transformou numa realidade ameaçadora de nossa vida sobre este planeta e a destruição de grande parte do sistema-vida.

Criaram-se armas nucleares muito mais destrutivas, químicas e biológicas que podem destruir nossa civilização e afetar profundamente a Terra viva. Pior ainda, projetamos a inteligência artificial autônoma. Com seu algoritmo que combina bilhões de informações, recolhidas de todos os países, pode tomar decisões sem que nós saibamos. Pode eventualmente, numa combinação enlouquecida, como já assinalamos anteriormente, penetrar nos arsenais das armas nucleares ou de igual ou maior potência letal e deslanchar uma guerra total de destruição de tudo o que existe, inclusive de si mesma. É o princípio da *autodestruição*. Vale dizer, está nas mãos do ser humano pôr fim à vida visível que conhecemos (ela é só 5%, as 95% são vidas microscópicas invisíveis). Assenhoreamo-nos da morte. E ela pode ocorrer a qualquer momento.

Já se criou uma expressão para nomear esta nova fase da história humana, uma verdadeira era geológica: o *antropoceno*, vale dizer, o ser humano como a grande ameaça ao sistema-vida e ao sistema-Terra. Dada a extinção massiva de espécies outros já falam da era geológica do *necroceno*.

O ser humano é o grande Satã da Terra, aquele que pode dizimar, como um anticristo a si mesmo e os outros, seus semelhantes, além de liquidar com as bases que sustentam a vida.

Já nos encontramos dentro da sexta extinção em massa. Agora é acelerada de forma irrefreável, dada a vontade de dominação da natureza e de seus mecanismos, da agressão direta à vida e à Gaia, a Terra viva, em função de um crescimento ilimitado, de uma acumulação absurda bens materiais a ponto de criar o "Dia da Sobrecarga da Terra" (*Earth Overshoot Day*).

Em outras palavras, chegamos a um ponto em que a Terra não consegue repor os bens e serviços naturais que lhe foram subtraídos e começa a mostrar um avançado processo de degeneração através de irrefreável aquecimento global, tsunamis, tufões, degelo das calotas polares e do permafrost, as secas prolongadas, nevascas aterradoras, surgimento de bactérias e vírus de difícil controle. Alguns deles, como o Covid-19, podem levar à morte milhões de pessoas.

Tais eventos são reações e até represálias da Terra face à guerra que conduzimos contra ela em todas as suas frentes. Essa morte em massa ocorre na natureza, com milhares de espécies vivas que desaparecem definitivamente por ano e também nas sociedades humanas com milhões que padecem fome, sede e toda sorte de doenças mortais.

Cresce mais e mais a percepção geral de que a situação da humanidade não é sustentável. A continuar nessa lógica perversa, vai construindo um caminho de autodestruição.

Demos um exemplo: no Brasil, a partir de 2019, vivemos sob a ditadura da economia ultraneoliberal com uma política de extrema direita, violenta e cruel para as grandes maiorias pobres. Perplexos, assistimos as maldades que foram feitas, anulando direitos dos trabalhadores e internacionalizando riquezas nacionais que sustentam nossa soberania como povo.

Os que deram o golpe contra a Presidenta Dilma Rousseff em 2016 aceitam a recolonização do país, feito vassalo da potência dominante, os Estados Unidos, condenado a ser apenas um exportador de *commodities* e um aliado menor e subalterno do projeto imperial.

O que se está fazendo na Europa contra os refugiados, rejeitando sua presença na Itália e na Inglaterra e pior ainda na Hungria e na "catolicíssima" Polônia, alcança níveis de desumanidade e de grande crueldade. As medidas do ex-presidente norte-americano Trump arrancando os filhos de seus pais imigrantes e colocando-os em jaulas, denota barbárie e ausência de qualquer senso humanitário.

Já se disse, "nenhum ser humano é uma ilha... por isso não perguntem por quem os sinos dobram. Eles dobram por cada um, por cada uma, por toda a humanidade".

Se grandes são as trevas que se abatem sobre nossos espíritos, maiores ainda são as nossas ânsias por luz. Não deixemos que essa demência acima referida determine, por anos, o caminho a seguir, não em direção do futuro, mas em direção do passado e do atraso cultural e moral.

A palavra maior e última que clama em nós e nos une a toda a humanidade é por solidariedade e por com-paixão pelas vítimas, é por paz e sensatez nas relações entre os povos.

As tragédias dão-nos a dimensão da inumanidade de que somos capazes. Mas também deixam vir à tona o verdadeiramente humano que habita em nós, para além das diferenças de etnia, de ideologia e de religião. Esse humano em nós faz com que juntos nos cuidemos, juntos nos pomos em cooperação, juntos choremos, juntos nos enxuguemos as lágrimas, juntos oremos, juntos busquemos a justiça social mundial, juntos construamos a paz e juntos renunciemos à vingança e todo tipo de violência e de guerra.

A sabedoria dos povos e a voz de nosso coração nos testemunham: Não é um Estado que se fez terrorista como os Estados Unidos sob o presidente norte-americano Bush que irá vencer terrorismo. Nem é ódio aos imigrantes latinos difundido por Trump que trará a paz. É o diálogo incansável, a negociação aberta e o acordo justo que tiram as bases de qualquer terrorismo e fundam a paz.

A paz entre os humanos, em si, não existe. Tem que ser construída, desde que se viva o conjunto de relações tão excelentemente descritas pela *Carta da Terra* (2003): "a paz como plenitude criada por relações corretas consigo mesmo, com outras pessoas, com outras culturas, com outras vidas, com a Terra e com o Todo maior do qual somos partes" (n. 15c).

As tragédias que nos atingiram no mais fundo de nossos corações, particularmente a pandemia viral que afetou todo o planeta, nos convidam a repensarmos os fundamentos da convivência humana na nova fase, a planetária, e como cuidar da Casa Comum, a Terra como o pede o Papa Francisco em sua encíclica sobre a ecologia integral *Laudato Si' – Sobre o cuidado da Casa Comum* (2015) fortemente reforçada pela *Fratelli Tutti* (2020) e antes ainda a *Carta da Terra* (2003).

O tempo é urgente. Desta vez não haverá um plano B, capaz de salvar-nos. Temos que nos salvar todos como espécie, pois formamos uma comunidade de destino Terra-humanidade.

Para isso precisamos abolir não só de nossos dicionários, mas de nossa mente e do nosso coração, a palavra *inimigo*. É o medo que cria o inimigo. Exorcizamos o medo quando fazemos do distante um próximo e do próximo, um irmão e uma irmã, quando cultivarmos a fraternidade sem fronteiras e a amizade social, propostas pela Encíclica *Fratelli Tutti* (n. 116 e passim).

Afastamos o medo e o inimigo quando começamos a dialogar, a nos conhecer, a nos aceitar, a nos respeitar, a nos amar, enfim, numa palavra, a nos cuidar; cuidar de nossas formas de convívio na paz, na solidariedade e na justiça; cuidar de nosso meio ambiente para que permaneça um ambiente inteiro, sem destruir os habitats dos vírus que nos vêm dos animais ou dos arbovírus que se situam nas florestas. Tal ambiente que inclui o entorno, a sociedade, a política, a cultura, a vida espiritual nos convencerá do convívio pacífico e no reconhecimento do valor intrínseco de cada ser; cuidar de nossa querida e generosa Mãe Terra que nos acolhe ao nascer e nos recebe ao morrer.

Se nos cuidamos mutuamente como irmãos e a irmãs, desaparecem as causas do medo. Ninguém precisa ameaçar ninguém. Podemos caminhar à noite por nossas ruas sem medo de sermos assaltados e roubados.

Esse cuidado será somente efetivo se vier acolitado pela justiça necessária, pelo atendimento às necessidades básicas dos mais vulneráveis, se o Estado se fizer presente com saúde (a importância que o SUS mostrou face ao Covid-19), com escolas, com segurança e com espaços de convivência, de cultura e lazer (cf. *Fratelli Tutti*, n. 117).

Só assim gozaremos de uma paz possível de ser alcançada quando houver um mínimo de boa vontade geral e um sentido de solidariedade e de amizade social nas relações humanas.

Esse é o desejo inarredável da maioria dos humanos. É essa lição que a intrusão do Covid-19 nos tem dado e que temos que incorporá-la nos nossos hábitos do novo tempo que se inaugura.

15
A agonia de uma cultura: desvirtuaram a verdade

Os primeiros sinais de erosão de uma cultura aparecem quando as palavras essenciais começam a perder o seu valor e sentido. Somos seres de fala. Vários biólogos e antropólogos como o chileno Francisco Varela e Humberto Maturana veem na fala a nota definidora do humano, aquela qualidade própria que nos faz humanos à diferença de outros seres superiores. Ela falta, por exemplo, nos hominidas superiores como o gorila e o chimpanzé, pois, sequer fisiologicamente possuem as condições da fala.

A fala, portanto, não é apenas instrumento de comunicação. Ela, por si mesma, é comunicação, pois nos transforma em seres de comunicação. Quando deturpamos a fala é sintoma inequívoco de incomunicação e de que a cultura entrou em processo de autodissolução: a palavra verdade não é mais verdade, o amor não é mais amor, a política não é mais política e a paz já não é mais paz.

Tal dissolução cultural é visível nos dias atuais, chamados de tempos da *pós-verdade*. O próprio fenômeno do *pós* revela o caos cultural. Há muitos *pós*: pós-moderno, pós-capitalista, pós-neoliberal, pós-comunismo, pós-socialismo, pós-democracia, pós-religioso, pós-cristão, pós-humano e recentemente excele acima dos outros prós: a *pós-verdade*.

Tal fato da dissolução cultural nos impede de encontrarmos um nome que nos defina. Vivemos enjaulados no mundo dos pós. Chegamos sempre atrasados. Nem sabemos nos autodefinir.

Não obstante, assomam, aqui e acolá, sinais de que uma nova cultura, amiga da vida, da natureza, respeitadora de todas as coisas e dos outros, mais social e cooperativa que forceja por irromper. Não nos é possível identificar seus contornos por causa das ruínas do velho. Mas as sementes do novo estão germinando. E elas se encontram mais visivelmente nos jovens. Eles não assumem nenhum partido, nenhuma religião nem qualquer outra determinação senão esta: temos que salvar a natureza e a Terra pois estão ameaçadas e podem custar nosso próprio futuro. Gritam: "vocês nos estão roubando o futuro".

Neste sentido, a intrusão do Covid-19 desempenha um grande fator de conscientização. Lentamente surge a consciência de que não podemos voltar ao antes, por ser nefasto demais, agressor da natureza e produtor de perversa injustiça social. Temos que mudar de rota. Os velhos mantras do capitalismo e do neoliberalismo foram desmantelados, como a centralidade do lucro, a competição, o individualismo e o assalto aos bens e serviços da natureza sem reparar as danosas consequências para a sociedade e para o futuro da vida.

Outros valores definirão o novo tipo de sociedade na qual a vida é o que verdadeiramente conta e não o acúmulo de bens materiais, a solidariedade é a que nos salvará e não a competição e a interdependência de todos entre si e não o individualismo é a que dará coesão à sociedade. Aqui sim podemos falar com propriedade de "pós-Coronavírus" como a inauguração de uma nova etapa da história humana. Evidentemente a transição não será fácil, mas o rumo apontado está correto.

Vejamos esse sinal maior, a forma como surgiu a expressão *pós-verdade*. Ela foi cunhada por um dramaturgo servo-norte-americano, Steve Tesich num artigo da revista *The Nation* de 1992 e retomada por ele mesmo depois, ao referir-se ironicamente ao escândalo das mentiras de Busch para justificar a Guerra contra o Iraque de Saddam Hussein.

É conhecida a cena ridícula que antecedeu a declaração de guerra contra o Iraque. O Presidente Bush Filho, o mentiroso, reunindo todo o Gabinete, pediu licença para retirar-se por alguns minutos. Fundamentalista, ia consultar o bom Senhor.

Revela-nos o conhecido historiador Ralph della Cava: "de joelho pedi ao Bom Senhor luzes para a decisão que iria tomar; ficou-me claro que devíamos ir à guerra contra Saddam Hussein". Sereno e pálido pela autoilusão, ou pela pós-verdade declarou: "Vamos à guerra". E foram. E mataram quase um milhão de pessoas. E destruíram uma das civilizações mais antigas do mundo. E por fim perderam a guerra, pois, vergonhosamente, tiveram que se retirar dada a resistência da população iraquiana.

As informações mais seguras afirmavam que não havia armas de destruição em massa. Era uma pós-verdade. Mas graças ao "Bom Senhor", contra todas as evidências declarou a guerra. E bárbaros, os exércitos norte-americanos, em terra, no mar e no ar arrasaram toda uma cultura.

O *Dicionário Oxford* de 2016 escolheu a pós-verdade como a palavra do ano. Assim a define: "O que é relativo à circunstância na qual os fatos objetivos são menos influentes na opinião pública do que as emoções e crenças pessoais". Não importa a verdade; só a minha vale. Só meus interesses pessoais contam.

O jornalista britânico Matthew D'Ancona dedicou-lhe todo um livro com o título *Pós-verdade: a nova guerra contra os fatos em tempos de fake news* (Faro Ed., 2018). Aí mostra como se dá a predominância da crença e da convicção pessoal sobre o fato bruto da realidade.

É doloroso verificar que toda a tradição filosófica do Ocidente e do Oriente que significou um esforço intelectual exaustivo na busca da verdade das coisas, sendo agora invalidada por um inaudito movimento histórico de decadência cultural, que afirma ser a verdade da realidade e a dureza dos fatos algo irrelevante e que não cabe no âmbito daquilo que chamamos de verdade.

O que conta é a minha subjetividade: só serão acolhidos aqueles fatos e aquelas versões que se coadunam à estas minhas crenças e convicções subjetivas, sejam elas verdadeiras ou falsas. Elas representarão para mim a verdade. Isso funcionou largamente na campanha presidencial do Donald Trump nos Estados Unidos e de Jair Messias Bolsonaro no Brasil, o maior difundidor de *fake news*, mesmo como presidente.

Se Sócrates que dialogava incansavelmente com seus interlocutores sobre a *verdade* da justiça, da beleza e do amor, constatasse a predominância da *pós-verdade*, seguramente não seria obrigado a tomar a sicuta que o levou à morte. Morreria de tristeza.

Fique-nos claro: a pós-verdade denota a profundidade da crise de nossa civilização. Representa a covardia do espírito que não consegue ver e conviver com aquilo que é. Tem que deformá-lo e acomodá-lo ao gosto subjetivo das pessoas e dos grupos geralmente políticos. São monumentos de uma cultura que está se desmoronando.

Aqui valem as palavras do poeta espanhol, António Machado, fugido da perseguição da ditadura de Franco: "A tua verdade. Não. A verdade. A tua guarde-a para ti. Busquemos juntos a verdade".

No tempo da pós-verdade, despudoradamente, não se precisa mais buscar juntos a verdade. Educados como individualistas pela cultura do capital, cada um assume como verdade aquela que lhe serve. Poucos se enfrentam com a verdade "verdadeira" e se deixam medir por ela. Mas a realidade resiste e se impõe e nos dá duras lições.

A pandemia do Coronavírus, feita *fake news* por Jair Bolsonaro, se mostrou verdadeira. Ceifou a vida de milhares de pessoas entre nós e no mundo inteiro. O vírus desprezou a pós-verdade. Realizou a sua verdade: adoecer e matar. Os dois maiores negacionistas, Donald Trump e Jair Bolsonaro foram vítimas do Covid-19. Não era uma pós-verdade, mas uma brutal realidade que poderia lhes custar a vida.

Bem observava Iya Prigogine, prêmio Nobel em termodinâmica em seu livro O *fim das certezas* (1996): "vivemos o tempo das possibilidades mais do que das certezas, o que, no entanto, não impede que busquemos a verdade das leis da natureza".

Zygmunt Bauman preferia falar "*das realidades líquidas*" como uma das características de nosso tempo. Dizia-o antes como ironia pois assim denunciava a decomposição de nossa cultura dominante e globalizada que, gaiamente, sacrifica a verdade das coisas (da vida, do amor, da cooperação etc.). Seria o império do *every thing goes*: do vale tudo. E sabemos que nem tudo vale, como estuprar uma criança ou degolar um inocente e o que é dominante: preferir o lucro à vida das pessoas e da natureza, a competição à solidariedade.

A pós-verdade não se identifica com as *fake news*: estas são mentiras e calúnias difundidas aos milhões pelas mídias digitais contra pessoas ou partidos. Eles têm um papel decisivo na vitória ou na derrota de uma eleição. Aqui vale o descaramento, a falta de caráter e o total descompromisso com a verdade dura dos fatos.

Na *pós-verdade* predomina a seleção daquilo, verdadeiro ou falso, que se adequa à minha visão das coisas. O equívoco, melhor, o erro grave é a falta de crítica e de discernimento para buscar o que realmente é verdadeiro ou falso.

Não creio que estamos diante de uma era da "pós-verdade". Estamos, sim, no caminho da autodestruição de nossa cultura, tão penosamente criada em milhares de anos no esforço coletivo e cansativo de toda a humanidade.

O que é perverso não tem sustentação própria para fundar uma história. A palavra decisiva cabe sempre à verdade cuja luz nunca se apaga porque brilha por si mesma sem depender de nenhuma ordem de cima ou externa. Ela resgata a fala que comunica a verdade e que ela mesma se faz verdadeira porque é essencialmente humana.

16
O antropoceno, o necroceno *versus* o ecoceno e o bioceno

O primeiro a elaborar uma ecologia da Terra como um todo, ainda nos anos 20 do século passado, foi o geoquímico russo Vladimir Ivanovich Vernadsky (1963-1945). Vernadsky, como sábio, visitou vários campos do saber, sempre com grande criatividade, conferiu caráter científico à expressão "biosfera" criada em 1875 por um geólogo austríaco Eduard Suess. Mas quem elaborou sua compreensão adequada e coerente foi Vernadsky com seu livro principal de 1926 com o título de *Biosfera*. Esta pertence ao Planeta Terra como parte substancial dela. Ela é responsável pela vitalidade da Mãe Terra.

Nos anos de 1970, James Lovelock, médico e com sua equipe trabalhando na Nasa, desenvolveu a teoria de Gaia, a Terra que se comporta como um sistema orgânico, portanto, um superorganismo que articula todos os fatores químicos, físicos, ecológicos e cósmicos de tal forma que sempre produz e reproduz vida. Gaia, nome grego para a Terra viva, não é tema da *New Age*, mas o resultado de minuciosa observação científica, comparando a atmosfera de Marte e de Vênus com a da Terra.

A compreensão da Terra como Gaia oferece a base para políticas globais, como por exemplo, o controle do aquecimento da

Terra. Se ultrapassar 2 ºC (podemos chegar a isso) milhares de espécies vivas não terão capacidade de se adaptar e de minimizar os efeitos nocivos de tal situação mudada. Desapareceriam. Se ocorrer, ainda neste século, um "aquecimento abrupto" (entre 4 e 6 ºC) como prevê a sociedade científica norte-americana, as formas de vida que conhecemos não subsistiriam e grande parte da humanidade correria grave risco em sua sobrevivência.

Vários cientistas, especialmente o prêmio Nobel em química, o holandês Paul Creutzen, e o biólogo Eugene Stoemer se deram conta, no ano de 2000, das mudanças profundas ocorridas na base físico-química da Terra e cunharam a expressão *antropoceno*. A partir de 2011 a expressão já ocupava as páginas dos jornais.

Com o *antropoceno* se quer sinalizar o fato de que o grande ameaçador da biosfera que é o *habita*t natural de todas as formas de vida, é a agressão sistemática dos seres humanos sobre todos os escossistemas que, juntos, formam o planeta, a Terra viva.

O antropoceno é uma espécie de bomba-relógio sendo montada, que explodindo, pode pôr em risco todo o sistema-vida, a vida humana e a nossa civilização. Coloca-se a pergunta: que fazemos coletivamente para desarmá-la?

Aqui é importante identificar o que fizemos para que se constituísse esta nova era geológica?

Alguns a atribuem à introdução da agricultura há 10 mil anos quando começamos a interferir nos solos, na água e no ar. Sabemos do fracasso da irrigação na Mesopotâmia com as águas do rio Eufrates. Produziram-se boas colheitas. Depois de algumas, o húmus desapareceu e afloraram as areias, frustrando as colheitas, especialmente a de trigo. Foi então que o Egito foi invadido em busca do trigo para alimentação.

Outros acham que foi a partir dos anos de 1850, quando se iniciou o processo industrialista que implicou uma sistemática intervenção nos ritmos da natureza, com a ejeção de poluentes nos solos, nas águas e no ar. Outros ainda colocam a data de 1945 com a explosão de duas bombas atômicas sobre o Japão e os posteriores experimentos atômicos que espalharam radioatividade pela atmosfera. E nos últimos anos, as novas tecnologias tomaram conta da Terra, exaurindo seus bens e serviços naturais, mas também causando o lançamento na atmosfera de toneladas de gazes de efeito estufa, acrescido pelos bilhões e bilhões de litros de fertilizantes químicos nos solos. Todos estes fatores causam o aquecimento global e outros eventos extremos. Com a entrada maciça do metano que é 84 vezes mais nocivo que o CO_2 pelo derretimento do permafrost que vai do Canadá ao fim da Sibéria, o degelo das calotas polares e a ruminação e flatulência do gado, a situação se agravou consideravelmente.

O imperativo categórico é que urge mudar a nossa relação para com a natureza e a Terra. Não dá mais para considerá-la um balcão de recursos que podemos dispor ao nosso bel-prazer, mormente, visando à acumulação privada de bens materiais. A Terra é pequena e seus bens e serviços limitados. Cumpre produzir tudo o que precisamos, não para um consumo suntuoso, mas com uma sobriedade compartida, respeitando os limites de suporte e regeneração da Terra e pensando nas demandas dos que virão depois de nós. A Terra pertence a eles e a tomamos emprestado deles para devolvê-la enriquecida. *Fratelli Tutti* insiste em muitos lugares "que o mundo pertence a todos" (n. 118, 125).

Pelo fato do excessivo avanço do agronegócio e da urbanização mundial (83% da população mundial vive em cidades), deflorestamos e agredimos violentamente a natureza, destruindo os habitats dos vírus que por milhares e milhões de anos viviam tranquilos. Passaram para outros seres vivos e deles para nós. A produção industrial de proteína animal com aves e gado confinados e alimentados com ingredientes químicos fizeram e fazem que surjam também vírus danosos para a vida humana.

O Covid-19 é uma resposta que a natureza lesada nos está dando. Ele não pode ser visto só na perspectiva da medicina, mas no contexto da intrusão dos seres humanos na natureza. Ela está nos contra-atacando por este e por outros eventuais vírus que poderão ainda nos assaltar.

Como se depreende, releva enfatizar que temos que inaugurar o contraponto à era do antropoceno que é a era do ecoceno. Quer dizer: a preocupação central da sociedade não será mais o desenvolvimento/crescimento (in)sustentável, mas a ecologia, o ecoceno, que garantem a manutenção de toda a vida.

A esse propósito deve servir a economia e a política. A partir de agora a equação adequada consiste em articular ecologia, economia, responsabilidade coletiva e cuidado para com tudo o que existe e vive. Sem esta articulação dificilmente manteremos o equilíbrio da Terra-Gaia.

Para preservar a vida é importante a tecnociência que garante a base material da vida, mas fundamental é articulá-la com a razão cordial e sensível. Nela se encontra a sede da ética, da compaixão, da espiritualidade e do cuidado fervoroso pela vida. Esta ética do cuidado imbuída de uma espiritualidade da Terra nos comprometerá com a vida contra o antropoceno.

Portanto, faz-se mister construir uma nova *ótica* que nos abra para uma nova *ética*, colocar sobre nossos olhos uma nova *lente* para fazer nascer uma nova *mente*. Temos que reinventar o ser humano para que seja consciente dos riscos que corre, mas mais que tudo, que desenvolva uma relação amigável para com a Terra e se faça o cuidador da vida em todas as suas formas. Dessa prática dependerá daqui por diante o futuro do ser humano. O relógio está em conta regressiva e não podemos detê-lo com simples melhoras, sem passarmos para um outro paradigma menos depredador.

Há 65 milhões de anos caiu um meteoro de 9,6km de extensão na Península de Yucatán no México. Seu impacto foi o equivalente a 2 milhões de vezes a força de uma ponderosa bomba nuclear. Três quartos das espécies vivas desapareceram e junto com elas todos os dinossauros depois de terem vivido por 133 milhões de anos sobre a face da Terra. O nosso ancestral, pequeno mamífero, sobreviveu.

Há 74 mil anos ocorreu o maior desastre ecológico dos últimos dois milhões de anos. O supervulcão Toba, situado na Indonésia, na Ilha de Sumatra conheceu uma explosão tão fenomenal que trouxe à superfície o equivalente a 2.500 quilômetro de lava. Mudou a paisagem do planeta por séculos. Gazes e cinzas se espalharam por todas as partes, ocultando o sol e, por isso, baixando o clima para 12 graus mais frio. Grande parte dos ecossistemas, da fauna e da flora foi dizimada. Os seres humanos conheceram o que se costuma chamar de "*gargalo*", quer dizer, diminuíram em quantidade que quase foram à extinção. Supunha-se que havia cerca de 70 mil humanos. Restaram apenas uns 10 mil que se deslocaram na direção dos trópicos, zonas mais quentes, especialmente da África, para poderem sobreviver. Alguns cientistas afirmam que em consequência deste deslocamento e das dificuldades de sobrevivência, estes sobreviventes desenvolveram mais dimensões do cérebro e assim tornando-se mais inteligentes e mais aptos à sobrevivência.

No lugar do supervulcão formou-se um belíssimo e sereno lago de 100km de comprimento e 30km de largura. Dos trópicos para onde se refugiram, os nossos antepassados da ordem dos "*sapiens*" ocuparam o Oriente Médio, chegando à Ásia até a Austrália e daí para o resto do mundo.

Oxalá, desta vez o meteoro rasante de milhões de anos e o vulcão avassalador de milhares de anos não sejamos nós, sem responsabilidade coletiva e sem o cuidado essencial para proteger e salvar a vida. O Covid-19 nos enviou um poderoso sinal que importa ser decifrado: temos que fazer uma "radical conversão ecológica" (Papa Francisco) ou como adverte a *Carta da Terra*: "arriscar nossa destruição e a da diversidade da vida" (Preâmbulo c). Mais radicalmente afirma a *Fratelli Tutti:* ou "nos salvamos todos ou ninguém se salva" (n. 32). Mas confortam-nos as palavras da *Laudato Si' – Sobre o cuidado da Casa Comum*: "Caminhemos cantando: que as nossas lutas e a nossa preocupação com o planeta, não nos tirem a alegria da esperança" (n. 244).

A Terra viva, por mais tribulações que tenha passado, sempre sobreviveu e se enriqueceu. Somente nos últimos séculos que começou a adoecer por nossa causa. Mesmo assim, vale celebrá-la como o fez a grande poeta Cora Coralina em seu *O cântico da Terra*.

17
O "Cântico da Terra", de Cora Coralina

Eu sou a terra, eu sou a vida.
Do meu barro primeiro veio o homem.
De mim veio a mulher e veio o amor.
Veio a árvore, veio a fonte.
Vem o fruto e vem a flor.

Eu sou a fonte original de toda vida.
Sou o chão que se prende à tua casa.
Sou a telha da coberta de teu lar.
A mina constante de teu poço.
Sou a espiga generosa de teu gado
e certeza tranquila ao teu esforço.
Sou a razão de tua vida.
De mim vieste pela mão do Criador,
e a mim tu voltarás no fim da lida.
Só em mim acharás descanso e Paz.

Eu sou a grande Mãe Universal.
Tua filha, tua noiva e desposada.
A mulher e o ventre que fecundas.
Sou a gleba, a gestação, eu sou o amor.

A ti, ó lavrador, tudo quanto é meu.
Teu arado, tua foice, teu machado.
O berço pequenino de teu filho.

O algodão de tua veste
e o pão de tua casa.

E um dia bem distante
a mim tu voltarás.
E no canteiro materno de meu seio
tranquilo dormirás.

Plantemos a roça.
Lavremos a gleba.
Cuidemos do ninho,
do gado e da tulha.
Fartura teremos
e donos de sítio
felizes seremos.

Quarta parte

A anemia da vida do espírito

I
A emergência ecológica: ou mudamos ou pereceremos como espécie

A expressão "Desenvolvimento Sustentável" oficializada pelo Relatório Brundland da ONU em 1972 (sua origem data de 1793 na Saxônia: *nachhaltiges Wirtschaften*) entrou em todos os documentos oficiais dos organismos internacionais e nas políticas governamentais dos países e das próprias empresas.

1.1 Ecologia e desenvolvimento/crescimento: uma célula cancerígena ou um embrião?

Desde o início, porém, a expressão sofreu críticas significativas por causa da contradição que se verificava nos próprios termos da expressão. Eles conflitam entre si. A questão não é apenas de termos. É que os termos ocultam uma dinâmica do processo de crescimento/desenvolvimento que entra em choque com o sentido correto do que seja realmente a sustentabilidade (cf. BOFF, L. *Sustentabilidade*: o que é e o que não é. Petrópolis: Vozes, 2015).

A categoria *desenvolvimento* se deriva da economia realmente existente que é a capitalista, dominada pelos mercados e pelas bolsas hoje mundialmente articulados. Para a visão dominante há uma identificação entre crescimento e desenvolvimento, embora devessem ser distinguidos.

O *crescimento* segue a lógica da célula cancerígena que vai crescendo e crescendo até contaminar todas as células. Ela não integra nada, devora tudo até consumir todas as células e morre com elas. O crescimento capitalista obedece a lógica da célula cancerígena, linear e devorador das demais células. Vai crescendo e crescendo, criando riqueza em poucas mãos à custa da pobreza das maiorias e da devastação da natureza.

O *desenvolvimento* obedece à lógica do embrião: todos os fatores vão se desenvolvendo conjuntamente. Há um momento, na oitava semana, quando tudo para, pois é o momento da formação do cérebro. Feito isso, retoma-se a dinâmica de desenvolvimento harmônico de todos os órgãos até o nascimento. Essa seria a melhor metáfora para o desenvolvimento sustentável de uma sociedade.

O desenvolvimento/crescimento capitalista possui uma lógica interna fundada na exploração sistemática e ilimitada de todos os recursos da Terra, acumulados individualmente na dinâmica da concorrência, para atingir estes três objetivos fundamentais: aumentar a *produção*, potenciar o *consumo* e gestar *riqueza*. Este tripé constitui ainda hoje o objetivo das políticas governamentais de todos os países. Ai do país que não apresentar anualmente bons índices de crescimento em seu PIB.

Esta lógica implica uma lenta mas progressiva extenuação dos recursos naturais, devastação dos ecossistemas e considerável extinção de espécies, na ordem entre 70 a 100 mil por ano, quando o normal no processo de evolução é de 300 espécies.

Em termos sociais, esta mesma lógica cria crescentes desigualdades sociais, pois ela se rege não pela cooperação e a solidariedade, mas pela competição e pela mais feroz concorrência. Mais da metade da humanidade vive na pobreza ou na miséria.

Esse modelo hoje globalizado parte na crença de dois infinitos. O primeiro infinito é de que a Terra possui recursos infinitos. Podemos continuar a explorá-la indefinidamente. O segundo é de que o crescimento pode ser também infinito em direção ao futuro. Sempre, ano após ano, deve, em si, apresentar índices positivos.

Ambos os infinitos, porém, são ilusórios. A Terra não é infinita pois se trata de um planeta pequeno, com recursos limitados, muitos deles não renováveis. E o crescimento também não pode ser infinito porque não pode ser universalizado. Caso pudesse ser, como foi já calculado, precisaríamos então de outras três Terras iguais a esta. A lógica do desenvolvimento/crescimento é linear e sempre apontando para cima e para frente.

Hoje nos damos conta de que o Planeta Terra já não aguenta mais a voracidade e a violência deste modo de produção e de consumo. Alguns analistas como Eric Hobsbawm da parte da história e James Lovelock da parte da ecologia afirmam: ou mudamos de rumo ou poderemos conhecer o mesmo destino dos dinossauros.

Nossa geração criou, pela primeira vez na história humana, os meios de sua completa destruição através de armas químicas, biológicas e nucleares. Os efeitos das bombas atômicas sobre Hiroshima e Nagasaki, o acidente da usina atômica de Chernobil na Ucrânia e a explosão de uma usina nuclear em Fukushima no Japão em 2011 nos deram os terríveis sinais de uma Terra completamente devastada e inabitável pelos seres humanos.

Logicamente grande parte do sistema-vida (95% são invisíveis) é feita de microorganismos, bactérias, fungos e vírus que continuariam quase indiferentes ao nosso trágico destino. Nós, porém, teríamos sido banidos do cenário da evolução.

A crise é sistêmica e paradigmática. Reclama outro projeto civilizatório alternativo a este imperante se quisermos salvar Gaia e garantir um futuro para a humanidade.

253

A segunda categoria *sustentabilidade* provém das ciências da vida, da biologia e da ecologia. A sustentabilidade sinaliza que no processo evolucionário e na dinâmica da natureza vigoram interdependências, redes de relações inclusivas, mutualidades e lógicas de cooperação que permitem que todos os seres convivam, coevoluam e se ajudem mutuamente para manterem-se vivos e garantir a biodiversidade. A sustentabilidade vive do equilíbrio dinâmico, aberto a novas incorporações e da capacidade de transformar o caos em novas ordens (estruturas dissipativas de Ilya Prigogine). Aqui funciona a lógica circular, diferentemente, da linear do desenvolvimento.

A Convenção sobre a Biodiversidade de 1993 no seu artigo 10 define assim o uso sustentável dos recursos naturais: *"a utilização de componentes da diversidade biológica de modo e em ritmo tais que não leve, no longo prazo, à diminuição da diversidade biológica, mantendo assim seu potencial para atender as necessidades e aspirações de gerações presentes e futuras".*

Esta concepção, conceptualmente correta, está, de fato, em conflito com a dinâmica da economia realmente existente. "Desenvolvimento" e "Sustentabilidade" representam lógicas opostas e contraditórias. São termos que se repugnam. A expressão "Desenvolvimento Sustentável" como proposta global para sairmos da crise mundial é um engodo. O Papa Francisco em sua Encíclica *Laudato Si'* é enfático ao afirmar: "É mentira a disponibilidade infinita dos bens do planeta que leva a esprêmê-lo até ao limite e para além deste; trata-se do falso pressuposto de que existe uma quantidade ilimitada de energia e de recursos a serem utilizados, que a sua regeneração é possível, de imediato, e que os efeitos negativos das manipulações da ordem natural podem ser facilmente absorvidas" (n. 106).

O "Relatório da Avaliação Ecossistêmica do Milênio" que envolveu mais de 2000 cientistas, divulgado pela ONU em 2005, agravada em relatórios posteriores, apresenta cenários preocupantes: "As atividades antrópicas estão mudando fundamentalmente e, em muitos casos, de forma irreversível, a diversidade da vida no Planeta Terra [...]. As projeções e cenários indicam que estas taxas vão continuar ou se acelerar no futuro [...]. É improvável que os níveis atuais da biodiversidade possam ser mantidos globalmente apenas com base em considerações utilitárias". O mesmo documento papal suscita questões que podem pôr em risco o futuro de todos: "Até quando os ecossistemas do Planeta suportarão a ação predatória do homem? É possível reverter esse processo de degradação ambiental e social? Qual o futuro caso sejam mantidos os atuais padrões de produção e consumo"? (n. 106).

Apesar das críticas, importa reconhecer que o conceito "desenvolvimento sustentável" pode ser útil para aquilo que se chama de biorregionalismo ou de desenvolvimento realizado em regiões delimitadas e em ecossistemas definidos. Quer dizer, é possível existir a preservação do capital natural, vigorar um uso racional dos recursos e manter-se a capacidade de regeneração de todo o ecossistema.

Assim, por exemplo, é possível, mantendo a floresta amazônica em pé, desenvolver um manejo tal de suas riquezas naturais que ela conserve sua integridade, aberta a atender demandas das gerações presentes e futuras. O extrativismo proposto por Chico Mendes visava este propósito.

Mas em termos de estratégias globais que envolvem todo o Planeta com seus ecossistemas, o paradigma utilitarista, devastador e consumista imperante produz uma taxa de iniquidade ecológica e social insuportável pelo sistema-Terra.

Em razão destas constatações sinistras, cresce mais e mais a convicção de que a crise não poderá ser resolvida com medidas somente políticas e técnicas. Elas, embora necessárias, são, no entanto, paliativas. *A solução demanda uma coalização de forças mundiais ao redor de uma nova sensibilidade ética, novos valores, outras formas de relacionamento com a natureza e novos padrões de produção e de consumo.*

Numa palavra, faz-se urgente um novo paradigma de convivência com a natureza, com a Terra e com humanidade, tomada em seu conjunto. A *Fratelli Tutti* propõe um modelo alternativo de habitar a Casa Comum, preservando os bens e serviços fundamentais para as presentes e futuras gerações, fundando-se em novos valores e princípios como a fraternidade universal, a amizade social, a solidariedade sem fronteiras, o cuidado essencial e uma política que inclua a ternura e a cordialidade como formas não agressivas das relações sociais.

Este paradigma importa que dê centralidade à vida, mantenha sua diversidade natural e cultural e garanta o substrato físico--químico-ecológico para sua perpetuação e ulterior coevolução.

1.2 A exigência de uma nova ética

É aqui que entronca a questão da *ética*. Como nunca antes na história do pensamento, a palavra "*ethos*" em seu sentido originário grego ganha atualidade. "*Ethos*" em grego significa a *morada humana*, aquele espaço da natureza que reservamos, organizamos e cuidamos para fazê-lo nosso habitat. A partir dele nos enraizamos, estabelecemos nossas relações e elaboramos o sentimento tão decisivo para a felicidade humana que é o de "sentir-se em casa" e protegido de riscos e perigos.

Ocorre que "*ethos*" hoje não é apenas a morada que habitamos, a cidade na qual vivemos, o país ao qual pertencemos. "*Ethos*" é a *Casa Comum*, o inteiro Planeta Terra. Precisamos de um "*ethos*" planetário.

Como fazer que esta única Casa Comum possa incluir a todos, possa se regenerar das chagas que, por séculos, lhe infligimos, possa se manter viva e assegurar sua integridade e beleza?

Essa ética não pode ser imposta de cima para baixo. Ela deve nascer da essência do humano, presente em todos. Deve poder ser compreendida por todos. E praticada por todos sem a necessidade de mediações explicativas complexas que mais confundem do que convencem.

Ela supõe uma nova *ótica* que dê as boas razões para a nova *ética* e seus valores.

1.3 Documentos referenciais: a *Carta da Terra*, a *Laudato Si'* e a *Fratelli Tutti*

Quero apoiar-me em documentos que se não recolhem um consenso generalizado, apontam, no entanto, para novos rumos. Eles podem ser guias para o tema da ética planetária e de uma outra compreensão da Sustentabilidade.

O primeiro é internacional, assumido pela Unesco no ano 2003: *A Carta da Terra*, um documento que coloca a Terra, a vida e a humanidade no centro das preocupações políticas econômicas e espirituais. O outro é latino-americano e representa o pensamento dos ministros do meio ambiente da América Latina e do Caribe do ano 2002 que leva como título: *Manifesto por la vida – Por una ética para la sustentabilidad* (México, 2003). Ambos os documentos têm muito em comum as *Metas do Milênio* da ONU.

O terceiro documento é a Encíclica *Laudato Si' – Sobre o cuidado da Casa Comum* (2015), do Papa Francisco. Vai direto ao assunto e afirma abertamente: "Precisamos converter o modelo de desenvolvimento global. Isso implica refletir responsavelmente sobre o sentido da economia e de seus objetivos para corrigir suas disfunções e deturpações. Não é suficiente conciliar, meio-termo, o cuidado da natureza com o ganho financeiro ou a preservação do meio ambiente e do progresso. Neste campo os meios-termos são apenas um pequeno adiamento do colapso. Trata-se simplesmente de redefinir o progresso. Um desenvolvimento tecnológico e econômico que não deixa um mundo melhor e uma qualidade de vida integralmente superior não pode ser considerado progresso [...]. O princípio de maximização do lucro, que tende a isolar-se de todas as outras considerações é uma distorção conceptual da economia: desde que aumente a produção, pouco interessa que isso se consiga à custa de recursos futuros ou da saúde do meio ambiente; se a derrubada de uma floresta aumenta a produção, ninguém insere no respectivo cálculo a perda que significa desertificar um território, destruir a biodiversidade ou aumentar a poluição" (n. 194).

A *Fratelli Tutti* apresenta um modelo alternativo de civilização nestes termos: perante as várias formas atuais de eliminar ou ignorar os outros, sejamos capazes de reagir com um novo sonho de fraternidade e amizade social que não se limite a palavras (n. 6). E completa: "Se alguém pensa que se tratava apenas de fazer funcionar melhor o que já fazíamos, ou que a única lição a tirar é que devemos melhorar os sistemas e regras já existentes, está a negar a realidade" (n. 7); "se somos uma comunidade mundial que viaja no mesmo barco, onde o mal de um prejudica a todos, recordo de que *ninguém se salva sozinho, que só é possível salvar-nos junto*" (n. 32).

Utilizo livremente as ideias e proposições destes textos, dando-lhes uma elaboração pessoal.

O pano de fundo é bem expresso nas palavras do pontífice na *Laudato Si'*: "As desigualdades planetárias provocam os gemidos da Irmã Terra que se unem aos gemidos dos abandonados do mundo com um lamento que reclama de nós um outro rumo.

Nunca maltratamos e ferimos a nossa Casa Comum como nos dois últimos séculos" (n. 53).

Algo semelhante sustenta a introdução da *Carta da Terra*: "As bases da segurança global estão ameaçadas". Esta situação nos obriga a "viver um sentido de responsabilidade universal, identificando-nos com toda a comunidade de vida terrestre bem como com a nossa comunidade local". A situação é tão urgente que obriga a "humanidade a escolher o seu futuro. A escolha é: *ou formar uma aliança global para cuidar da Terra e uns dos outros, ou arriscar a nossa destruição e a devastação da diversidade da vida*" (Introdução). O Papa Francisco em várias situações afirmou: "ou nos salvamos todos ou ninguém se salva".

Posta esta plataforma – continua a *Carta da Terra* – "necessitamos com urgência de uma visão compartilhada de valores básicos para proporcionar um fundamento ético à comunidade mundial emergente" (Introdução).

1.4 Uma nova ótica produz uma nova ética

Esta *ética* deve nascer de uma nova *ótica*. Caso contrário não inaugura o novo paradigma e representaria apenas uma melhoria do antigo modo de viver.

A nova ótica é: "a humanidade é parte de uma vasto universo em evolução; a Terra, nosso lar, está viva (nota minha: é Gaia, superorganismo vivo) com uma comunidade de vida única; a Terra providenciou as condições essenciais para a evolução da vida; cada um compartilha da responsabilidade pelo presente e pelo futuro, pelo bem-estar da família humana e de todo o mundo dos seres vivos; o espírito de solidariedade humana e de parentesco com toda vida é fortalecido quando vivemos com reverência o mistério da existência, com gratidão pelo dom da vida e com humildade o lugar que o ser humano ocupa na natureza" (Introdução).

Terra, vida e humanidade são expressão de um mesmo imenso processo evolucionário que se iniciou há mais de treze bilhões de anos. Terra, vida e humanidade formam uma única entidade complexa e diversa. É o que nos testemunham os astronautas quando veem a Terra lá de fora da Terra a partir de suas naves espaciais: Terra, biosfera e humanidade não podem ser distinguidas, formam uma única e irradiante unidade.

Tudo é vivo. A Terra é Gaia, um superorganismo vivo. O ser humano (cuja origem filológica vem de húmus = terra fértil e boa) é a própria Terra que sente, que pensa, que ama, que cuida e que venera. Terra e humanidade possuem a mesma origem e o mesmo destino.

A missão do ser humano, como portador de consciência, inteligência, vontade e amor, é a de ser o cuidador da Terra, o jardineiro desse esplêndido jardim do Éden.

Ocorre que na história ele se mostrou, em muitas ocasiões, o Satã da Terra e, em outras, transformou o jardim do Eden num matadouro, para usar uma expressão do especialista em Biodiversidade, Edward Wilson. Mas sua vocação é ser o guardião de todo ser.

Essa vocação e missão devem ser hoje urgentemente despertadas, pois a Terra, a vida e a humanidade estão doentes e ameaçadas em sua integridade. Temos condições de destruir o projeto planetário humano e devastar grande parte da biosfera. "Nosso estilo de vida, insustentável, só pode desembocar em catástrofe", assevera a *Laudato Si'* (n. 161).

Daí ser urgente um novo padrão de comportamento e de virtudes de cuidado, de corresponsabilidade, de cooperação e de uso solidário dos bens da Terra, que nos possam salvar de um destino trágico. Suscintamente como o formulou a *Carta da Terra*: em todos os âmbitos da atividade humana precisamos *"viver um modo sustentável de vida"*. Esse é o novo princípio civilizatório, um sonho promissor para o futuro da vida.

Mais que falar de um "desenvolvimento sustentável" importa garantir a sustentabilidade da Terra, da vida, da sociedade e da humanidade. Como bem dizia *O manifesto para a vida*: "A ética da sustentabilidade coloca a vida acima do interesse econômico-político ou prático-instrumental; a ética da sustentabilidade é uma ética para a renovação permanente da vida, da qual tudo nasce, cresce, adoece, morre e renasce".

O resultado deste novo padrão ético é aquilo que mais buscamos nos dias atuais, a paz. Na bela e pertinente definição que a *Carta da Terra* dá, a paz é "a plenitude criada por relações corretas consigo mesmo, com outras pessoas, com outras culturas, com outras vidas, com a Terra e com o Todo maior do qual somos parte" (n. 16f).

A humanidade precisa dar esse novo passo na direção de um outro tipo de futuro. A situação atual é de crise e não de tragédia. Como de outras vezes, seguramente ela encontrará um novo patamar de realização da vida e de seu destino.

Há lugar para a esperança, nas belas palavras do Papa Francisco: "Para além do Sol. Caminhemos cantando. Que as nossas lutas e preocupações por este planeta não nos tirem a alegria da esperança" (*Laudato Si'*, n. 244). Mas a *Fratelli Tutti* nos conclama para o realismo: "Nunca está terminada a construção da paz social num país, mas é uma tarefa que não dá tréguas e exige o compromisso de todos" (n. 232).

2
Uma espiritualidade nascida do cuidado pela Terra

No capítulo anterior falamos de uma nova ótica sobre a Terra que gera uma nova ética. Mas toda ética de valores remete a uma espiritualidade, desta vez, uma espiritualidade da Terra. Sendo viva e nossa Mãe é fácil de imaginar quais conteúdos poderão ter esse tipo de espiritualidade: cultivar o amor, o cuidado, o respeito, desenvolver um sentido de pertença, considerar seus limites e alcance, saber autolimitar-se, dar-lhe descanso para se refazer, encantar-se com sua beleza e diversidade, sentir-se irmão e irmã de todos os seres que ela criou junto conosco.

Como diz poeticamente o Papa Francisco em sua encíclica sobre a ecologia integral: "tudo está interligado; e todos nós seres humanos caminhamos juntos como irmãos e irmãs numa peregrinação maravilhosa, que nos une também com terna afeição ao Irmão Sol, à Irmã Lua, ao Irmão Rio e à Mãe Terra" (n. 92). Num outro lugar assevera: "a gratuidade nos leva a aceitar o Vento, o Sol ou as Nuvens, embora não se submetam ao nosso controle; assim podemos falar de uma fraternidade universal" (n. 228).

Nunca se falou tanto da Terra como nos últimos tempos. Parece até que a Terra acaba de ser descoberta. Os seres humanos fizeram um sem número de descobertas, de povos indígenas embrenhados nas florestas remotas, como na Amazônia, de seres novos da natureza, de terras distantes e de continentes inteiros.

Mas a Terra nunca foi objeto de descoberta. Foi preciso que os astronautas, a partir dos anos 60 do século passado, saíssem da Terra e a vissem a partir de fora, para então descobri-la como Casa Comum. Eles nos revelaram imagens nunca dantes vistas de extrema beleza.

2.1 "A Terra cabe na palma de nossa mão"

Usaram expressões patéticas, como "a Terra parece uma árvore de Natal, dependurada no fundo escuro do universo", "ela cabe na palma de minha mão e pode ser encoberta com meu polegar, mas nela está tudo o que há de mais valioso e sagrado que temos" (cf. os vários testemunhos em WHITE, E. *The Overview Effect*. Boston, 1987, p. 205-210). Outros tiveram sentimentos de veneração e de gratidão e rezaram. Todos voltaram com renovado amor pela boa e velha Terra, nossa Mãe.

Esta imagem do globo terrestre visto do espaço exterior, divulgado diariamente pelas televisões do mundo inteiro e nos meios de comunicação suscita em nós um sentimento de sacralidade, de reverência e até de silêncio por saber que nós somos acolhidos por ela como nossa grande Mãe junto com a majestade de um céu estrelado. Este sentimento está criando novo estado de consciência e permite um novo sentimento espiritual.

Na perspectiva dos astronautas, a partir da Lua e de suas naves espaciais, Terra e humanidade formam uma *única entidade*. Nós não vivemos apenas sobre a Terra. Somos aquela porção da própria Terra que sente, pensa, ama, sonha, venera e cuida. Por isso que *homo* (homem) em latim vem de *humus*, que significa terra fecunda. E *Adam* em hebraico de *Adamah* quer dizer terra arável. Somos, portanto, Terra, consciente e inteligente, que ressoa na encíclica pontifícia *Laudato Si' – Sobre o cuidado da Casa Comum* (n. 2).

Mas nos últimos tempos se anunciaram graves ameaças que pesam sobre a totalidade do sistema-Terra. Os dados publicados a partir de 2 de fevereiro de 2007 culminando em 17 de novembro pelo organismo da ONU, o Painel Intergovernamental das Mudanças Climáticas e nas demais sessões sucessivas desse organismo, nos dão conta de que já entramos na fase do aquecimento global, com mudanças abruptas nos climas e irreversíveis na própria natureza, devastada pelos humanos. As mudanças climáticas possuem origem andrópica, quer dizer, tem no ser humano seu principal causador em razão da voracidade do processo industrialista desrespeitoso dos ritmos e dos limites da natureza.

Usemos uma metáfora tirada da medicina. Os cientistas nos mostraram que o câncer é uma célula normal, mas que perdeu sua memória genética. Perdeu sua orientação que é estar em harmonia e em cooperação com as demais células. Ela se isola e começa a crescer exponencialmente, consumindo todo o corpo que a suporta. Ela morre junto com ele. Essa analogia é pertinente para entender o que pode ocorrer com nosso planeta. O ser humano pode consumir seus bens e serviços, como a célula consome todo o seu *habitat*, o corpo humano, e morre junto com ele. Não poderia ocorrer algo semelhante com o ser humano concernente ao seu estilo de um consumo ilimitado dos bens e serviços escassos da Mãe Terra?

Se nada for feito, se não observamos os limites da Terra, e continuarmos a consumir desbragadamente, iremos ao encontro do pior e milhões de espécies vivas e também grande parte dos seres humanos poderão deixar de viver sobre o planeta. Na pior das hipóteses, a Terra continuará, mas sem nós.

Como destruímos irresponsavelmente, devemos agora regenerar urgentemente. A salvação da Terra não cai do céu. Será fruto da nova corresponsabilidade e do renovado cuidado por parte de toda a família humana. É aqui que cabe a ética e a espiritualidade. Como agir de forma regeneradora e salvadora, pois a ética trata de comportamentos e de atitudes que devemos assumir e seguir.

2.2 A Mãe Terra: o obscuro objeto de nosso cuidado

Dada esta situação nova, a Terra se tornou, de fato, o obscuro e grande objeto do cuidado e do amor humano. Ela não é o centro físico do universo como pensavam os antigos, mas ela se tornou, nos últimos tempos, o centro afetivo da humanidade.

Por isso a chamamos de Mãe Terra. Só temos ela para morar como Casa Comum. É daqui que contemplamos o inteiro universo. É aqui que trabalhamos, amamos, choramos, esperamos, sonhamos e veneramos. É a partir da Terra que fazemos a grande travessia rumo ao além.

Lentamente estamos descobrindo que o valor supremo é assegurar a persistência da vida da Mãe Terra e garantir as condições ecológicas e espirituais para que a espécie humana se realize e toda a comunidade de vida se perpetue dentro e sobre ela.

A irrupção do Coronavírus nos fez entender que o que vale mesmo não é o lucro e a acumulação de bens materiais, mas a vida, a saúde e aquilo que as preservam como o cuidado, a solidariedade, a cooperação, a interdependência entre todos, a generosidade e a solidariedade. Tais valores constituem nossa verdadeira humanidade. Tais virtudes nos salvarão a nós e a própria Mãe Terra.

Em razão desta nova consciência, reforçada pela pandemia do Covid-19, falamos do *princípio Terra*. Ele funda uma nova radicalidade. Cada saber, cada instituição, cada religião e cada pessoa deve colocar-se esta pergunta: que faço eu para preservar a mátria comum e garantir que tenha futuro, já que ela há 4,4 bilhões de anos está se construindo, nos criando e recriando? Por isso merece continuar existindo.

    Precisamos de uma nova equação ética que tenha como centro a vida em todas as suas formas e a Terra como um superorganismo vivo ao qual pertencemos, chamada pelos contemporâneos de Gaia, o nome que os gregos davam à Terra viva e geradora de vida. Assumir esta visão não tem nada a ver com o paganismo ou a divinização da Terra. É acolher um dado da ciência atual, especialmente da cosmologia e da ecologia integral. Faz-se urgente uma ética do cuidado, da compaixão, do respeito, da responsabilidade e da cooperação com ela.

    Assim como uma estrela não brilha sem uma aura, assim uma ética não se sustenta sem uma espiritualidade. Espiritualidade é aquela atitude pela qual percebemos que uma Energia poderosa que chamamos Espírito Criador ou a Fonte geradora de tudo o que existe e vive. Este Espírito perpassa todos os seres e os mantêm na existência. Eles expressam um imenso e complexo sistema, cheio de sentido e de propósito. Nós podemos invocá-lo, entrar em diálogo com ele e viver a mística cósmica de São Francisco. Ao abraçar o mundo, estamos abraçando Deus. Não basta saber intelectualmente todas estas coisas. Devemos senti-las com o coração. Por isso possuímos, além da inteligência racional, a inteligência cordial e a inteligência espiritual. Elas nos ensinarão um comportamento adequado ao que a natureza e a Terra nos podem oferecer, e por isso não podemos superexplorá-las.

    Esta espiritualidade é urgente hoje. Talvez unicamente esta espiritualidade pode impor limites à nossa voracidade de dominar a natureza e devastar os ecossistemas. Ela permite, outrossim, um novo olhar sobre ela, como algo vivo que tem valor em si mesmo, independentemente do uso que fazemos dela. Nós não estamos fora da natureza, nem em cima dela como quem domina (*dominus*).

Somos parte e estamos juntos, em toda a comunidade de vida, como irmãos e irmãs (*fratres*).

Com acerto escreveu o Papa Francisco em sua encíclica de ecologia integral *Laudato Si'*: "Tudo está interligado. Se o ser humano se declara autônomo da realidade e se constitui dominador absoluto, desmorona-se a própria base de sua existência porque em vez de realizar o seu papel de colaborador de Deus na obra da criação, o ser humano substitui-se a Deus e deste modo acaba provocando a revolta da natureza" (n. 117).

Efetivamente o ataque do Coronavírus sobre toda a humanidade no ano de 2019/2020 deve ser lido como uma revolta da natureza, uma espécie de contra-ataque dela contra a excessiva agressão humana, afetando, pela primeira vez, todo o planeta. Tal revolta nos envia uma lição de sermos mais benévolos para com a Terra e cuidadosas para com a natureza. Só desta forma constituiremos uma fraternidade terrenal, todos os seres, como irmãos e irmãs dentro da grande Casa Comum.

2.3 "Uma paixão pelo cuidado do mundo"

Somos seres éticos, chamados a cuidar dela como se fosse o jardim do Éden e garantir as condições físicas, químicas, biológicas e ecológicas de sua manutenção, reprodução e coevolução como está insinuado em Gn 2,15. Sem esta espiritualidade que cria em nós reverência, respeito e sentido de comunhão universal dificilmente encontraremos uma saída da ameaça ecológica que paira sobre todos nós.

Novamente, nas palavras do Papa Francisco, na referida encíclica ecológica sobre o cuidado da Casa Comum: "Não se trata de propor ideias, mas sobretudo propor motivações derivadas da espiritualidade para alimentar uma paixão pelo cuidado do mundo [...] uma mística que nos anima, com uma moção interior que impele, motiva, encoraja e dá sentido à ação pessoal e comunitária" (n. 216).

Vivemos tempo de urgência. Temos pouco tempo e sabedoria de menos. Mas estamos seguros de que o instinto de vida é mais forte que o instinto de morte. E o Espírito Criador está dentro do processo universal, atuando em favor da vida, da natureza e da nossa humanidade.

Por isso não vivemos um cenário de morte, mas de crise que, como toda crise, nos amadurece e nos acrisola como o crisol que purifica o ouro. As dores não de alguém nas vascas da morte, mas de um novo parto. A vida triunfará.

Porque somos Terra, não haverá para nós céu sem Terra. Temos que garantir um e outro pois ambos são dois lados da mesma realidade.

3
Em que o cristianismo contribui para uma ecologia integral

Não são poucos os que criticam o judeu-cristianismo por terem favorecido a crise ecológica. Citam para isso as passagens do primeiro capítulo do Gênesis que diz: "Sede fecundos e multiplicai-os e subjugai a terra. Dominai sobre os peixes do mar, sobre as aves do céu, sobre tudo o que vive se move sobre a terra" (Gn 1,28).

Não há dúvida de que a letra do texto favorece uma relação não amigável com a natureza, mas de dominação. Por mais que as Igrejas tentem explicar estes textos, é mais sincero e correto reconhecer que, de fato, tal compreensão não é, no mínimo, ecológica. Eles são parte e não a solução da crise ecológica.

Este texto foi utilizado pela modernidade para justificar o tipo dominador de desenvolvimento, avançando sobre a natureza e todos os seus seres, com as bênçãos de uma teologia do desenvolvimento e do progresso.

Entretanto, devemos entender os textos antigos, dentro do espírito da época, que era do patriarcado e do sentimento de medo face à natureza que se mostrava muito mais forte que o ser humano. Não possuíam os meios higiênicos e sanitários da nossa ciência e técnica de hoje. Disso derivavam que deviam subjugar a natureza e pô-la a seu serviço para poder sobreviver.

Mas releva ressaltar que o sentido mais global dos textos da criação vai numa outra direção. O ser humano é feito representante de Deus na fórmula "criado à imagem e semelhança de Deus" (Gn 1,27). Foi criado criador. Por isso que no segundo capítulo do mesmo livro se diz que o ser humano foi colocado no "Jardim do Éden para guardá-lo e cuidá-lo" (Gn 2,15). Essa afirmação corresponde ao que afirmamos modernamente: nossa missão ética é "guardar e cuidar da natureza e da Terra", e não devastá-la.

Para uma resposta adequada à questão em que medida a fé judaico-cristã, com a consciência que desenvolveu modernamente, pode colaborar na superação da situação dramática em que se encontra a biosfera e as ameaças que pesam sobre o destino humano?

3.1 A importância do paradigma cosmológico

Somos da opinião de que o moderno paradigma cosmológico nos poderá ajudar a tirar lições e indicações válidas para a emergência ecológica atual.

Este paradigma cosmológico obriga os cristãos a repensarem a imagem de Deus, da criação, da graça, da salvação e do destino do ser humano e do universo. Em outras palavras, como se deve entender e ressignificar o cristianismo quando aceitamos os desafios que nos vêm da cosmologia contemporânea que cresce mais e mais e lentamente vai penetrando na consciência comum.

Talvez dois exemplos desta evolução são: *a Carta da Terra* (2003) que recolhe princípios e valores para cuidar do lar comum. E a encíclica do Papa Francisco *Laudato Si' – Sobre o cuidado da Casa Comum* (2015), bem como a *Fratelli Tutti* (2020), que propõe uma fraternidade sem fronteiras, uma amizade social e um cuidado para com toda as coisas, como alternativa paradigmática ao poder/

dominação da cultura dos modernos. Estes documentos têm como substrato a nova cosmologia, acolhem o paradigma ecológico e desta forma nos enriquecem enormemente, principalmente o texto papal ao nos apresentar uma ecologia não apenas verde, mas *integral*: ambiental, social, política, cultural, doméstica e espiritual.

Como é de conhecimento geral, a nova cosmologia é formulada dentro do arco da evolução ampliada. Esta evolução não é linear. Ela conhece paradas, recuos, avanços, destruições (caos) e novas retomadas (novas ordens). Mas, olhando-se para trás, o processo mostra inegavelmente uma direção, a seta do tempo, apontando para frente e para cima.

Somos conscientes que renomados cientistas se recusam aceitar uma direcionalidade do universo. Ele seria simplesmente sem sentido. Outros, cito apenas um, o conhecido físico da Grã-Bretanha Freeman Dyson testemunha o contrário. Ele afirma: "Quanto mais examino o universo e estudo os detalhes de sua arquitetura, tanto mais evidências encontro de que o universo, de alguma maneira, deve ter sabido que estávamos a caminho" (1979).

De fato, olhando retrospectivamente o processo evolucionário já possui 13,7 bilhões de anos. Não podemos negar que houve uma escalada ascendente: a energia virou, matéria, graças ao Bóson de Higgs, o caos se organizou (se fez cosmos = ordem e beleza), o simples se complexificou, e de um ser complexo surgiu a vida e da vida a consciência.

Há um propósito que não pode ser negado. É o que vem afirmado pelo princípio *andrópico*. Ele sustenta que, se as coisas em seus mínimos detalhes, não tivessem ocorrido, como ocorreram, nós humanos (daí andrópico) não estaríamos aqui para discursar sobre todas estas coisas.

Escreveu com razão o conhecido matemático e físico Stephen Hawking em seu famoso livro *Uma nova história do tempo*

(2005): "Tudo no universo precisou de um ajuste muito fino para possibilitar o desenvolvimento da vida; por exemplo, se a carga elétrica do elétron tivesse sido apenas ligeiramente diferente, teria estragado o equilíbrio da força eletromagnética e gravitacional nas estrelas e, ou elas teriam sido incapazes de queimar o hidrogênio e o hélio, ou então não teriam explodido. De uma maneira ou de outra, a vida não poderia existir" (p. 121).

Dentre estes pressupostos, como surge a realidade de Deus?

3.2 Como Deus surge de dentro da nova cosmologia

Esta questão de Deus, a meu ver, surge quando nos interrogamos: o que havia antes do antes, antes do *Big Bang*? Quem deu o impulso inicial? Quem sustenta o universo como um todo e cada um dos seres para continuarem a existir e a se expandir?

O nada? Mas do nada nunca vem nada. Se apesar disso apareceram seres é sinal de que Alguém ou Algo os chamou à existência e os alimenta permanentemente.

O que podemos sensatamente dizer, sem logo formular uma resposta teológica, é: antes do *Big Bang* existia o Incognoscível e vigorava o Mistério. Sobre o Mistério e o Incognoscível, por definição, não se pode dizer literalmente nada. Por sua natureza, eles são antes das palavras, antes da energia, da matéria, do espaço, do tempo e do pensamento.

Ora, ocorre que o Mistério e o Incognoscível são precisamente os nomes pelos quais as religiões, também o judeu-cristianismo, significaram Deus. Deus é sempre Mistério e Incognoscível. Diante dele mais vale o silêncio que a palavra. Apesar disso, Ele pode ser percebido pela razão reverente e pode ser sentido pela inteligência cordial que vai mais longe que a inteligência racional, como uma Presença que enche o universo e faz surgir em nós o sentimento de grandeza, de majestade, de respeito e de veneração. Essa percepção é típica dos seres humanos. Ela é inegável, pouco importa se alguém é religioso ou não.

Colocados entre o céu e a terra, vendo as miríades de estrelas, retemos a respiração e nos enchemos de reverência. Naturalmente nos surgem as perguntas: Quem fez tudo isso? Quem se esconde atrás da via-láctea? Em nossos escritórios refrigerados ou entre quatro paredes de uma sala de aula podemos dizer qualquer coisa e duvidar de tudo. Mas inseridos na complexidade da natureza e imbuídos de sua beleza simplesmente nos enchemos de admiração, e quando a beleza é demais calamos reverentes.

É impossível desprezar um pôr do sol radioso, ficar indiferentes diante do desabrochar de uma flor ou não se pasmar ao contemplar uma criança recém-nascida. Ela nos convence de que, sempre que nasce uma criança, Deus ainda acredita na humanidade. Quase que espontaneamente dizemos: foi Deus quem colocou tudo em marcha e é Deus que tudo sustenta. Ele é a Fonte originária e o Abismo alimentador de tudo, o Ser que faz todos os seres ser, como dizem alguns cosmólogos.

Outra questão importante vem simultaneamente suscitada: por que exatamente existe este universo e não outro e nós somos colocados nele? O que Deus quis expressar com a criação? Responder a isso não é preocupação apenas da consciência religiosa, mas da própria ciência.

Sirva de ilustração o já citado Stephen Hawking, em seu conhecido livro *Breve história do tempo* (1992): "Se encontrarmos a resposta de por que nós e o universo existimos, teremos o triunfo definitivo da razão humana; porque, então, teremos atingido o conhecimento da mente de Deus" (p. 238). Ocorre que até hoje os cientistas e sábios estão ainda se interrogando e buscando o desígnio escondido de Deus.

3.3 As coisas são mais do que coisas; são analogias e símbolos

As religiões sempre intuíram que tudo foi criado como transbordação da vida e do amor de um Criador. Ele quis ver-se a si mesmo em suas criaturas. E estas vê-lo revelado em cada um dos seres.

Pensar assim é dar o salto da fé que, nas coisas, vê mais que as coisas, mas significações, mensagens e sinais. Neste contexto cabe lembrar os versos de Fernando Pessoa em "O Mistério do Mundo": "Ah, tudo é símbolo e analogia! O vento que passa e a noite que esfria. São outra coisa que a noite e o vento [...]. Tudo o que vemos é outra coisa. A maré vasta, a maré ansiosa. É eco de outra maré que está onde é real o mundo que há" (*Obra poética*. Aguilar, 1974, p. 453).

As coisas, feitas símbolos, apontam para um Ser Supremo que subjaz a tudo o que é criado. Pois não há nada criado que não suponha um Criador. Esta visão, numa perspectiva holística, é uma expressão do humano e do próprio universo. É uma emergência do cosmos que permitiu e ocasionou este olhar sobre todas as coisas. Cientistas que vêm da visão cosmogênica, que engloba todos os fenômenos, não têm dificuldade de entender tal fenômeno.

A partir desta perspectiva religiosa e holística sucintamentepodemos dizer o que expressamos anteriormente: o sentido do universo e de nossa própria existência consciente parece residir no fato de podermos ser o espelho no qual Deus vê a si mesmo. Cria o universo como desbordamento de sua plenitude de ser, de bondade e de inteligência. Cria para fazer outros participarem de sua superabundância. Cria o ser humano com consciência para que ele possa ouvir as mensagens que o universo nos quer comunicar, para que possa captar as histórias dos seres da criação, dos céus, dos mares, das florestas, dos animais e do próprio processo humano e religar tudo à Fonte originária de onde procedem.

O universo e cada ser dentro dele ainda não revelaram tudo o que são e contêm, pois se encontram em evolução e em expansão. Não acabaram ainda de nascer. Estão ainda em gênese. Por isso, vêm carregados de virtualidades que forcejam por se realizar. O universo e especialmente o ser humano carregam dentro de si uma promessa e um futuro.

A tendência de tudo é poder realizar-se e mostrar as suas potencialidades escondidas. Por isso, a expansão significa também revelação. Quando tudo tiver se realizado, então se dará a completa revelação do desígnio do Criador como ansiavam Stephan Hawking e o próprio Albert Einstein. Saberemos a fórmula que Ele usou para que se formasse esse esplendoroso sistema que é o universo em suas relações e em seus seres, todos conectados entre si. Bem dizia o filósofo da esperança Ernst Bloch: "o verdadeiro Gênesis está no fim e não no começo".

Deus se manifesta dentro desse processo, animando, atraindo e fazendo convergir para o alto e para frente. Ele é o Ponto Ômega, o grande Atrator de todas as energias e de todas as formas de matéria para que cheguem a uma suprema culminância. Então a promessa se transforma em realidade e a virtualidade em ridente concreção.

3.4 Como nomear Aquele que faz ser todos os seres

Como nomear esse Deus-mistério e Deus-incognoscível a partir dessa visão cosmológica evolutiva? Que nome conferir Àquele que faz ser todos os seres?

O primeiro que nos ocorre é chamá-lo de *Energia* suprema, consciente, ordenadora, sustentadora e amorosa. A energia, como dissemos, é a realidade mais originária e misteriosa, anterior a esse universo que conhecemos.

Podemos compreendê-lo com categorias antropológicas e dizer que aparece como *Paixão* infinita de comunicação e expansão, pois o universo é cheio de movimento, criando o tempo, o espaço, a matéria, a informação, enfim todos os seres na medida em que se expande indefinidamente.

Podemos também dizer que Deus irrompe como *Espírito* que perpassa o todo e cada parte porquanto tudo apresenta uma ordem que continuamente se cria a partir do caos inicial e que se abre para formas cada vez mais complexas, abertas, inteligentes e superiores de relação.

Ele, por fim, comparece como o *Futuro* absoluto, o Ponto Ômega de realização de todas as promessas presentes na evolução voltada para frente.

Todas as coisas comungam entre si e comungam, portanto, com a Fonte originária. Deus é um *Deus-comunhão*, um Deus-relação. Essa constatação abre o espaço para compreendermos a experiência cristã de Deus como Trindade, como comunhão de Pessoas divinas, como Pai, Filho e Espírito Santo, como veremos logo a seguir.

3.5 Deus em tudo e tudo em Deus

Como se depreende, a cosmovisão ecológica enfatiza a imanência de Deus na cosmogênese. Deus acompanha por dentro todos os processos, sem perder-se neles pois Ele, sendo Mistério e Incognoscível, os desborda por todos os lados. Antes, orienta a seta do tempo para a emergência de ordens cada vez mais complexas, dinâmicas e carregadas de propósito.

Deus está presente no cosmos e o cosmos está presente em Deus. A teologia clássica expressava esta mútua interpenetração pelo conceito *pericórese* que significa exatamente "interpenetração de um no outro" (BOFF, L. *A Trindade e a sociedade*, 1998). A teologia moderna ecumênica cunhou outra expressão, o *panenteísmo* (em grego: *pan* = tudo; *en* = em; *theós* = Deus). Quer dizer: Deus em tudo e tudo em Deus (MOLTMANN, 1998).

O *panenteísmo* deve ser distinguido claramente do *panteísmo*. O panteísmo (em grego: *pan* = tudo; *theos* = Deus) afirma que tudo é Deus e Deus é tudo. Sustenta que Deus e mundo são idênticos; que o mundo não é criatura de Deus, mas o modo necessário de existir de Deus. O panteísmo não aceita nenhuma diferença. Tudo é idêntico. Tudo é Deus. Se tudo é Deus e Deus é tudo, então é indiferente se me ocupo com os meninos e meninas de rua assassinados no Rio de Janeiro ou com o carnaval, ou com o futebol ou com os indígenas kayapó em extinção ou com um trabalho sério junto aos portadores de Aids ou criar a agroecologia e hortas comunitárias. O que é manifestamente um erro filosófico. Uma coisa não é a outra. Há diferenças neste mundo. E estas são respeitadas pelo panenteísmo e negadas pelo panteísmo.

Tudo não é Deus. Mas Deus está *em tudo* e tudo está *em Deus*. Pelo fato da criação, Deus deixa sua marca registrada e garante sua presença permanente na criatura (providência). A criatura sempre depende de Deus e o carrega dentro de si. Deus e mundo são diferentes. Um não é o outro. Mas não estão separados ou fechados. Estão abertos um ao outro. Encontram-se sempre mutuamente implicados. Se são diferentes é para poderem se comunicar e estarem unidos pela comunhão e mútua presença.

Por causa desta mútua presença, supera-se a simples transcendência e a pura imanência. Estas categorias de origem grega estabelecem um abismo entre Deus e mundo. Entretanto, verifica-se uma "*pericórese*" (interpenetração) entre imanência e transcendência. A imanência e a transcendência se entrelaçam essencialmente. Então surge a *transparência* que resulta da presença da transcendência dentro da imanência e da imanência dentro da transcendência. Aplicada esta compreensão ao nosso tema, significa que Deus e mundo se fazem mutuamente transparentes.

Teilhard de Chardin viveu como ninguém no século XX uma profunda espiritualidade da transparência. Bem dizia: "O grande mistério do cristianismo não é a aparição, mas a transparência de Deus no universo. Oh! sim, Senhor, não somente o raio que aflora, mas o raio que penetra. Não vossa Epi-fania, Jesus, mas vossa Dia-fania" (1957, p. 162).

Ou então o expressava nesta outra oração: "Novamente, ó Deus, qual destas duas bem-aventuranças é mais preciosa: o fato de que todas as coisas estejam em contato contigo? Ou que Tu sejas tão universal que eu te encontre e te sinta em cada criatura" (1957, p. 151).

O universo em cosmogênese nos convida a vivermos a experiência que subjaz ao *panenteísmo*: em cada mínima manifestação de ser, em cada movimento, em cada expressão de vida, de inteligência e de amor, estamos às voltas com o Mistério do universo-em-processo.

As pessoas sensíveis ao Sagrado e ao Mistério testemunham como São Paulo: "nele vivemos, nos movemos e existimos" (At 17,28). Transformar estes conteúdos numa experiência e numa comoção é o que dá origem à espiritualidade. Para isso precisamos passar da cabeça, vale dizer, dos conceitos frios, para o coração, dos sentimentos profundos e calorosos. Então as coisas são mais que coisas. São sacramentos-sinais-e-símbolos daquela Fonte originária que faz ser tudo o que é.

4
O Deus cristão, a Trindade: paradigma da ecologia integral

O discurso ecológico nos propicia a possibilidade e a plausibilidade de se falar da forma tipicamente cristã de Deus, não como no monoteísmo, que afirma a existência de uma única Entidade divina. O cristianismo não renuncia ao monoteísmo. Sustenta, algo original, um monoteísmo trinitário. A Última Realidade é relacional e uma comunhão de amor de três Pessoas divinas. Elas coexistem eternamente e simultaneamente infinitas, sem que nenhuma delas seja anterior ou posterior, acima ou abaixo da outra. É o Pai, o Filho e do Espírito Santo, cada um sendo único, distinto do outro, mas sempiternamente relacionados entre si.

4.1 Deus não é a solidão do Uno, mas a comunhão dos Três Únicos

Então teríamos três Únicos? Três deuses, o triteísmo seria o argumento lógico. Ocorre que os únicos não se somam. Constituem-se como únicos. Por isso a lógica trinitária é outra. Ela não é substancialista e estática, mas processual e relacional.

Quando os cristãos falam que Deus é Trindade: Pai, Filho e Espírito Santo, não estão somando números: 1 + 1 + 1 = 3. Se houver número, então Deus é um só, e não Trindade. Com a Trindade não queremos multiplicar Deus. O que queremos é expressar a experiência singular de que Deus é comunhão, e não solidão.

Bem o enfatizou João Paulo II em sua primeira visita à América Latina no dia 28 de janeiro de 1979 em Puebla no México: "Já se disse, de forma bela e profunda, que nosso Deus em seu mistério mais íntimo não é *uma solidão*, mas uma família", portanto uma comunhão de amor.

Os Únicos se relacionam entre si tão absolutamente, se entrelaçam de forma tão íntima, se amam de maneira tão radical que se uni-ficam. Isto é, ficam um. Esta comunhão não é resultado das relações entre as divinas Pessoas que, uma vez constituídas em si e para si, começariam a se relacionar. Não. A comunhão é simultânea e originária com as Pessoas. Elas são, desde toda a eternidade, Pessoas-comunhão, Pessoas-relação, Pessoas-amor. Então há um só Deus-comunhão-relação-de-Pessoas. É o monoteísmo trinitário.

Deus não é a solidão do Uno é a comunhão dos Três Únicos.

Santo Agostinho, o grande pensador desta visão de Deus-comunhão, escreveu no seu *De Trinitate*: "Cada uma das Pessoas divinas está em cada uma das outras e todas em cada uma e cada uma em todas e todas estão em todas e todas são somente um" (livro VI, 10, 20).

4.2 A criação espelha a Trindade

Pertinentemente escreveu o Papa Francisco em sua encíclica de ecologia integral *Laudato Si' – Sobre o cuidado da Casa Comum*: "O mundo foi criado pelas três Pessoas como um único princípio divino, mas cada uma delas realiza esta obra comum segundo a própria identidade pessoal [...]. Para os cristãos, acreditar num Deus único que é comunhão trinitária contém em si mesma uma marca propriamente trinitária [...]. As Pessoas divinas são relações subsistentes e o mundo criado segundo o modelo divino é uma trama de relações" (n. 238).

Destarte, ultrapassamos uma visão monoteísta e substancialista da divindade. A Trindade nos coloca no centro de uma visão de relações, de reciprocidades e inter-retro-comunhões bem no estilo do que pensa e diz a ecologia.

Portanto, à semelhança da Trindade, a ecologia se estrutura ao redor da teia de relações, interdependências, mutualidades e inclusões que sustentam e perfazem o nosso universo. Junto com a unidade (um só cosmos, um só Planeta Terra, uma só espécie humana etc.) vigora também a diversidade (conglomerados galácticos, sistemas solares, biodiversidade e multiplicidade de etnias, de culturas e de indivíduos).

Dificilmente algum ecólogo moderno poderia expressar melhor este jogo de relações ecológicas, elaboradas durante séculos de reflexão. Esse jogo relacional constitui a lógica básica da cosmogênese, da biogênese, da antropogênese e da visão ecológica.

Numa linguagem direta, fundada mais na vivência de fé do que na reflexão, poderíamos expressar assim a Santíssima Trindade: o Deus que está *acima* de nós e é nossa Fonte originária chamamos de Pai. O mesmo Deus que está *ao nosso lado* e se mostra como irmão chamamos de Filho. E o mesmo Deus que mora *dentro de nós* e se revela como entusiasmo chamado de Espírito Santo. Eles são um só-Deus-relação-comunhão-e-amor.

O que se realiza em Deus-Trindade espelha em todo o universo, uno e diverso, uma comunhão da unidade com a diversidade.

5
O Cristo cósmico: "rache a lenha e estou dentro dela"

Na perspectiva cosmogênica que temos desenvolvido dos capítulos anteriores podemos afirmar que o Filho de Deus, o Verbo, que estava dentro do processo universal, foi subindo a escala das energias e dos seres até ganhar rosto concreto no hebreu Jesus de Nazaré que se revelou como sendo o Cristo, o Ungido entre todas as criaturas (Messias).

Cabe-nos agora mostrar a relevância cósmica de Jesus Cristo e como se deve entrelaçar a história do universo com a sua história.

Inicialmente devemos alargar os horizontes para além do Mediterrâneo, região que viu nascer e atuar o Jesus histórico. Devemos ir além das confissões cristãs, pois elas não aprisionam nem monopolizam a significação de Cristo, embora tenham um alto valor, pois são comunidades que guardam a memória dele e procuram pautar suas vidas no seu seguimento. Devemos ultrapassar o antropocentrismo comum nas cristologias, porquanto Cristo não apenas divinizou e libertou os seres humanos, mas todos os seres do universo.

5.1 Jesus dentro da história humana

Curiosamente a consciência coletiva das primeiras comunidades cristãs acerca do significado de Cristo já o inseriam numa dimensão universal e mesmo cósmica.

As raízes de Jesus na versão do Evangelho de São Mateus alcançam a mais alta ancestralidade, chegam até Abraão, pai do povo hebraico (Mt 1,1-17).

São Lucas vê toda a história da humanidade que começa com Adão e culmina com a figura de Jesus (Lc 3,23-38).

São João retrojeta as origens de Jesus, o Cristo, para dentro do mistério do próprio Deus ao afirmar: "no princípio era o Verbo [...] o Verbo era Deus [...] e o Verbo se fez carne e habitou entre nós" (Jo 1,1.14).

São Paulo, nos anos 50, quando escreveu a primeira carta aos Coríntios, antes ainda dos evangelhos, testemunhou a crença de que Jesus Cristo tem a ver com o mistério da criação: "Assim temos somente um Deus, o Pai, de quem tudo procede e para quem nós somos, e um só Senhor, Jesus Cristo *por quem* tudo existe e *por quem* nós somos" (1Cor 8,6).

Cristo é visto como a Sabedoria que estava com Deus antes da criação do mundo e por meio da qual se fizeram todas as coisas (cf. Pr 8). Ele é o meio divino no qual nele tudo o que existe, subsiste e persiste (cf. Cl 1,17).

Como chegaram a afirmações tão ousadas, eles que vinham da tradição de estrito monoteísmo do Antigo Testamento? Como afirmar coisas tão decisivas e últimas de um homem, Jesus, "que vimos com nossos olhos [...] e que nossas mãos apalparam"? (cf. 1Jo 1,1).

É opinião comum dos estudiosos das origens cristãs que o fator explosivo que detonou a reflexão acelerada sobre o significado transcendente de Jesus foi o evento ressurreição (cf. SCHMAUS, M. *A fé da Igreja*. Vol. 4. Petrópolis: Vozes, 1978, p. 26ss. • KÜNG, H. *A Igreja*. Vol. I. Lisboa, 1969, p. 65-150).

Os textos mais antigos testemunham que a grama não cresceu sobre a sua sepultura. Ele não foi simplesmente reconduzido à vida, numa espécie de reanimação de cadáver, a exemplo de Lázaro. Dão-se conta de que o sepulcro está aberto e vazio e concluíram: "Ele ressuscitou verdadeiramente e apareceu a Simão" (Lc 24,34) sendo que antes apareceu a uma mulher, a Madalena (Jo 20,16). Eis que Ele vive, de uma forma totalmente singular, como dizem, "segundo o Espírito" vale dizer, na forma da vida, característica de Deus que é Espírito.

Nós diríamos, na linguagem de hoje que a ressurreição implica tal densidade de vida que a morte já não tem lugar, nem funciona nenhuma entropia. Jesus foi como que transportado para o termo do processo evolucionário e aí tudo o que estava latente nos bilênios de cosmogênese e de antropogênse ficou patente. Dito mais tecnicamente, houve, portanto, a *escatologização* (a realização terminal) do destino de Jesus. Esse evento de infinito consolo e de incomensurável esperança foi lido como inauguração do novo *éon*, irrupção da nova humanidade (*Novissimus Adam* de 1Cor 15,45) e a concretização na vida de Jesus do que significa a utopia do Reino de Deus.

5.2 O Cristo ressuscitado dentro da história cósmica

Para de alguma forma nos representar o que significa a ressurreição e a inserção de Cristo dentro da evolução, colhemos uma das conquistas empíricas mais seguras da moderna cosmologia que é entender o cosmos como cosmogênese e a antropologia como antropogênese. Tudo se encontra num processo de gênese e gestação.

Essa mesma lógica se aplica também ao fenômeno Jesus Cristo ressuscitado. A cristologia se transforma em cristogênese. A ressurreição não representa um fato exclusivo de Cristo. Ele antecipa o destino de todos. Como diz São Paulo: "Ele é o primeiro entre muitos irmãos" (cf. Rm 8,29). Nós, porque somos irmãos na mesma humanidade participamos desse salto dado pelo Ressuscitado (cf. SCHWIY, G. *Der kosmiche Christus*. Munique: Kösel, 1990, p. 71ss.).

Nas palavras de Teilhard de Chardin que ninguém mais do que ele se deixou impregnar pelo evento ressurreição diz acertadamente: "A ressurreição não é um acontecimento apologético e momentâneo, como uma pequena desforra individual de Cristo sobre o túmulo. Mas ela é bem outra coisa e muito mais do que isto. É um *tremendous* acontecimento cósmico [...]. Cristo emergiu do mundo, depois de haver sido nele batizado. Estendeu-se até os céus, depois de ter tocado as profundezas da terra: *descendit et ascendit ut impleret omnia* (Ef 4,10: desceu e subiu para plenificar tudo)". Pela ressurreição o Cristo abandona as limitações impostas pela encarnação no espaço-tempo. Agora possui as dimensões do cosmos. É o cristo verdadeiramente cósmico e universal.

O futuro é antecipado para o presente. Como diz acertadamente Jürgen Moltmann: "No ressuscitado a evolução se converte em revolução no sentido original da palavra" (*O Cristo cósmico*, p. 404).

O texto mais expressivo desta cristologia cósmica se encontra num Agraphon (palavra de Cristo não contida nos evangelhos) do Logion 77 do evangelho copta de São Tomé. Ai a ubiquidade cósmica de Cristo ganha toda a sua força: "Eu sou a luz que está sobre todas as coisas; eu sou o universo; o universo saiu de mim e o universo retornou a mim; rache a lenha e eu estou dentro dela; levante a pedra e eu estou debaixo dela" (cf. JEREMIAS, J. *Unbekannte Jesuworte*. Gutersloh, 1963, p. 100).

Eis o pancristismo, derivado de uma leitura global do mistério de Cristo. Ele era o Verbo preexistente, fez-se o Verbo existente na carne e por fim tornou-se o Verbo transfigurado no Espírito. O Cristo cósmico e universal engloba todas as dimensões da realidade (cf. BOFF, L. *O evangelho do Cristo cósmico*. Petrópolis: Vozes, 1971/2010).

Ao abraçarmos o mundo, ao penetrarmos na matéria, ao sentirmos o campo das forças e das energias que perpassam toda a realidade, ao fazermos os mais humildes e penosos trabalhos, como rachar lenha ou levantar pedras, estamos em contato com o Cristo ressuscitado e cósmico. Aqui abre-se o espaço para uma experiência inefável de comunhão com o Cristo total.

Para os cristãos é na eucaristia que ela ganha forma sacramental e densíssima sob as espécies do pão e do vinho. A Eucaristia e isso foi bem visto por Teilhard de Chardin, prolonga, de certa forma, a encarnação e pereniza a ligação de Cristo com os elementos cósmicos. O pão e o vinho se enraízam na matéria de todo o universo. A hóstia não é apenas o pedaço de pão que está sobre o altar. O universo inteiro se transforma em hóstia para ser o corpo cósmico de Cristo.

Neste contexto vale recordar a famosa *La messe sur le monde* (1923), de Teilhard de Chardin, quando, no imenso deserto chinês de Gobi, em dia de Páscoa se viu impedido de celebrar a missa. Estava empenhado numa pesquisa arqueológica que culminou com a descoberta *do homo pequinensis*. Então rezou: "Já que hoje, Senhor, eu vosso sacerdote, não tenho nem pão, nem vinho, nem altar, estenderei as mãos sobre a totalidade do universo e tomarei sua imensidade como matéria de meu sacrifício. O círculo infinito das coisas não é a hóstia definitiva que vós quereis transformar? O cadinho fervente em que se misturam, em que fervem as atividades de toda substância viva e cósmica, não é o cálice doloroso que vós desejais santificar? Que ela se repita, hoje ainda e amanhã e para sempre, enquanto a transformação não se esgotar inteiramente, a Divina Palavra: *hoc est corpus meum*, isto é o meu corpo".

5.3 O sorriso surgiu com a irrupção do Novo Adão

Por causa da presença do Cristo cósmico, os cristãos podem finalmente sorrir porque irrompeu o Novo Adão (cf. 1Cor 15,45). Devemos nos encher de esperança porque o fim bom já foi antecipado para todos nós. Um irmão nosso, Jesus, com sua plena humanidade, está no seio da Trindade.

O Espírito vivifica todos os seres por dentro e o Cristo cósmico é o motor da evolução e seu grande Atrator. Ambos padecem sob a paixão da "vulnerabilidade humana" (cf. Rm 8,20) que obriga o processo cosmogênico a passar por uma experiência pascal (de morte e ressurreição).

Mas tudo isso conhecerá um dia o seu fim. É o passo necessário para a grande transformação. "*Et tunc erit finis: omnia in omnibus Christus*: "e então será o fim: Cristo tudo em todas as coisas" (Cl 3,11).

A celebração da alegria pela vida transfigurada pela ressurreição não conhecerá fim no Reino que Cristo pregou e realizou em sua pessoa de ressuscitado; enfim, no Reino da Trindade.

6
O Espírito Santo "dorme na pedra, sonha na flor, acorda no animal e sabe que está acordado no ser humano"

Um dos nomes de Deus que as tradições religiosas e espirituais usaram é o de Espírito. Ora, dizer Espírito, é dizer vida, dinamismo, interação e propósito. Para os cristãos, o Espírito é a terceira Pessoa da Santíssima Trindade, o Espírito Santo. Ele é chamado na tradição de *Spiritus Creator*, de Espírito Criador e Dominus vivificans, de Senhor gerador de vida. Ele enche a Terra e renova todas as coisas. Nada mais ecológica do que esta afirmação.

Assim, o Espírito está presente na primeira criação (Gn 1,2). É atuante nos profetas e densissimamente presente em Jesus de Nazaré. Os evangelhos atribuem ao Espírito a encarnação do Filho: "Maria ficou grávida do Espírito Santo" (Mt 1,20). São Lucas dirá que o Espírito fixou morada sobre ela, o que equivale a dizer que ela foi alçada à altura divina; por isso, o que dela nasce é Santo e Filho de Deus (cf. Lc 1,35).

É o Espírito que ressuscita Jesus dentre os mortos, inaugurando uma forma de vida totalmente plena, sem entropia e já com as características do Espírito que é a essência da divindade (cf. Rm 1,4; 1Tm 3,16). É o Espírito que dá origem à Igreja, à comunidade que leva pela história afora a memória e a herança de Jesus (At 2,32). É o Espírito que como entusiasmo e como vida renovada se faz presente dentro de cada ser humano.

A multiplicidade dos seres, a biodiversidade, a diversidade das quatro energias construtoras do universo remetem à diversificada atuação do Espírito que aprecia a diferença. Na comunidade humana doa a diversidade de talentos: "há diversidade de dons, mas um mesmo é o Espírito", pondera São Paulo (1Cor 12,4).

Da mesma forma na ecologia: há a diversidade de energias, de partículas, de seres e de formas de vida e de inteligência. Mas existe um só transfundo misterioso de Energia que a todos sustenta, um só cosmos e uma só Terra. O que vale para a comunidade de fé vale para a comunidade cósmica, planetária e humana: "a cada um é dada a manifestação do Espírito em vista do bem comum" (1Cor 12,7) que nunca é apenas humano, mas omnienglobante e cósmico.

O Espírito é fator de comunhão e de comunicação. Assim como em Pentecostes todos ouviam em suas próprias línguas a mesma mensagem libertadora (At 2,11), assim a diversidade das energias e dos seres remetem à mesma fonte criadora, ao *Dominus vivificans*, o Senhor que tudo vivifica como se recita no credo cristão.

A encarnação do Verbo é uma das doutrinas centrais do cristianismo. Mas os cristãos estão pouco habituados a ouvir falar na habitação do Espírito em sua criação. Assim como o Filho "se torna carne e armou sua tenda entre nós" (Jo 1,14), assim o Espírito Santo "armou sua tenda" em Maria (cf. Lc 1,35) e "fixou sua morada" no universo.

Dizer que Ele armou sua tenda e inabita a criação significa que Ele participa das ascensões e regressões que podem ocorrer. Ele se alegra com a criação, sofre com ela, geme junto com as demais criaturas, esperando a redenção e a libertação plenas. Porque a ama e armou sua tenda nela, pode ficar "abatido" e "entristecido" pelo seu drama como insinuam as Escrituras (cf. 1Ts 5,19; Ef 4,30).

Do Oriente nos vem um pequeno poema que traduz esse pan-espiritualismo: "O Espírito dorme na pedra, sonha na flor, acorda no animal e sabe que está acordado no ser humano".

O Espírito perpassa tudo com o enovelamento do universo sobre si mesmo, com o despertar de consciência, do desejo, do entusiasmo, do grito de liberdade e como força de comunicação e de comunhão (cf. BOFF, L. *O Espírito Santo*: fogo interior, doador de vida e pai dos pobres. Petrópolis: Vozes, 2013).

Tal visão nos propicia uma mística cósmico-ecológica. Encontramo-nos mergulhados num campo de absoluta Energia – o *Spiritus Creator* – que se manifesta nas energias do universo e na nossa própria energia vital e espiritual. Formamos um todo com e no Espírito. A espiritualidade que nasce desta fé, sente-se ligada aos processos naturais, especialmente à vida. Deixar-se imbuir de vida, de amor a ela e de respeito a todo tipo de vida é viver segundo o Espírito de forma consciente.

Viver segundo o Espírito é orientar-se pelos valores que Cristo, cheio do Espírito Santo, proclamou: o amor incondicional, a misericórdia, a solidariedade, o respeito, o cuidado por tudo o que existe e viver e a capacidade de perdão. São esses valores intangíveis que não se compram, mas que estão em nosso coração e são permanentemente suscitados pelo Espírito Santo.

Especialmente a teologia da Igreja ortodoxa elaborou uma profunda reflexão sobre as "energias espirituais". Elas querem mostrar nas distintas situações da vida, da sociedade e do mundo, a atuação do Espírito. Ele que esteve no início do mundo, sempre o acompanha e nunca o abandona, mesmo nos momentos mais dramáticos.

Perceber esta Energia divina por detrás dos eventos é obra da fé na força do Espírito, força suave e, ao mesmo tempo, forte, na superação de momentos angustiantes da história pessoal e coletiva. Por isso cabe sempre invocá-lo como o faz a liturgia: *Veni Sante Spiritus!* – Vem, Espírito Santo.

7
Francisco de Assis: ícone da espiritualidade ecológica

Tudo o que delineamos até aqui pela via da razão foi sentido e vivido por Francisco de Assis (1284-1226). No Ocidente encontramos este cristão de excepcional qualidade humana e religiosa que viveu uma profunda espiritualidade ecológica e cósmica, chamando a todos os seres de irmãos e de irmãs.

Em sua encíclica de ecologia integral *Laudato Si' – Sobre o cuidado da Casa Comum*, o Papa Francisco apresenta São Francisco "como o exemplo por excelência pelo cuidado pelo que é frágil, vivida com alegria e autenticidade. É o padroeiro de todos os que estudam e trabalham no campo da ecologia, amado também por muitos que não são cristãos" (n. 10). Diz mais ainda: "Coração universal, para ele qualquer criatura era uma irmã, unida a ele por laços de carinho; por isso sentia-se chamado a cuidar de tudo o que existe [...] até das ervas silvestres que deviam ter o seu lugar no horto" de cada convento dos frades (n. 11, 12).

Lynn White Jr. em 1967 em seu rumoroso artigo "As raízes históricas de nossa crise ecológica" acusava o judeu-cristianismo, por causa de seu visceral antropocentrismo, como o principal fator da crise que nos dias atuais se transformou num clamor. Por outro lado, reconhecia que esse mesmo cristianismo tinha um antídoto na mística cósmica de São Francisco de Assis. Para reforçar a ideia sugeria que fosse proclamado "patrono dos ecologistas", coisa que o Papa João Paulo II o fez no dia 29 de novembro de 1979.

Efetivamente, todos os seus biógrafos como Tomás de Celano, São Boaventura, a *Legenda Perusina* e outras fontes da época, atestam "a amigável união que Francisco estabelecia com todas as criaturas; enchia-se de inefável gozo todas as vezes que olhava o sol, contemplava a lua e dirigia seu olhar para as estrelas e para o firmamento".

Dava o doce nome de irmãos e irmãs a cada uma das criaturas, as aves do céu, as flores do campo e até ao feroz lobo de Gúbio. Constituía fraternidade com os mais discriminados como os hansenianos (leprosos) e com todas as pessoas, como com o sultão Melek el Kamel no Egito com quem teve longos diálogos e mutuamente se admiravam.

Seu biógrafo Tomás de Celano chega a dizer que "tinha tão entranhado amor pelas criaturas que até aquelas irracionais eram capazes de reconhecer o seu afeto e presentir o seu carinho" (*1Celano*, 59). Tudo nele vem cercado de cuidado, simpatia e enternecimento.

O filósofo Max Scheler em seu conhecido estudo sobre *A essência e as formas da simpatia*" (1926) dedica-lhes brilhantes e profundas páginas. Assevera ele que "nunca na história do Ocidente emergiu uma figura com tais forças de simpatia e de emoção universal como encontramos em São Francisco. Nunca mais se pôde conservar a unidade e a inteireza de todos os elementos como em São Francisco, no âmbito da religião, da erótica, da atuação social, da arte e do conhecimento" (1926, p. 110). Talvez seja por esta razão que Dante Aliglieri o chamou de "sol de Assis" (*Paradiso*, XI, p. 50).

Esta mística cósmica ganhou uma forma genial no seu *Cantico di Frate Sole*. Aí encontramos uma síntese acabada entre a ecologia interior e a ecologia exterior.

Como o filósofo e teólogo francês, o franciscano Eloi Leclerc (1977), sobrevivente dos campos de extermínio nazista, mostrou, que para ele, os elementos exteriores como o sol, a terra, o fogo, a água, o vento e outros não eram apenas realidades objetivas, mas realidades simbólicas, emocionais, verdadeiros arquétipos que dinamizam a psiqué no sentido de uma síntese entre o exterior e o interior e de uma experiência de unidade com o Todo.

Estes sentimentos, nascidos da razão sensível e da inteligência cordial, são urgentes hoje se quisermos refazer a aliança de sinergia e de benevolência para com a Terra e seus ecossistemas.

Acertadamente ponderou o grande historiador inglês Arnold Toynbee no final de sua vida: "Para manter a biosfera habitável por mais dois mil anos, nós e nossos descendentes, teremos de esquecer o exemplo de Pedro Bernardone (pai de São Francisco), grande empresário de tecidos do século XIII e seu bem-estar material e começar a seguir o modelo de seu filho, Francisco, o maior entre todos os homens que já viveram no Ocidente. O exemplo dado por São Francisco é que nós, os ocidentais, deveríamos imitá-lo de todo o coração, porque ele é o único ocidental que pode salvar a Terra" (*El País*, 1972, p. 10-11).

Hoje São Francisco se tornou o irmão universal que se situa para além das confissões e das culturas. A humanidade pode se orgulhar de ter produzido um filho com tal amor, com tanta ternura e com tão grande cuidado para com todos os seres, por menores que parecessem.

Ele é uma referência espontânea de uma atitude ecológica que se confraterniza com todos os seres, convive amorosamente com eles, os protege contra ameaças e os cuida como irmãos e irmãs.

Ele soube descobrir Deus nas coisas. Acolheu com jovialidade as doenças e as contradições da vida. Chegou a chamar de irmã a própria morte. Estabeleceu uma aliança com as raízes mais profundas da Terra e com grande humildade se unia a todos os seres para cantar, *junto* com eles e não apenas *através* deles, louvores à beleza e à integridade da criação.

Como arquétipo, Francisco penetrou no inconsciente coletivo da humanidade, no Ocidente e no Oriente e de lá anima as energias benfazejas que se abrem à relação amorosa com todas as criaturas, como se estivéssemos ainda no paraíso terrenal (cf. BOFF, L. *Francisco de Assis*: saudade do paraíso. Petrópolis: Vozes 1986).

Ele mostra que não somos condenados a ser o agressor pertinaz da natureza, mas o seu anjo bom que protege, cuida e transforma a Terra como a Casa Comum de todos, da comunidade terrenal e cósmica. Ele suscita em nós a saudade de uma integração que perdemos por causa de nossos maus-tratos entre nós e à natureza. Com ele nos convencemos de que, por todos os lados há ainda sinais do paraíso terrenal que nunca se perdeu totalmente.

Podemos, com o espírito de São Francisco, o irmão universal, recriá-lo dentro de nosso interior e irradiá-lo para o exterior.

8
Como colocar corretamente a questão de Deus

Retomamos o tema de Deus. Nos últimos anos, este tema está em alta. Alguns em nome da ciência pretendem negar sua existência como o biólogo Richard Dawkins com seu livro *Deus, um delírio* (São Paulo, 2007) que provocou uma resposta de um colega "Dawkin, um delírio". Outros como o diretor do Projeto Genoma, Francis Collins com o sugestivo título *A linguagem de Deus* (São Paulo, 2007) apresentam as boas razões da fé em sua existência. E há outros no mercado como os de C. Hitchens e S. Harris.

Meu sentimento do mundo me diz que todos estes questionamentos laboram num equívoco epistemológico de base que é o de quererem plantar Deus e a religião no âmbito da razão.

Não é que Deus e a religião estejam fora do âmbito da razão. Elas a desbordam. Pois o seu lugar natural não se situa na razão (cérebro neocortical que possui apenas alguns milhões de anos) mas na emoção profunda (no cérebro límbico quando surgiram com os mamíferos há cerca de 220 milhões de anos), no sentimento oceânico, naquela esfera onde emergem os valores e as utopias. Bem dizia Blaise Pascal, no começo da Modernidade: "é o coração que sente Deus, não a razão" (*Pensées*, frag. 277).

Crer em Deus não é pensar Deus, mas sentir Deus a partir da totalidade do ser, incluindo-nos nós mesmos. Nós mesmos, como refletia Santo Agostinho, somos uma *quaestio magna*; vale dizer, uma grande questão.

Rubem Alves, em seu *Enigma da religião* (1975), diz com acerto: "A intenção da religião não é explicar o mundo. Ela nasce, justamente, do protesto contra este mundo descrito e explicado pela ciência. A religião, ao contrário, é a voz de uma consciência que não pode encontrar descanso no mundo tal qual ele é, e que tem como seu projeto transcendê-lo".

O que transcende este mundo em direção a um maior e melhor é a utopia, a fantasia e o desejo. Estas realidades que foram postas de lado pelo saber científico, voltaram a ganhar crédito e foram resgatadas pelo pensamento mais radical, inclusive de cunho marxista como no filósofo Ernst Bloch e no sociólogo da religião Lucien Goldman. O que subjaz a este processo é a consciência de que pertence também ao real o potencial, o virtual, aquilo que ainda não é, mas pode ser. Por isso, a utopia não se opõe à realidade. É expressão de sua dimensão potencial latente.

A religião e a fé em Deus vivem desse ideal e desta utopia. Por isso, onde há religião há sempre esperança, projeção de futuro, promessa de salvação e de vida eterna. Elas são inalcançáveis pela simples razão técnico-científica que é uma razão encurtada porque se limita aos dados sempre insuficiente e limitados.

Quando se restringe apenas a essa modalidade, se transforma numa razão míope e menor, chegando à superficialidade como se nota em Dawkins.

Abaixo da razão vigora o inconsciente coletivo, o mundo das paixões, dos sentimentos, os grandes arquétipos que constituem o repositório das experiências acumuladas da humanidade. Acima da razão brilha a inteligência que capta a totalidade, o transcendente e nos permite o êxtase diante do sagrado, do belo e do amor incondicional.

A razão, sempre importante, está neste meio caminho e se alimenta do embaixo e do em cima.

A religião e a fé em Deus trabalham mais com forças poderosas do que com ideias. Quem crê se sente possuído por uma força que lhe confere confiança, coragem e consolo nos fracassos. Essa força transcende a razão e se inscreve no mais profundo do ser humano.

Se o real inclui o potencial, então com mais razão. o ser humano que é habitado por ilimitadas potencialidades. Ele, na verdade, é um ser utópico. Nunca está pronto, mas sempre em gênese, construindo sua existência a partir de seus ideais, utopias e sonhos. Em nome deles mostrou o melhor de si mesmo.

É deste transfundo que podemos recolocar o problema de Deus de forma sensata. A palavra-chave é *abertura*. O ser humano mostra três aberturas fundamentais: ao mundo cuidando dele e tirando o que precisa para viver; ao outro se comunicando e realizando a convivência necessária e o amor; ao Todo, captando seu caráter infinito, quer dizer, para além de todos os limites.

Sua *condition humaine* o faz sentir-se portador de um desejo infinito e de utopias últimas. Seu drama reside no fato de que não encontra no mundo real nenhum objeto que lhe seja adequado. Quer o infinito e só encontra finitos.

Surge então uma angústia que nenhum psicanalista pode curar. É daqui que emerge o tema Deus. Deus é o nome, entre tantos, que damos para o obscuro objeto de nosso desejo, aquele sempre maior que está para além de qualquer horizonte.

Este caminho pode, quem sabe, nos levar à experiência do *cor inquietum* de Santo Agostinho: "meu coração inquieto não descansará enquanto não repousar em ti".

A razão que acolhe Deus se faz inteligência que intui para além dos dados, algo Maior subjacente ou acima e se transforma em sabedoria que impregna a vida de sentido e de sabor.

9
Uma espiritualidade ecológica

As reflexões teológicas feitas nos capítulos anteriores, embasam uma espiritualidade ecológica, quer dizer, uma experiência do Sagrado e de Deus em contato com a natureza e o universo.

Uma coisa é a teologia e outra é a espiritualidade. A teologia pensa e trabalha com conceitos. A espiritualidade experimenta e trabalha com emoções profundas. Quando passamos da cabeça ao coração, então surge a espiritualidade. Os conceitos frios passam a ser experiências. Dizemos teologicamente que Deus Pai é nosso criador. Essa é uma informação. Mas quando passa ao coração se transforma numa experiência de sentir-se aconchegado e abraçado por um Pai bondoso e misericordioso que nos acolhe, perdoa e ama. Sentimo-nos na palma de sua mão. Então por que temer? Essa travessia faz emergir a espiritualidade.

Espiritualidade não é pensar Deus no universo é sentir Deus presente em todas as coisas, por exemplo, quando contemplamos uma bela noite estrelada com ar puro e transparente.

Uma boa porta de entrada para uma experiência espiritual ecológica e cósmica é a visão do globo terrestre reproduzido de mil formas pelos meios de comunicação. O globo transmite uma experiência de sacralidade e de veneração. É o Planeta Terra dependurado no fundo negro do universo, pequeno e frágil, mas cheio de evocações.

Uma coisa é dizer Terra como o terceiro planeta do sistema solar, distante milhões de quilômetros do Sol. É um dado informativo que se encontra nos livros didáticos. Como solo podemos cavar, cultivar todo tipo de espécies de alimentos e frutas, embelezar nossos jardins. Podemos comprar e vender. Porém quando digo Terra como Mãe que tudo nos dá, percebemos seu luxuriante verde, a brisa que toca nossa pele, as águas que banham nossa cidade, as nuvens que evoluem ao sabor do vento, as chuvas que caem e molham as árvores e nossas casas, os pássaros que cantam e os sapos que à noite coaxam, tudo muda. Fazemos uma experiência de algo vivo e pulsante. Nossa mãe, nós a amamos, cuidamos e veneramos. Assim fazemos com nossa Mãe Terra, tão bela e generosa. Fazemos uma experiência espiritual.

Os astronautas nos transmitiram esta imagem e nos deixaram testemunhos de grande força inspiradora.

Assim, o astronauta James Irwin dizia a partir da Lua: "Aquele objeto vivo tão belo e tão caloroso parece frágil e delicado. Contemplá-lo muda a pessoa, pois ela começa a apreciar a criação de Deus e a descobrir o amor de Deus". Outro, Gene Cernan, confessava: "Eu fui o último homem a pisar na Lua em dezembro de 1972; da superfície lunar olhava com temor reverencial para a Terra num transfundo de azul muito escuro; o que eu via era demasiadamente belo para ser captado, demasiadamente espiritual, cheio de propósito para ser fruto de um mero acidente cósmico; a gente se sentia, interiormente, obrigado a louvar a Deus; Deus deve existir por ter criado aquilo que eu tinha o privilégio de contemplar" (WHITE, E. *The Overview Effect*. Boston, 1987, p. 205ss.). Espontaneamente surge no ser humano a veneração e a ação de graças. É para isso que ele existe no universo.

Ao ver a Terra de fora da Terra, o ser humano desperta para a compreensão de que ele e a Terra formam uma única e complexa entidade e que esta entidade pertence a uma outra maior, à solar, e esta à outra ainda maior, a galáctica e esta, aos conglomerados de galáxias, estes ao inteiro universo, e o inteiro universo nos reenvia à Fonte originária que faz ser tudo o que é, vale dizer: Deus.

"De lá de cima", observava o astronauta Gene Cernan, "são indiscerníveis as barreiras da cor da pele, da religião e da política que lá em baixo dividem o mundo. Terra e humanidade formam uma coisa só" (WHITE, E., 1987, p. 206). Tudo é unificado no único Planeta Terra. É esse todo que é ecoespiritualmente sentido como o templo do Espírito e como pertencendo à realidade assumida pelo Verbo, e assim divinizada e feita cósmica pela ressurreição que transformou o Jesus histórico no Cristo cósmico.

Sentir com o coração a globalidade do ser, vivenciar o sentimento que vibra face à multiplicidade das formas de vida, perceber a inteligência que se alarga infinitamente ao contemplarmos o céu profundo e o coração que se inunda de comoção e ternura quando ama e vive a reciprocidade no amor: eis fazer uma experiência ecoespiritual.

Semelhante experiência fazemos ao sobrevoar, por exemplo, a floresta amazônica com seus imensos rios que parecem cobras brilhantes, se esgueirando no meio da mata. Tudo é demasiadamente majestoso, imenso, inenarrável.

Contemplamos e calamos reverentes. E se tivermos a oportunidade, como tive muitas vezes com Chico Mendes, de penetrar na floresta amazônica do Acre, aí sim que nos sentimos uns bichinhos pequenos e insignificantes face à altura e grossura das árvores, das trepadeiras, dos grossos bambus, muitos com longos espinhos que nos podem cortar, além de fossas profundas, invisíveis por causa da cobertura florestal, dos igarapés, os sons das árvores movidas pelo vento, os trinados dos pássaros, o ranger longuínquo dos porcos selvagens, extremamente perigosos e de outros animais.

Aí sentimo-nos parte dessa inenarrável realidade verde e viva, minúsculos, quase invisíveis, mas conscientes e pensantes. Alçamos a mente ao Criador que tudo sustenta e cuida e no Espírito Criador que anima desde a plantinha que está crescendo, a flora, a fauna e a diversidade de formas de vida.

Como todos os caminhos espirituais, também a ecoespiritualidade vive de fé, de esperança e de amor. Ecoespiritualmente a *fé* nos faz entender que nosso trabalho de cuidado e de preservação de nosso belo planeta é incorporado no trabalho do Criador que em cada momento recria todas as coisas.

Ecoespiritualmente a *esperança* nos assegura que apesar de todas as ameaças de destruição que a máquina de agressão da espécie humana montou e utiliza contra a Terra, como nos anos 2019/2020 com o Coronavírus, o futuro bom e benfazejo está garantido porque esse Cosmos e esta Terra são templos do Espírito e do Cristo cósmico.

Algo de nosso universo e de nossa humanidade masculina e feminina já foi eternizada, já penetrou os umbrais da absoluta realização dinâmica, já estão no coração da Trindade: Jesus Cristo e Maria assunta ao céu em corpo e alma.

Ecoespiritualmente, o *amor* nos leva a nos identificar cada vez mais com a Terra, pois o amor é a grande força unitiva e integrativa do universo. Por séculos pensamos *sobre* a Terra. Nós éramos o sujeito do pensamento e a Terra o seu objeto e conteúdo. Depois de termos conscientizado o fato de que Terra e humanidade formamos uma única realidade, importa pensarmos *como* Terra, sentirmos *como* Terra, amarmos *como* Terra.

Nós não estamos apenas sobre a Terra. Somos a própria Terra que num momento de sua evolução começou a sentir, a pensar, a amar, a venerar e a cuidar. Por isso que homem vem de *húmus*, terra fértil e Adão de *adamah*, terra fecunda. O amor nos inicia nesta identificação com a Terra viva e a natureza.

Abraçando o mundo, a Terra e as coisas, estamos abraçando o Criador e entrando em comunhão com o Espírito atuando nos processos naturais e históricos e com o Cristo cósmico que está empurrando a evolução para a sua culminância, no Ponto Ômega e, por fim, no Reino da Trindade.

Precisamos desta espiritualidade ecológica e transformadora para os dias atuais pois ela nos ajudará a cuidar da Terra e de tudo o que ela contém. Não há nenhuma razão para devastá-la na ânsia de acumular bens que ela nos oferece gratuitamente. Mas temos todas as razões para cuidar de sua vitalidade e agradecer por nos proporcionar abundantemente tudo o que precisamos para viver.

Ela nos permite ainda experimentar Deus na forma como Ele quer ser encontrado, conhecido e servido como Aquele Mistério poderoso e amoroso, como Aquela Fonte originária que faz ser todos os seres. Esta experiência é mais adequada nesta fase histórica em que vivemos com o nível de consciência do destino comum da Terra e da humanidade.

Estamos munidos com conhecimentos como nunca antes havíamos acumulado sobre a história do universo e nosso lugar no conjunto dos seres. Podemos usá-los para superexplorar os bens e serviços para o benefício de alguns, deixando outros na carência ou podemos usá-los para regenerar os estragos que fizemos no passado e preservar cuidadosamente o que ainda existe.

Nossa missão, no conjunto dos seres, é o de sermos os guardiães, os mordomos e os cuidadores deste dom que o universo nos legou ou o Criador nos presenteou: a Mãe Terra e a natureza "perpetuamente em festa" como cantamos em nosso hino nacional.

10
A grande e verdadeira escola do sofrimento

O sofrimento é a grande escola do aprendizado humano. Contém verdade, a frase atribuída a Hegel: "o ser humano aprende da história que não aprende nada da história, mas aprende tudo do sofrimento". Prefiro a formulação de Santo Agostinho em suas *Confissões*: "o ser humano aprende do sofrimento, mas muito mais do amor".

O *amor fati* (o amor à realidade crua e nua) dos antigos e retomado por Freud se impõe nos dias atuais em que a humanidade se vê assolada por grave crise de sentido, subjacente à crise econômico-financeira.

Nos anos de 2019-2020 a humanidade inteira sofreu um contra-ataque da Terra-Gaia, por séculos ofendida e ferida, através do Coronavírus, invisível mas devastador. Milhares de famílias do mundo inteiro perderam entes queridos, sem poder se despedir deles e sem fazer o velório, para não ser contaminadas pelo vírus invisível. A Terra nos deu lições amargas que importa apreender e incorporar com hábitos mais amigáveis à vida e mais cuidadosas de nossa Casa Comum.

A epidemia nos obrigou a reaprender a amar de forma desinteressada e incondicional a Terra, todos os seres, especialmente os humanos, os que sofrem, descobrir que somos todos interdependentes e carentes de cuidado, que a vida vale infinitamente mais que todas as riquezas materiais que nunca podemos carregá-las conosco para a eternidade.

O amor é uma força cósmica que "move o céu e as estrelas" no dizer de Dante Alighieri em sua *Divina comédia*. Só quem ama, transforma e cria.

Os grandes, os poderosos deste mundo, as potências militaristas com suas ogivas nucleares estão de joelhos, impotentes e confusas, sem saber exatamente o que fazer.

É que amam mais o dinheiro que a vida. Se amor houvesse, aprovariam o que está sendo proposto: uma "Declaração Universal do Bem Comum da Humanidade", base para uma "Nova Ordem Global e Multilateral" contemplando toda a humanidade, a Terra incluída. Mas não. Perplexos, preferem repetir fundamentalmente, os mantras que não nos puderam salvar: a concorrência, o individualismo, o consumismo, a completa falta de empatia pelos milhões de pobres do mundo e o total descuido da natureza, tida como um baú de recursos ilusoriamente inesgotáveis.

Caberia, entretanto, perguntar: que autoridade possuem 20 chefes de Estado ou de governo que anualmente se encontram e decidem os destinos do mundo sem consultar os 192 países que compõem a ONU, em nome de 172? Onde estão os títulos de sua legitimidade? Apenas porque são os mais fortes?

Mesmo assim vejo que se podem tirar algumas lições, úteis para as próximas crises que estão se anunciando, especialmente com vírus ainda mais letais, o temível NBO (The Next Big One), temido pelos biólogos, aquele vírus contra o qual não há vacina nem antibiótico que o possa deter. Poderá afetar grande parte da biosfera e exterminar porções incalculáveis de vidas humanas, eventualmente, o fim da espécie humana.

A primeira delas é que os governantes, para além de suas diferenças, podem se unir face a um perigo global. Mesmo que suas soluções não representem uma saída sustentável da crise, o fato de estarem juntos é significativo, pois dentro de pouco enfrentaremos uma crise muito pior: da insustentabilidade da Terra e dos efeitos perversos do aquecimento global e da escassez de água potável.

Estas emergências ecológicas trarão consigo a insegurança alimentar de milhões e milhões de pessoas. Tal situação forçará uma união dos povos e dos governos, maior do que essa dos G-20, caso queiram sobreviver.

Se grande será o perigo, maior será a chance de salvação, dizia um poeta alemão, mas desde que ocorra esta união. A solução virá somente de uma política mundial assentada na cooperação, na solidariedade, na responsabilidade global e no cuidado para com a Terra viva.

A segunda lição é que não podemos mais prolongar o fundamentalismo do mercado, o pensamento único que arrogantemente anunciava não haver alternativas à ordem vigente, como se a história tivesse sido engessada a seu favor e destruído o princípio esperança.

Nem podemos mais confiar na mera razão racional-analítica e funcional, desvinculada da razão sensível e cordial, base do mundo das excelências e dos valores infinitos, no dizer de Milton Santos, nosso grande geógrafo como o amor, a cooperação, o respeito, a justiça social, o cuidado, a espiritualidade e outros.

Desta vez, ou elaboramos uma alternativa, vale dizer, um novo paradigma civilizatório, com outro modo de produção, respeitador dos ritmos da natureza e um novo padrão de consumo solidário e frugal ou então teremos que aceitar o risco do desaparecimento de nossa espécie, como adverte a *Carta da Terra*, e de uma grave lesão da biosfera. A Terra pode continuar sem nós. Nós não podemos viver sem a Terra.

A terceira lição é constatar que o tipo de economia que temos assumido, feita eixo estruturador de toda a vida social, se torna hostil à vida e ao desenvolvimento integral dos povos. Ela deve ser reconduzida à sua verdadeira natureza, a de garantir a base material para a vida e para a sociedade.

Vivemos tempos de grandes decisões que representam rupturas instauradoras do novo. Bem notava Keynes: "a dificuldade não estriba tanto na formulação de novas ideias, mas no sacudir as velhas".

As velhas se desmoralizaram. Só nos resta confiar nas novas. Nelas se oculta um futuro melhor e a preservação de nossa Casa Comum.

Conclusão
Quando Deus dirá: "Estava muito bom"

O presente texto *O doloroso parto da Mãe Terra – Uma sociedade de fraternidade sem fronteiras e de amizade social* se propõe completar e aprofundar o livro anterior: *Covid-19 – A Mãe Terra contra-ataca a humanidade – Advertências da pandemia*.

Neste último, procuramos superar a visão do vírus visto em si mesmo, como algo que veio misteriosamente, sem estudar o contexto de sua intrusão em toda a humanidade. É inegável a importância da ciência, da medicina, da técnica, dos demais insumos e principalmente a busca desenfreada de uma vacina salvadora. Mas repetimos, o vírus não pode ser estudado e combatido isoladamente fora do contexto de onde ele irrompeu.

Ele veio da natureza que foi por séculos superexplorada pelo industrialismo moderno capitalista e socialista que se universalizou como modo de produção pela ordem e pela cultura do capital.

São bem poucos aqueles que se referem à natureza e à Terra e ao sistema depredador que as está devastando. Pois, é essa relação de pilhagem dos bens e serviços naturais, que explica a presença letal do Covid-19.

A urbanização acelerada da humanidade (83% da população mundial vive em cidades e vilas) juntamente com o assalto às regiões florestadas em função do extrativismo, do agronegócio, das monoculturas e a criação de aves e porcos confinados, provocaram a intrusão dos vários tipos de vírus. Estes perderam seu habitat. Passaram a outros animais e destes aos seres humanos.

Numa leitura mais holística podemos entender a intrusão dos vírus nas sociedades humanas como uma espécie de represália da Mãe Terra, dando-nos sinais de que ela chegou aos limites de sua suportabilidade e de sua sustentabilidade. A seguir, por esta dinâmica, poderemos ir ao encontro de eventos socioecológicos de grande dramaticidade.

O atual Covid-19 tem se mostrado como o mais potente sinal da Terra, desta vez afetando o planeta inteiro, para que deixemos de agredi-la e passemos a cuidá-la e venerá-la como fazemos com nossas mães. Pois ela é de fato a grande e generosa Mãe que nos dá tudo o que precisamos para viver, para nós, e para as futuras gerações. Pelo desígnio do Criador fomos colocados no Jardim do Éden (Terra) "para guardá-la e cuidá-la" (Gn 2,15). Falhamos nessa nossa missão e temos que reassumi-la se quisermos ainda ter futuro.

O presente livro se nutre da esperança de que do caos atual nascerá uma nova ordem e das dores presentes se prenuncia um parto da Mãe Terra, como expressão de uma nova etapa a ser percorrida por todos, desta vez, em harmonia com a natureza e com cuidado e reverência para com a nossa querida e generosa Mãe Terra.

O presente texto visa prolongar esta análise sem prender-se demasiadamente à conjuntura atual, assumindo decididamente o novo paradigma cosmológico como ponto de iluminação e de integração de todos os fatores. Para isso as encíclicas *Laudato Si'* e *Fratelli Tutti* do Papa Francisco significaram fontes inspiradoras.

Para essa diligência tentamos nos servir dos vários saberes hoje disponíveis que nos concedem entender melhor o comportamento da Terra-Gaia e especialmente a nossa responsabilidade para o destino comum Terra e humanidade. Na perspectiva dos astronautas, formamos uma única Entidade com um mesmo destino bem-aventurado ou trágico a depender de nossas decisões.

Somos herdeiros daquele que disse que "veio trazer vida e vida em abundância" (Jo 10,10) e do Deus que se anunciou "como o apaixonado amante da vida" (Sb 11,24). Tais promessas sustentam nossa esperança de que, somadas todas as contas, ouviremos ainda as palavras: "E Deus viu tudo quanto havia feito e achou que estava *muito bom*" (Gn 1,31).

Livros de Leonardo Boff

1 – *O Evangelho do Cristo Cósmico*. Petrópolis: Vozes, 1971. • Reeditado pela Record (Rio de Janeiro), 2008.

2 – *Jesus Cristo libertador*. Petrópolis: Vozes, 1972.

3 – *Die Kirche als Sakrament im Horizont der Welterfahrung*. Paderborn: Verlag Bonifacius-Druckerei, 1972 [Esgotado].

4 – *A nossa ressurreição na morte*. Petrópolis: Vozes, 1972.

5 – *Vida para além da morte*. Petrópolis: Vozes, 1973.

6 – *O destino do homem e do mundo*. Petrópolis: Vozes, 1973.

7 – *Experimentar Deus*. Petrópolis: Vozes, 2012 [Publicado em 1974 pela Vozes com o título *Atualidade da experiência de Deus*].

8 – *Os sacramentos da vida e a vida dos sacramentos*. Petrópolis: Vozes, 1975.

9 – *A vida religiosa e a Igreja no processo de libertação*. 2. ed. Petrópolis: Vozes/CNBB, 1975 [Esgotado].

10 – *Graça e experiência humana*. Petrópolis: Vozes, 1976.

11 – *Teologia do cativeiro e da libertação*. Lisboa: Multinova, 1976. • Reeditado pela Vozes, 1998.

12 – *Natal*: a humanidade e a jovialidade de nosso Deus. Petrópolis: Vozes, 1976.

13 – *Eclesiogênese* – As comunidades reinventam a Igreja. Petrópolis: Vozes, 1977. • Reeditado pela Record (Rio de Janeiro), 2008.

14 – *Paixão de Cristo, paixão do mundo*. Petrópolis: Vozes, 1977.

15 – *A fé na periferia do mundo*. Petrópolis: Vozes, 1978 [Esgotado].

16 – *Via-sacra da justiça*. Petrópolis: Vozes, 1978 [Esgotado].

17 – *O rosto materno de Deus*. Petrópolis: Vozes, 1979.

18 – *O Pai-nosso* – A oração da libertação integral. Petrópolis: Vozes, 1979.

19 – (com Clodovis Boff) *Da libertação* – O teológico das libertações sócio-históricas. Petrópolis: Vozes, 1979 [Esgotado].

20 – *O caminhar da Igreja com os oprimidos*. Rio de Janeiro: Codecri, 1980. • Reeditado pela Vozes (Petrópolis), 1988.

21 – *A Ave-Maria* – O feminino e o Espírito Santo. Petrópolis: Vozes, 1980.

22 – *Libertar para a comunhão e participação*. Rio de Janeiro: CRB, 1980 [Esgotado].

23 – *Igreja*: carisma e poder. Petrópolis: Vozes, 1981. • Reedição ampliada: Ática (Rio de Janeiro), 1994; • Record (Rio de Janeiro) 2005.

24 – *Crise, oportunidade de crescimento*. Petrópolis: Vozes, 2011 [Publicado em 1981 pela Vozes com o título *Vida segundo o Espírito*].

25 – *São Francisco de Assis* – ternura e vigor. Petrópolis: Vozes, 1981.

26 – *Via-sacra para quem quer viver*. Petrópolis: Vozes, 1991 [Publicado em 1982 pela Vozes com o título *Via-sacra da ressurreição*].

27 – *O livro da Divina Consolação*. Petrópolis: Vozes, 2006 [Publicado em 1983 com o título de *Mestre Eckhart*: a mística do ser e do não ter].

28 – *Ética e ecoespiritualidade*. Petrópolis: Vozes, 2011 [Publicado em 1984 pela Vozes com o título *Do lugar do pobre*].

29 – *Teologia à escuta do povo*. Petrópolis: Vozes, 1984 [Esgotado].

30 – *A cruz nossa de cada dia*. Petrópolis: Vozes, 2012 [Publicado em 1984 pela Vozes com o título *Como pregar a cruz hoje numa sociedade de crucificados*].

31 – (com Clodovis Boff) *Teologia da Libertação no debate atual*. Petrópolis: Vozes, 1985 [Esgotado].

32 – *A Trindade e a sociedade*. Petrópolis: Vozes, 2014 [publicado em 1986 com o título *A Trindade, a sociedade e a libertação*].

33 – *E a Igreja se fez povo*. Petrópolis: Vozes, 1986 (esgotado). • Reeditado em 2011 com o título *Ética e ecoespiritualidade*, em conjunto com *Do lugar do pobre*.

34 – (com Clodovis Boff) *Como fazer Teologia da Libertação?* Petrópolis: Vozes, 1986.

35 – *Die befreiende Botschaft*. Friburgo: Herder, 1987.

36 – *A Santíssima Trindade é a melhor comunidade*. Petrópolis: Vozes, 1988.

37 – (com Nelson Porto) *Francisco de Assis – homem do paraíso*. Petrópolis: Vozes, 1989. • Reedição modificada em 1999.

38 – *Nova evangelização*: a perspectiva dos pobres. Petrópolis: Vozes, 1990 [Esgotado].

39 – *La misión del teólogo em la Iglesia*. Estella: Verbo Divino, 1991.

40 – *Seleção de textos espirituais*. Petrópolis: Vozes, 1991 [Esgotado].

41 – *Seleção de textos militantes*. Petrópolis: Vozes, 1991 [Esgotado].

42 – *Con La libertad del Evangelio*. Madri: Nueva Utopia, 1991.

43 – *América Latina*: da conquista à nova evangelização. São Paulo: Ática, 1992 [Esgotado].

44 – *Ecologia, mundialização e espiritualidade*. São Paulo: Ática, 1993. • Reeditado pela Record (Rio de Janeiro), 2008.

45 – (com Frei Betto) *Mística e espiritualidade*. Rio de Janeiro: Rocco, 1994. • Reedição revista e ampliada pela Vozes (Petrópolis), 2010.

46 – *Nova era*: a emergência da consciência planetária. São Paulo: Ática, 1994. • Reeditado pela Sextante (Rio de Janeiro) em 2003 com o título de *Civilização planetária*: desafios à sociedade e ao cristianismo [Esgotado].

47 – *Je m'explique*. Paris: Desclée de Brouwer, 1994.

48 – (com A. Neguyen Van Si) *Sorella Madre Terra*. Roma: Ed. Lavoro, 1994.

49 – *Ecologia* – Grito da terra, grito dos pobres. São Paulo: Ática, 1995. • Reeditado pela Record (Rio de Janeiro) em 2015.

50 – *Princípio Terra* – A volta à Terra como pátria comum. São Paulo: Ática, 1995 [Esgotado].

51 – (org.) *Igreja*: entre norte e sul. São Paulo: Ática, 1995 [Esgotado].

52 – (com José Ramos Regidor e Clodovis Boff) *A Teologia da Libertação*: balanços e perspectivas. São Paulo: Ática, 1996 [Esgotado].

53 – *Brasa sob cinzas*. Rio de Janeiro: Record, 1996.

54 – *A águia e a galinha*: uma metáfora da condição humana. Petrópolis: Vozes, 1997.

55 – *A águia e a galinha*: uma metáfora da condição humana. Edição comemorativa – 20 anos. Petrópolis: Vozes, 2017.

56 – (com Jean-Yves Leloup, Pierre Weil, Roberto Crema) *Espírito na saúde*. Petrópolis: Vozes, 1997.

57 – (com Jean-Yves Leloup, Roberto Crema) *Os terapeutas do deserto* – De Fílon de Alexandria e Francisco de Assis a Graf Dürckheim. Petrópolis: Vozes, 1997.

58 – *O despertar da águia*: o dia-bólico e o sim-bólico na construção da realidade. Petrópolis: Vozes, 1998.

59 – *O despertar da águia*: o dia-bólico e o sim-bólico na construção da realidade. Edição especial. Petrópolis: Vozes, 2017.

60 – *Das Prinzip Mitgefühl* – Texte für eine bessere Zukunft. Friburgo: Herder, 1999.

61 – *Saber cuidar* – Ética do humano, compaixão pela terra. Petrópolis: Vozes, 1999.

62 – *Ética da vida.* Brasília: Letraviva, 1999. • Reeditado pela Record (Rio de Janeiro), 2009.

63 – *Coríntios* – Introdução. Rio de Janeiro: Objetiva, 1999 (Esgotado).

64 – *A oração de São Francisco*: uma mensagem de paz para o mundo atual. Rio de Janeiro: Sextante, 1999. • Reeditado pela Vozes (Petrópolis), 2014.

65 – *Depois de 500 anos*: que Brasil queremos? Petrópolis: Vozes, 2000 [Esgotado].

66 – *Voz do arco-íris.* Brasília: Letraviva, 2000. • Reeditado pela Sextante (Rio de Janeiro), 2004 [Esgotado].

67 – (com Marcos Arruda) Globalização: desafios socioeconômicos, éticos e educativos. Petrópolis: Vozes, 2000.

68 – *Tempo de transcendência* – O ser humano como um projeto infinito. Rio de Janeiro: Sextante, 2000. • Reeditado pela Vozes (Petrópolis), 2009.

69 – (com Werner Müller) *Princípio de compaixão e cuidado*. Petrópolis: Vozes, 2000.

70 – *Ethos mundial* – Um consenso mínimo entre os humanos. Brasília: Letraviva, 2000. • Reeditado pela Record (Rio de Janeiro) em 2009.

71 – *Espiritualidade* – Um caminho de transformação. Rio de Janeiro: Sextante, 2001. • Reeditado pela Mar de Ideias (Rio de Janeiro) em 2016.

72 – *O casamento entre o céu e a terra* – Contos dos povos indígenas do Brasil. São Paulo: Salamandra, 2001. • Reeditado pela Mar de Ideias (Rio de Janeiro) em 2014.

73 – *Fundamentalismo.* Rio de Janeiro: Sextante, 2002. • Reedição ampliada e modificada pela Vozes (Petrópolis) em 2009 com o título *Fundamentalismo, terrorismo, religião e paz.*

74 – (com Rose Marie Muraro) *Feminino e masculino*: uma nova consciência para o encontro das diferenças. Rio de Janeiro: Sextante, 2002. • Reeditado pela Record (Rio de Janeiro), 2010.

75 – *Do iceberg à arca de Noé*: o nascimento de uma ética planetária. Rio de Janeiro: Garamond, 2002. • Reeditado pela Mar de Ideias (Rio de Janeiro), 2010.

76 – *Crise*: oportunidade de crescimento. Campinas: Verus, 2002. • Reeditado pela Vozes (Petrópolis) em 2011.

77 – (com Marco Antônio Miranda) *Terra América*: imagens. Rio de Janeiro: Sextante, 2003 [Esgotado].

78 – *Ética e moral*: a busca dos fundamentos. Petrópolis: Vozes, 2003.

79 – *O Senhor é meu Pastor*: consolo divino para o desamparo humano. Rio de Janeiro: Sextante, 2004. • Reeditado pela Vozes (Petrópolis), 2013.

80 – *Responder florindo.* Rio de Janeiro: Garamond, 2004 [Esgotado].

81 – *Novas formas da Igreja*: o futuro de um povo a caminho. Campinas: Verus, 2004 [Esgotado].

82 – *São José*: a personificação do Pai. Campinas: Verus, 2005. • Reeditado pela Vozes (Petrópolis), 2012.

83 – *Un Papa difficile da amare*: scritti e interviste. Roma: Datanews Ed., 2005.

84 – *Virtudes para um outro mundo possível* – Vol. I: Hospitalidade: direito e dever de todos. Petrópolis: Vozes, 2005.

85 – *Virtudes para um outro mundo possível* – Vol. II: Convivência, respeito e tolerância. Petrópolis: Vozes, 2006.

86 – *Virtudes para um outro mundo possível* – Vol. III: Comer e beber juntos e viver em paz. Petrópolis: Vozes, 2006.

87 – *A força da ternura* – Pensamentos para um mundo igualitário, solidário, pleno e amoroso. Rio de Janeiro: Sextante, 2006. • Reeditado pela Mar de Ideias (Rio de Janeiro) em 2012.

88 – *Ovo da esperança*: o sentido da Festa da Páscoa. Rio de Janeiro: Mar de Ideias, 2007.

89 – (com Lúcia Ribeiro) *Masculino, feminino*: experiências vividas. Rio de Janeiro: Record, 2007.

90 – *Sol da esperança* – Natal: histórias, poesias e símbolos. Rio de Janeiro: Mar de Ideias, 2007.

91 – *Homem*: satã ou anjo bom. Rio de Janeiro: Record, 2008.

92 – (com José Roberto Scolforo) *Mundo eucalipto*. Rio de Janeiro: Mar de Ideias, 2008.

93 – *Opção Terra*. Rio de Janeiro: Record, 2009.

94 – *Meditação da luz*. Petrópolis: Vozes, 2010.

95 – *Cuidar da Terra, proteger a vida*. Rio de Janeiro: Record, 2010.

96 – *Cristianismo*: o mínimo do mínimo. Petrópolis: Vozes, 2011.

97 – *El planeta Tierra*: crisis, falsas soluciones, alternativas. Madri: Nueva Utopia, 2011.

98 – (com Marie Hathaway) *O Tao da Libertação* – Explorando a ecologia da transformação. 2. ed. Petrópolis: Vozes, 2012.

99 – *Sustentabilidade*: O que é – O que não é. Petrópo... 2012.

100 – *Jesus Cristo Libertador*: ensaio de cristologia crítica ~~~ ~a o nosso tempo. Petrópolis: Vozes, 2012 [Selo Vozes de Bolso].

101 – *O cuidado necessário*: na vida, na saúde, na educação, na ecologia, na ética e na espiritualidade. Petrópolis: Vozes, 2012.

102 – *As quatro ecologias: ambiental, política e social, mental e integral*. Rio de Janeiro: Mar de Ideias, 2012.

103 – *Francisco de Assis* – Francisco de Roma: a irrupção da primavera? Rio de Janeiro: Mar de Ideias, 2013.

104 – *O Espírito Santo* – Fogo interior, doador de vida e Pai dos pobres. Petrópolis: Vozes, 2013.

105 – (com Jürgen Moltmann) *Há esperança para a criação ameaçada?* Petrópolis: Vozes, 2014.

106 – *A grande transformação*: na economia, na política, na ecologia e na educação. Petrópolis: Vozes, 2014.

107 – *Direitos do coração* – Como reverdecer o deserto. São Paulo: Paulus, 2015.

108 – *Ecologia, ciência, espiritualidade* – A transição do velho para o novo. Rio de Janeiro: Mar de Ideias, 2015.

109 – *A Terra na palma da mão* – Uma nova visão do planeta e da humanidade. Petrópolis: Vozes, 2016.

110 – (com Luigi Zoja) *Memórias inquietas e persistentes de L. Boff*. São Paulo: Ideias & Letras, 2016.

111 – (com Frei Betto e Mario Sergio Cortella) *Felicidade foi-se embora?* Petrópolis: Vozes Nobilis, 2016.

112 – *Ética e espiritualidade* – Como cuidar da Casa Comum. Petrópolis: Vozes, 2017.

113 – *De onde vem?* – Uma nova visão do universo, da Terra, da vida, do ser humano, do espírito e de Deus. Rio de Janeiro: Mar de Ideias, 2017.

114 – *A casa, a espiritualidade, o amor.* São Paulo: Paulinas, 2017.

115 – (com Anselm Grün) *O divino em nós.* Petrópolis: Vozes Nobilis, 2017.

116 – *O livro dos elogios*: o significado do insignificante. São Paulo: Paulus, 2017.

117 – *Brasil* – Concluir a refundação ou prolongar a dependência? Petrópolis: Vozes, 2018.

118 – *Reflexões de um velho teólogo e pensador.* Petrópolis: Vozes, 2018.

119 – *A saudade de Deus* – A força dos pequenos. Petrópolis: Vozes, 2020.

120 – *Covid-19 – A Mãe Terra contra-ataca a Humanidade*: Advertências da pandemia. Petrópolis: Vozes, 2020.

121 – *O doloroso parto da Mãe Terra* – Uma sociedade de fraternidade sem fronteiras e de amizade social. Petrópolis: Vozes, 2021.

LEIA TAMBÉM:

Covid-19
A Mãe Terra contra-ataca

Leonardo Boff

Nesse livro, Leonardo Boff tenta entender o porquê e como a humanidade está sendo atacada por um vírus mortal. Como o homem está lidando com tudo o que está acontecendo, e como a natureza está tentando passar uma mensagem de socorro.

Leonardo acredita que sairemos mais fortes, com novos hábitos, criando relações de respeito e de mais cuidado um com o outro. Nesse livro o autor não se atém somente a comentários voltados ao coronavírus. Boff procura despertar a consciência ecológica.

A doença que atualmente assola a humanidade está definindo, segundo o autor, um novo rumo para a humanidade, e devemos prestar atenção aos sinais que a natureza está nos enviando.

Nesse texto o autor desenvolve a tese de que o coronavírus é um contra-ataque da Terra às agressões que vem sofrendo por danos causados pelo homem.

O autor acredita que, mesmo com todo o mal já causado pela humanidade contra a natureza, ainda há tempo de reverter a situação e nos salvar de um apocalipse ecológico.

Sustentabilidade

Leonardo Boff

A sustentabilidade representa, diante da crise socioambiental generalizada, uma questão de vida ou de morte. O autor faz um histórico do conceito desde o século XVI até os dias atuais, submetendo a uma rigorosa crítica os vários modelos existentes de desenvolvimento sustentável.

À base de uma visão sistêmica, fundada na nova cosmologia, nas ciências da vida e da Terra, apresenta um conceito de sustentabilidade integral, aplicável ao universo, à Terra, à comunidade de vida, à sociedade, ao desenvolvimento, à educação e à vida de cada pessoa.

A vitalidade da Terra e o futuro da espécie humana só serão garantidos se conseguirmos conferir-lhes sustentabilidade. Caso contrário, podemos ir ao encontro da escuridão. Daí a importância de conhecermos melhor o que é ou não é a sustentabilidade.

Pesam sobre o Sistema Terra e o Sistema Vida, incluindo a espécie humana, graves ameaças vindas da atividade humana descuidada e irresponsável, a ponto de destruir o frágil equilíbrio do planeta. A consequência mais perceptível é o aquecimento global, que se revela pelos eventos extremos como os tsunamis, as grandes secas e as devastadoras enchentes. A sustentabilidade é a ação que procura devolver o equilíbrio à Terra e aos ecossistemas para que a Casa Comum possa continuar habitável e para que possamos salvar a vida humana e nossa civilização. É o sentido deste livro.

Leonardo Boff, 1938, é formado em Teologia e Filosofia. Já escreveu mais de cem livros nas várias áreas humanísticas, a maioria deles publicada pela Editora Vozes. Desde 1980 tem se ocupado intensivamente com as questões da ecologia e ajudou a formular uma ecoteologia da libertação. Daí surgiram os seguintes livros: *Ecologia: grito da Terra - grito dos pobres* (Ática/ Sextante, 1999); *Ecologia, mundialização e espiritualidade* (Record, 2008); *Homem: satã ou anjo bom* (Record, 2009); *Ética e ecoespiritualidade* (Vozes, 2011); *Saber cuidar – Ética do humano; compaixão pela Terra* (Vozes, 1999); *Ética da vida* (Record, 2009); *Do iceberg à arca de Noé* (Garamond, 2002); *Responder florindo* (Garamond, 2004); *A opção Terra – A solução para a Terra não cai do céu* (Record, 2009); *Cuidar da Terra e proteger a vida – Como evitar o fim do mundo* (Record, 2010); com Mark Hathaway, *O Tao da libertação – Explorando a ecologia da transformação* (Vozes, 2012), medalha de ouro nos Estados Unidos em cosmologia e nova ciência. Participou da redação da *Carta da Terra*. É autor do DVD *As quatro ecologias* e do DVD *Ética e ecologia*.

CULTURAL

Administração
Antropologia
Biografias
Comunicação
Dinâmicas e Jogos
Ecologia e Meio Ambiente
Educação e Pedagogia
Filosofia
História
Letras e Literatura
Obras de referência
Política
Psicologia
Saúde e Nutrição
Serviço Social e Trabalho
Sociologia

CATEQUÉTICO PASTORAL

Catequese
 Geral
 Crisma
 Primeira Eucaristia

Pastoral
 Geral
 Sacramental
 Familiar
 Social
 Ensino Religioso Escolar

TEOLÓGICO ESPIRITUAL

Biografias
Devocionários
Espiritualidade e Mística
Espiritualidade Mariana
Franciscanismo
Autoconhecimento
Liturgia
Obras de referência
Sagrada Escritura e Livros Apócrifos

Teologia
 Bíblica
 Histórica
 Prática
 Sistemática

VOZES NOBILIS

Uma linha editorial especial, com importantes autores, alto valor agregado e qualidade superior.

REVISTAS

Concilium
Estudos Bíblicos
Grande Sinal
REB (Revista Eclesiástica Brasileira)

VOZES DE BOLSO

Obras clássicas de Ciências Humanas em formato de bolso.

PRODUTOS SAZONAIS

Folhinha do Sagrado Coração de Jesus
Calendário de mesa do Sagrado Coração de Jesus
Agenda do Sagrado Coração de Jesus
Almanaque Santo Antônio
Agendinha
Diário Vozes
Meditações para o dia a dia
Encontro diário com Deus
Guia Litúrgico

CADASTRE-SE
www.vozes.com.br

EDITORA VOZES LTDA.
Rua Frei Luís, 100 – Centro – Cep 25689-900 – Petrópolis, RJ
Tel.: (24) 2233-9000 – Fax: (24) 2231-4676 – E-mail: vendas@vozes.com.br

UNIDADES NO BRASIL: Belo Horizonte, MG – Brasília, DF – Campinas, SP – Cuiabá, MT
Curitiba, PR – Fortaleza, CE – Goiânia, GO – Juiz de Fora, MG
Manaus, AM – Petrópolis, RJ – Porto Alegre, RS – Recife, PE – Rio de Janeiro, RJ
Salvador, BA – São Paulo, SP